シリーズ 戦争と社会 3

総力戦・帝国崩壊・占領

シリーズ
戦争と社会｜3

総力戦・帝国崩壊・占領

編集委員
蘭 信三・石原 俊
一ノ瀬俊也・佐藤文香
西村 明・野上 元・福間良明

執筆
蘭 信三・石原 俊・佐々木啓・三ツ井崇
大石 茜・石田 淳・崔徳孝・山本めゆ・陳來幸
青木 深・古波藏契・高誠晩・竹峰誠一郎

岩 波 書 店

『シリーズ 戦争と社会』刊行にあたって

パンデミック・戦争・社会

冷戦終結から三〇年ほどが経過した二〇二〇年代は、新型コロナウイルス感染症(COVID-19)の感染拡大で幕を開けた。グローバルな人の移動が日常化していただけに、感染症は急速に世界各地に広がった。日本国内でも最初の感染確認から間もなく、大都市圏を中心に感染拡大が深刻化し、「人流」を抑制するべく、「緊急事態宣言」が何度も出された。飲食店への営業自粛要請も繰り返され、医療崩壊というべき局面も何度か訪れた。これらをめぐる動きを眺めてみると、かつての戦時下の社会のひずみを想起させるものがある。

感染拡大を抑えるために「リモートワーク」が推奨されたが、それは万人に適用可能なものではなかった。「在宅勤務」は物流や宅配、医療や介護、保育といった社会のインフラを担う人々の存在があってこそ、成り立つものだったが、これらの人々は「リモート」とは縁遠かった。非正規雇用者も「社外アクセス権限がない」などの理由で在宅業務が拒まれることがあった。こうした不均衡に、往時の空襲被害を重ねてみることもできるだろう。

一九四五年三月の東京大空襲では、中小・零細企業と木造家屋が密集した下町地区の被害が明らかに甚大だった。結果的には、さほど豊かではない人々が多く暮らす地域に、被害が集中したことになる。その後、地方への疎開がいっそう進んだこともあり、空襲規模のわりには死者数は抑えられた。だが、地方に縁故がなく、都市部にとどまらざるを得なかった多くの人々は、四・五月の大規模空襲にさらされた。考えてみれば、「外出自粛」とは自宅への「疎開」にほかならない。空襲にせよ感染拡大にせよ、一見、あらゆる人々を平等に襲うように見えながら、「疎開先」で被害を最小限に食い止めうる人とそうでない人との格差は歴然としていた。

戦争と新型コロナの類比は、これにとどまるものではない。休業支援金・給付金の制度は設けられたものの、それが必要な人々に行き渡るには多くの時間を要し、受給前に廃業する事業者も少なからず見られた。これは、空襲で犠牲となった民間人への補償が戦後いまだに実現していない状況を彷彿とさせる。また、マスクや消毒液をはじめとする必要物資の供給不安から買い占めや転売も生じ、それらの増産に向けた政府対応には混乱が見られた。そこに、戦時期の物資配給の破綻や横流しの横行を思い起こすことは容易《たやす》い。

ワクチンの流通や医療体制の整備においても、行政のセクショナリズムや非効率が多く指摘され、入院もできないまま亡くなる人々が続出した。これらは、戦時期の物資配給、ひいては戦争指導者間の意思決定の機能不全を思わせる。パンデミックによる出入国管理も、戦後の送還事業における厳しい国境管理と重ね合わせることができよう。

二〇二〇年四月の初の緊急事態宣言発出後、「営業自粛」「外出自粛」に従わない商店や人々へのバッシングは、ネット上のみならず現実社会でも見られ、罹患者への責任追及もたびたびなされた。その後、事態が長期化するとともに、人々の間にはいわゆる「自粛疲れ」が広がり、「自粛破り」も常態化した。これらは、あたかも隣組やムラ社会での相互監視のような「正義」の暴走と寛容性の欠如、そして戦争長期化にともなう戦意の低下、闇取引の横行といった戦時社会のありさまに似ている。

さらに言えば、日本を含む先進国とそれ以外の国々とでは、ワクチン接種の進行の度合いは大きく異なっていた。先進国の状況の改善は開発途上国を放置することで成り立っていたわけだが、こうした論点が取り上げられることは少なかった。この自国中心主義もまた、戦争をめぐる「加害」の議論の低調さに重ねてみることができるだろう。

だが、こうした過去から現在に至る不平等や非効率、機能不全をもたらした日本の社会構造それ自体については、どれほど検討されてきただろうか。コロナ禍での不平等や給付金支給・医療体制整備の遅滞といった個々の問題点はメディアでも多く指摘されたが、それらを招いた社会とその来歴については、議論が十全に掘り下げられるには至っていない。

これと同様のことが、「戦争の語り」にも色濃く見られる。戦後七五年を過ぎてもなお、「記憶の継承」が叫ばれることは多い。体験者への聞き取りは、新聞やテレビでもたびたび行われ、戦時下にも今と変わらぬ「日常」があったのだと驚きをもって語られる。戦争大作映画においても、「現代の若者」が体験者に深く共感するさまが美しく描かれる。だが、軍隊内部や占領地、ひいては社会の隅々に至るまで、それこそ「日常」的に遍在していた暴力の実態とそれを生み出した権力構造、好戦と厭戦の両面を含む人々の意識などについては、十分に議論が尽くされているとは言い難い。「日常」や「継承」への欲望のみが多く語られ、ときにそこに感動が見出される一方で、その背後にあるはずの史的背景や暴力を生み出した組織病理は見過ごされてきた。新型コロナと社会をめぐる議論が深化しない状況を、戦争の暴力を生んだ社会構造を掘り下げてこなかったことの延長上に考えてみることができるのではないか。

本シリーズは、以上の問題意識をもって、戦争と社会の関係性が戦時から戦後、現代に至るまで、どのように変容したのかを、社会学、歴史学、文化人類学、民俗学、思想史研究、文学研究、メディア研究、ジェンダー研究など、多様な観点から読み解き、総合的に捉え返そうとするものである。

『岩波講座 アジア・太平洋戦争』とその後

本シリーズに先立ち、「戦争」を多角的に読み解いた叢書として、『岩波講座 アジア・太平洋戦争』(全八巻、二〇〇五―〇六年)があげられる。この叢書が刊行されたのは、「戦後六〇年」にあたる時期であった。折しも、第三次小泉純一郎内閣から第一次安倍晋三内閣への移行期にあり、靖国問題が東アジア諸国との軋轢を生んでいた。小林よしのり「新・ゴーマニズム宣言SPECIAL　戦争論」シリーズや「自由主義史観研究会」「新しい歴史教科書をつくる会」など、アジア諸国への加害責任を否認する動きも目立っていた。

こうした背景のもとで刊行された『岩波講座　アジア・太平洋戦争』は、対米英戦としてのみ連想されがちな「太平洋戦争」のフレームではなく、東アジア地域を視野に収めながら、従来の「戦争をめぐる知」のありようを塗り替えようとするものであった。あえて単純化すれば、歴史的事実関係をめぐる実証の追究と、社会問題としての記憶や歴史認識のありようを問う問題意識とが融合を果たし、現地住民への「加害」の問題を焦点化するとともに、その背後にある植民地主義やジェンダー、エスニシティをめぐるポリティクスの析出が試みられていた。扱う時代の面でも、日中戦争や満州事変、さらにはその前史にさかのぼるのと同時に、「戦後」へと続くさまざまな暴力の波及をも読み解いている。

こうしたアプローチは、「戦争研究」の学際性をも導いた。従来であれば、「戦争」の研究をリードしてきたのは、明らかに歴史学であった。だが、『岩波講座　アジア・太平洋戦争』では、歴史学が依然として中心的な位置を占めているものの、社会学、メディア研究、文学研究、思想史研究、大衆文化研究、ジェンダー研究など、多様なディシプリンが取り入れられている。その学際性・越境性は、一九九〇年代以降に本格的に紹介されたカルチュラル・スタディーズやポスト・コロニアル研究のインパクトを抜きに考えられないだろう。

その影響もあり、以後、「戦後七〇年」までの一〇年間では、多様な切り口の戦争研究が生み出された。社会史家のみならず社会学者も、当事者の語り難い記憶の掘り起こしを多く手掛けるようになり、戦争映画や戦争文学、戦争マンガについての研究も蓄積を増した。また、学際的に進められるようになった戦争研究に対して「帝国」という視点からの問い直しが定着し、「地域」や「国境」といった空間の自明性を批判的に問う視座ももたらされた。

だが、こうした戦争研究の広がりの一方で、いわゆる軍事史・軍事組織史に力点を置いた研究と、戦争・軍事にかかわる社会経済史・政治史・文化史に力点を置いた研究との「分業」体制、やや強い言葉で言えば「分断」は、いまだ解消されたとはいえない。戦争と社会の相互作用、戦争と社会の関係性そのものを、正面から理論的・実証的に問い直す作業は、総じて課題として残されたままだった。本シリーズは、この研究上の空白地帯に挑もうとするものである。

「戦争と社会」をめぐる問い

言うまでもなく、アジア・太平洋戦争は日本社会そして東アジア・西太平洋諸社会のあり方を、根底から変容させるものであった。総力戦の遂行は、各地域における政治体制、経済体制、労働、福祉、教育、宗教、マス・コミュニケーションのありようを大きく変えた。また戦時中の大量動員・疎開・強制移住や、日本の敗戦後の占領下で起こった大規模な復員・引揚げ・送還・抑留、そして新たな境界の顕現は、旧日本帝国の広範な領域において、人々の大規模な移動や故郷喪失・離散をもたらした。そうしたプロセスは、政治的な解放と暴力、社会的な包摂と排除、文化的な混交と軋轢を、さまざまなかたちで生み出し、各地の政治構造・産業構造・社会構造・階層構造の不可逆的な変化を導いた。

戦後社会への余波も見落とすことはできない。現在の日本国内だけに限っても、旧軍の施設や跡地は、そのまま自衛隊や在日米軍の基地として使われる一方、周辺地域社会における戦後の道路整備や商工業、観光のあり方を少なからず規定し、ひいては地域のコミュニティやアイデンティティの変容を生み出した。大量の復員・引揚げは、都市部での食糧不足も相俟《あいま》って、農村部の人口過剰をもたらした。それはのちに、農村部からの大量の低賃金労働者の都市流入を生み出す「戦後復興」「経済成長」の呼び水となった。そのことは、戦争による「平準化」を経てもなお戦後に残った「格差」の構造とも無縁ではない。

戦争が日本社会を変容させた一方、逆に社会のあり方が戦争のあり方を決定づける側面も、戦前から戦後を通じて存在した。農村部の疲弊や貧困は、しばしば、社会的上昇の手段として軍隊を選び取らせる傾向を生んだ。軍内部の陰惨な暴力の背景には、一般社会における貧富の格差や教育格差をめぐる羨望と憎悪があった。官庁間・部局間のセクショナリズムは、資源の適切な配分や政策情報の共有を妨げ、戦争遂行の非効率を招いた。中国大陸における高級軍人たちの独走や虚偽の戦果報告などは、その最たるものであったが、その背後には近代日本が営々として作り上げた、いわゆる学歴社会の存在があった。地方中産階級出身者の多かった軍人たちは、最初は学力で、のちには属する組織の利益のみを優先することで、出世競争に勝ち抜こうとしたのである。

そして、日本本土を除く旧日本帝国の多くの地域においては、「戦後」社会はよりいっそう「冷戦」体制の軍事的影響下に置かれたといわねばならない。日本帝国の敗戦と崩壊が、旧帝国勢力圏各地に米英中ソを中心とする占領秩序をもたらしたからである。他方、日本本土において「冷戦」(cold war)意識ではなく「戦後」(post-war)意識が広まったのは、日本本土が——同じ敗戦国のドイツと異なって——米国の後援のもと、新たな「戦争」たる冷戦の軍事的前線を、朝鮮半島・台湾といった旧植民地(外地)、そして沖縄などの島々に担わせてしまった結果だった。「総力戦と社会」のみならず、こうした「冷戦体制と社会」の関係性についても、歴史的・空間的差違をふまえた慎重な見極めが必要である。本シリーズは、以上のような広義の戦争と社会の相互作用についての理解を、なおいっそう前進させようとするものである。

「暴力を生み出す社会」の内在的な読解

戦争をめぐる議論においては、従来、総じて誰かの責任を追及し、暴力を批判する動きが際立っていた。むろん、これらは避けて通るべきでなく、議論の蓄積が今後ますます求められるものではある。だが、それと同時に、紛争を解決する手段としての暴力を自明視し、ある種の「正しさ」すらも付与した社会的背景を問う必要があるのではないだろうか。

「加害」をなした当事者や、その背後にある組織にとって、その暴力は「罪」であったどころか、しばしば「正当性」を帯びていた。端的な例として、日中戦争では「東洋平和」、対米英戦争では「大東亜共栄圏」というスローガンが設定され、国民動員に用いられた。「解放」後の韓国や台湾においては「反共」、中国大陸や北朝鮮においては「反帝国主義」という大義名分が、大衆のある部分を動員し、別の部分を標的とする、大量虐殺や内戦を導いた。そこにナショナリズムやコロニアリズム、東西冷戦のポリティクスを見出し、指弾することも可能ではあるが、本シリーズはむしろ、指導者から庶民に至る暴力の担い手たちの思考や社会的背景に内在的に迫ることをめざす。いかなる社会がいかなる戦争(のあり方)を生み出していたのか。そして、戦争そのものが、社会のあり方をどう変容させたのか。戦争の記憶は「戦後」社会のあり方や人々の認識をどう規定してきたのか。「戦後六〇年」「戦後七〇年」の次の課題として、こうした問いにも目を向けるべきではないだろうか。

そのような問い直しは、国際情勢の激変や新型コロナといった昨今の「新しい状況」が必要とさせたものでもあり、〈現在〉および〈未来〉を問うことに直結する。「戦後六〇年」から現在に至るまでの時代は、ある意味では「新しい戦争」の時代であった。「大量破壊兵器」の存在を前提に引き起こされたイラク戦争は、イスラム原理主義の台頭とテロリズムの頻発を招いた。このことは、従来想定されていた「国家間の戦争」から、「テロリズム対国家(連合)の戦争」が主流になりつつあることを指し示す。それは、かつての総力戦の戦争形態とは、明らかに異なっている。

軍事・軍隊のあり方も、大きく変質している。核兵器の脅威が厳として存在する一方で、ネット技術の進展に伴い、戦闘や偵察に無人機やドローンが用いられるようになった。将来的にはロボットが地上の戦闘に投入される日がくるかもしれない。そしてサイバー攻撃のように狭い意味での武力とは異質な力の行使が、軍事の重要な一角を占めている。情報統制の手法も洗練され、生々しい戦場の様子は人々の目に届きにくくなった。これらの「スマート」な戦争を可能にする新技術は、徴兵制による大量動員と目に見えやすい破壊力に依存していた往時の戦争・軍事とは根本的に異なるものである。その一方で、冷戦という名のイデオロギー対立が終了し、国民との太い結びつきを失った現代の軍隊は、「人道支援・災害救助」(HA/DR)のような非軍事的な任務も引き受けることで、自らの存在意義を説明しようとしているかのようである。さらに、国家が軍隊のさまざまな任務を民間軍事会社にアウトソーシングするケースも増加している。

こうした軍事上・国際政治上の変化の中で、われわれは戦争や軍隊と社会との新たな関係を、どのように構想するべきだろうか。それを考えるためには、総力戦の時代からベトナム戦争を含む冷戦期を経て、新型コロナとの「闘い」を経験した今日に至るまで、「戦争と社会」の相互作用がどのように変質したのかを問い直すことが不可欠である。

以上を念頭に置きながら、本シリーズでは、おもに日本を中心とした総力戦期以降の「戦争と社会」の関係性を多角的に読み解いていく。諸論考を契機に、戦争と社会の相互作用を学際的に捉え返し、ひいては現代社会を問い直す営みが広がることを願っている。

二〇二一年一〇月三〇日

〈編集委員〉

蘭 信三・石原 俊・一ノ瀬俊也・佐藤文香・西村 明・野上 元・福間良明

目　次

総説　総力戦・帝国崩壊・占領

石原　俊
蘭　信三

はじめに

第一巻では、二〇世紀から今世紀にかけて現れた「総力戦」「冷戦」「新しい戦争」という三つのタイプの戦争について、理論的な側面からアプローチした。この三つのうち、日本が特に深くかかわってきたのは、まず総力戦であり、次に冷戦である。

第三巻は、日本をめぐる総力戦と冷戦を串刺しにして捉える作業となる。日本帝国の総力戦であったアジア太平洋戦争と、帝国崩壊後の北東アジア・北西太平洋における冷戦状況の折り重なりが、各地域においてどのような社会変動や空間再編をもたらしたのか、またそのなかで生き抜いた人びとの経験や記憶がいかなるアクチュアリティをもっているのかを考えていく。そのさい、「総力戦」「冷戦」のほか、「帝国」「帝国崩壊」「占領」そして「移動」「動員」が重要なキーワードになる。

第Ⅰ部「総力戦と動員」は、アジア太平洋戦争という大規模な総力戦が、日本帝国の本土、内地の島嶼部、外地、南洋群島（赤道以北のミクロネシア）などの各社会にもたらしたインパクトについて、既存の学術分野の分業体制に囚われずに記述・思考していく。具体的には、兵力動員・労務動員や兵站をめぐる状況、「民族」問題をめぐる矛盾や軋轢、総力戦の究極形態としての住民の疎開や地上戦への動員などが、テーマとなるだろう。

わたしたちは、日本帝国が北東アジア・北西太平洋の広大な領域を戦場あるいは兵站線として巻き込みながら敗戦・崩壊に至った事実を、忘れることはできない。帝国規模での総力戦の遂行と敗退、その結果としての帝国の崩壊・解体のプロセスは、後述する朝鮮戦争とともに、北東アジア・北西太平洋の諸社会に後戻りのできない影響を残した。加えてこの地域は、ソ連崩壊から三〇年以上を経た現在も、世界のなかで際立って冷戦の遺産に強く規定されている。そのため、日本帝国の動員経験にかかわる少なからぬ事象が、継続する冷戦構造によって、いまだ正当な記憶として取り扱われず、場合によっては不可視化され続けている。そうした経験についてディシプリンの枠を超えて記述・思考することは、帝国崩壊から七五年以上を経てもなお、アクチュアルな主題なのである。

第Ⅱ部「帝国崩壊と人の移動」では、日本帝国の敗戦・崩壊がもたらした、戦後ドイツ人の「追放」に匹敵する規模の人／民族の移動(引揚・送還・抑留など)と、旧帝国圏各地域の占領下・冷戦下の社会空間との相互作用について、多角的に論じていく。たとえば、日本人の朝鮮半島からの引揚(追放)と朝鮮人の旧内地から祖国への帰還は相互規定的であり、済州島では帝国崩壊から冷戦への社会変動のなかで帰還者と「密入国」者が交錯したように、旧帝国圏での人／民族の移動と社会変動・空間再編は複雑に絡み合っていた。その複雑性から、このテーマは従来、現象面と背景構造を網羅的に記述する作業に膨大な労力が費やされてきた。こうした作業の重要性にまったく異論はないが、本巻では、帝国崩壊に伴って移動した人びとが、占領や冷戦といった状況下において、社会空間に(不)適応していく過程や、意図せざる社会変動・変革をもたらしていく積極的な側面にも焦点をあてる。

加えてこのテーマは、冷戦状況下で移動を抑圧され残留を選択せざるを得なかった人びとの経験や、移動に伴う暴力の語りを抑圧されてきた人びとの経験を含んでいる。たとえば、冷戦期に移動を抑圧されていた中国残留日本人やサハリン残留の朝鮮人・日本人が次々と帰郷を果たし、かれらのオーラルヒストリーが多数書かれるようになった。また、米ソ冷戦終結後の戦時性暴力をめぐるパラダイム・シフトによって、アジア各地の被害女性たちの名乗りとともに、引揚げ過程での性暴力や女性の「主体的」残留といったジェンダーにかかわる事象が、公共圏における語りとして浮上した。こうした記憶をめぐる正当性の変容が、「帝国崩壊と人の移動」の「いま・ここ」を構成している。

第Ⅲ部のテーマは「占領と社会再編」である。本土を含む旧日本帝国の大部分の領域は、連合国側によって占領された。朝鮮戦争を契機として冷戦状況が構築されると、日本本土は米軍基地の存置を前提に主権回復を認められ、軍事負担の少ない条件下で高度経済成長に向かうが、米国の強い政治的・文化的影響下に置かれ続けた。他方で、米国の占領下に置かれた北西太平洋の島々、米ソに分割占領された結果として分断独立した朝鮮半島などは、軍事拠点化されたり、核実験場とされたり、間歇的に生起する内戦や大量虐殺の場となったのである。

北東アジア・北西太平洋において、帝国の総力戦、日本帝国の敗戦・崩壊、冷戦状況の折り重なりを、事件史的・年代記的に列記するのではなく、地域や人びとの経験・記憶の時空間に接近して考えるとき、占領という視座からの介入は、最も有効な方法のひとつだと考えられる。かつてジョン・ダワーは、日本本土のマジョリティが、敗戦と(間接)占領のインパクトを「抱きしめた」と表象した。(1) だが、旧帝国圏の多数の人びとにとって、占領の時空間の衝撃は、「抱きしめた」などと表象できない過剰さ――「暴力」であれ「解放」であれ――をはらみながら、なおも「いま・ここ」として生きられているのである。

日本語圏において「戦時」と「戦後」あるいは「総力戦」と「冷戦」の連続性に着眼する理論的視座は、冷戦イデオロギーの影響下にあった学知が流動化した一九八〇年代以後、少しずつ整備されてきた。本総説では、そうした議論のうち総力戦体制論とその発展形態である冷戦体制論を、こんにちの社会史的／歴史社会学的な水準から批判的に継承・拡充する作業を通して、帝国の総力戦、帝国の敗戦と崩壊、そして冷戦状況を串刺しにして捉えなおす視座を追究し、本巻の諸論考を重ね合わせることで浮かび上がる地平を示しておきたい。

一　総力戦と動員の位相――自発性と強制性、合意と暴力

一九三七年七月の盧溝橋事件でなし崩し的に日中戦争が始まると、それまで二五万人前後であった日本軍の兵としての動員数は、一気に約一五〇万人にまで膨れ上がった。日本の総力戦は、ここに始まると言っていい。日本帝国に限らず、第一次世界大戦以上に帝国規模での総力戦となった第二次世界大戦は、総動員を可能にするための社会統合や合意調達、すなわち〈社会的なもの〉の捕捉なしには成り立たなかった。

対米英開戦を経て、一九四四年に入り戦局が急激に悪化すると、五月に朝鮮で兵役法が施行される。日本帝国にとって朝鮮人は総力戦遂行を底辺で支える労務者としての動員が主流であり、それは内地人との法的・社会的差別を背景とした動員体制であった。にもかかわらず、朝鮮人の兵力動員が必要とされたのは、ひとえに兵力不足ゆえであった。南洋群島がほぼ米国の手中に落ちた四四年夏の段階で、兵としての動員数は約五〇〇万人にも達し、日本内地の「銃後」は、社会・経済の再生産が困難な水準に達しつつあった。当時の内地の男性人口が約三五〇〇万人であったことをふまえると、その異様さが理解できよう。

第3章の石原俊「総力戦の到達点としての強制疎開・軍務動員」や大石茜のコラム①「内地・外地の疎開と家族主義」が論じるように、南洋群島、沖縄諸島（沖縄島とその周辺離島）、その他の内地に属する南方離島では、地上戦の実施を想定して、青壮年男性の徹底的な軍務動員と、その他の住民の疎開が実施された。本土決戦開始前に日本がポツダム宣言を受諾したこともあって、結果として対米英戦の地上戦の主戦場は、南洋群島、東南アジア、硫黄島、沖縄諸島などとなった――もちろん、それ以前に中国大陸が長期間にわたる地上戦で甚大な被害を受けたことを忘れるべ

きでないし、ポツダム宣言受諾前後に満洲国や樺太・千島などで地上戦が行われたことも銘記すべきだ――。地上戦およびその兵站線として利用された諸地域と日本本土との間には、現在に至るまで、深刻な記憶の断絶がある。本巻が北西太平洋の島々の動員と疎開に重点的に論及するのは、本土決戦前に降伏した日本帝国において、この領域が総力戦の究極形態というべき様相を呈したからである。

加えて、ジェンダー秩序を重視し、女性を「銃後」の労務動員に留めおこうとしていた日本帝国が、本土決戦を想定して、事実上の女性の兵力化に突き進んでいたことにも留意すべきである。沖縄県などでは疎開できなかった／しなかった女性たちが軍属などとして兵站業務に動員されたが、さらに一九四五年六月には義勇兵役法が施行され、一七歳から四〇歳までの女性を兵として動員し戦闘参加させることが可能になった。そしてポツダム宣言受諾日である八月一四日、ソ連軍が侵攻した南樺太において、義勇兵役法に基づき、現実に女性が兵として戦闘に動員されたのである。

また、アジア太平洋戦争では、兵力動員されなかった内地籍男性、外地籍男性（朝鮮・台湾）、満洲国住民、占領地住民（中国・東南アジアなど）、連合国軍捕虜、さらには女性や学生・生徒、そして児童までが、軍需産業を中心に、徹底的に労務動員の対象となった。

第1章の佐々木啓「日本帝国軍の兵站と「人的資源」」が詳述するように、日本内地では、行政が国民に対して戦争の遂行に必要な労務への従事を命じる、国民徴用令を中心とした法令体系が最大限活用された。内地における労務動員は当初、社会保障とセットで被徴用者の自発性や家族の合意調達を重視する手法が主流であったが、内地島嶼部への攻撃や都市空襲が激化するにつれて、動員における強制性が強まっていった。

外地である朝鮮においては、当初は官斡旋や募集という手法が採られたものの、朝鮮人は鉱山労働など身体的負担やリスクが大きい労務に従事させられる事例が多かったため、自発性や合意の調達が困難であった。そのため、対米英戦が始まる頃から、強制的または詐術的な手法での動員が増加した。一九四四年九月には、朝鮮で兵役法に続いて国民徴用令が施行される。中国などの占領地においては、戦時国際法違反の暴力的な動員が日常化していた。

このように総力戦は、〈社会的なもの〉を捕捉することなしには成立せず、〈社会的なもの〉を捕捉できなくなった時点で破綻に向かうことになる。総力戦を考えるさいには、兵力動員であれ労務動員であれ、動員をめぐる合意と暴力の混交、自発性と強制性の絡まり合いの位相を記述する文体が求められる。

二　総力戦体制論の提起とその意義——戦争国家から福祉国家への「断絶のなかの連続」

社会史的／歴史社会学的な観点からの総力戦の理論的定位については、一九八〇年代末に山之内靖が提起した総力戦体制論が重要な画期となった。総力戦体制論は、総力戦による社会再編や日本をめぐる「戦時」と「戦後」の関係性について、多くの議論を呼び起こした。山之内らは東京外国語大学を拠点に共同研究を組織し、米国などの日本研究者とも協働しつつ、成果を立て続けに刊行していった[2]。

総力戦体制論は、第二次世界大戦期の連合国＝「民主体制」側と枢軸国＝「ファシズム」側はいずれも、社会の根本的な編成替えを促進する、同型的な戦時体制であったと主張する。枢軸国側のドイツ・ナチズム、イタリア・ファシズム、日本軍国主義、そして連合国側のニューディール体制などはいずれも、それまで階級・エスニシティ・ジェンダーなどによって差別化されてきた国内の人びとを、「国民」のフルメンバーとして統合・均質化しようとした。さらに、これらの戦時体制は、「階級社会」の合理化と克服のために、さまざまな社会政策を発動した結果、大戦後に連合国＝戦勝国側と枢軸国＝敗戦国側の両サイドに形成された「システム社会」としての福祉国家体制を準備した[3]。

以上が総力戦体制論の要諦であり、それは戦争国家(warfare state)から福祉国家(welfare state)への連続性を強調する理論であった。総力戦体制論は、軍国主義あるいは天皇制ファシズムと戦後民主主義との断絶を強調してきた、日本の東西冷戦下の歴史観に対して、「断絶のなかの連続性」を指摘したともいえる。

ただし山之内の総力戦体制論は、同時代に並行して現れた議論の連なりのなかで提唱されたことを忘れるべきでない④。経済史分野においては、後に一九九五年になって「一九四〇年体制論」を打ち出す野口悠紀雄が、一九七〇年代後半という早い段階で、榊原英資とともに「総力戦経済体制」論を唱え始めていた。一九四〇年前後に形成された間接金融方式の金融統制を軸とする「総力戦システム」が温存され、敗戦後に広まった平等主義イデオロギーと相補的に作用し、長期の経済成長を支えたとする説である⑤。また一九八〇年代半ば以後、岡崎哲二らのマルクス主義的な経済史研究によって、総力戦期に形成された計画経済体制と間接金融体制が、高度経済成長期の日本型経済・経営システムを準備したことが示された⑥。

政治史・社会史分野では、伊藤隆が一九七〇年代半ばという早期に、大正期から敗戦後に及ぶ政治集団の連続性を指摘して、天皇制ファシズム論に批判的な見解を示していた。伊藤は、一九二〇年代に登場した左右の「革新派」が、三〇年代に社会主義的な国家主義勢力として台頭して、戦時期には自由主義的な主流派を打倒するに至り、敗戦後も日本の政官財界に一定の影響力をもったとする⑦。一九八〇年代に入ると、筒井清忠が社会史／歴史社会学の文脈から、左右の多様な思想集団を題材として、一九二〇年代から四〇年代にかけて進んだ社会の平準化や集権化が、敗戦後へと連続する側面を示唆した⑧。

これらの議論に対して山之内らの総力戦体制論は、ファシズムを近代からの逸脱（例外）とみなさず、世界的な戦時体制のサブシステムと位置づけたうえで、総力戦による社会の全体的な編成替えと社会統合・合意調達――すなわち〈社会的なもの〉の捕捉――のモメントを強調した点が画期的であった。

三　総力戦体制論への内在的諸批判——帝国から帝国後への「連続のなかの断絶」

山之内らの総力戦体制論には、いくつかの水準で重要な批判が寄せられてきた。ここでは外在的反論は横におき、総力戦体制論が捉え得ていない〈社会的なもの〉を生きられた水準で描くことで、総力戦体制論の拡充・乗り越えをはかろうとする議論を取り上げたい。

第一に、そもそも日本内地に対象を限っても、総力戦期から敗戦後にかけて平準化・平等化は事実上進行しなかったという批判である。本シリーズ(第二巻)の寄稿者でもある渡邊勉は、ＳＳＭ調査(社会階層と社会移動全国調査)をはじめ、戦後行われた大規模全国調査の遡及職歴データを使うことで、戦時期に学歴や職歴によって徴兵リスク・死亡リスク・生活水準の不平等は厳然と存在し、その格差が一九五〇年代まで尾を引いたことを解明した(9)。

第二に、戦争国家と福祉国家の連続性に関しても、高岡裕之らから批判が行われている。たしかに総力戦期の「社会国家」構想は、厚生省や国民健康保険・労働者年金保険など、高度経済成長期以後まで生き延びる組織・制度を生み出した。しかし、「社会国家」構想は労働者の生活水準の改善を実現できなかったこと、また「社会国家」にかかる制度や法は占領軍によって解体されたものも多いことから、総力戦体制論が想定する「戦時」と「戦後」の連続説には無理があると、高岡は指摘している(10)。

第三は本巻にとって最も重要な論点であるが、総力戦体制論の「帝国」「植民地」に関する問題意識の希薄さへの批判であった。崎山政毅は早い段階で、次のような鋭い指摘を行っている。

中心(「帝国」の側)からみれば「連続」は「断絶」のなかにあり、周辺(植民地の側)からすればその逆であるからだ。つまり、「総力戦体制が促した社会の機能主義的再編成という新たな軌道」を採択する在り方の維持＝「連続」

は、植民地を失った（「断絶」）後も旧宗主国において存在した。その一方で、旧植民地の社会の発展は「断絶」によってその始点をつくられながら、植民地期に歴史的構造的に形成・刻印されたさまざまな審級の力によってすでに「初期条件」を規定された（＝「連続」）発展を余儀なくされたのである。(11)

総力戦体制は、日本本土では敗戦という「断絶のなかの連続」として経験されたかもしれないが、当時の非西欧世界の大部分を占める（旧）植民地にとっては、「帝国」から「帝国後」への「連続のなかの断絶」として経験されたのではないかという批判である。この視点の重要性は、たとえば日本軍の東南アジア占領地域の経験をふまえれば、容易に理解されよう。「戦時」の東南アジア各地における欧米宗主国への独立運動と対日協力や抗日運動との絡まり合いが、「戦後」の状況に連続していることは明白だからである。

総力戦とは、帝国（植民地体制）をめぐる矛盾や軋轢の「最終解決」を図ろうとするプロジェクトでもあった。だが日本内地においてさえ、総力戦体制論が主張する平準化は部分的現象であり、福祉国家への道のりも平坦ではなかった。日本帝国の外地や勢力圏で表出したように、総力戦はむしろ宗主国側の企図に相反して、帝国秩序の矛盾や崩壊を深める方向に作用したと総括できよう。

第2章の三ツ井崇「「民族」の壁に直面した「内鮮一体」」は、朝鮮人の兵力動員や労務動員を想定して掲げられた「内鮮一体」がほぼスローガン倒れに終わり、総力戦体制が帝国における「民族」問題の矛盾や軋轢をほとんど解消できなかったことを明らかにする。そもそも法域が異なる内地と外地では厳然と制度的差別が存在するうえに、朝鮮での日本語（国語）運用能力や義務教育の普及率も低い状況下において、「内鮮」の平準化や均質化など不可能に近かった。総力戦体制による朝鮮人の（強制）動員は、つねに帝国秩序の内部崩壊の危機を内包していたと、三ツ井は論じている。総力戦は外地において、〈社会的なもの〉の捕捉にほとんど成功しなかった。

本巻では正面から扱うことができないが、日本は東南アジア諸地域の占領において食料・資源収奪型の植民地経営を目指したものの、そもそも日本側には熱帯農業経営の知識や技術が不足していた[12]。また、日本軍が各地で過酷な労務動員を優先したために、夥しい人命が損なわれ、食料生産力が著しく低下した。さらに、輸送力や制海権に関する甘い見通しのため、食料・資源の地域間融通さえ破綻していく[13]。日本は東南アジアにおいて、帝国秩序の形成それ自体に失敗したのだった。

やや皮肉ではあるが、総力戦体制論は、山之内らが提起した帝国の「中心」における「断絶のなかの連続」という論点とともに、あるいはそれ以上に、崎山らが指摘した帝国の「周辺」における「連続のなかの断絶」という論点、すなわち本巻の主題である「総力戦・帝国崩壊・占領」の文脈においてこそ、有効性をもつといえるだろう。

そして、総力戦がもたらした帝国的秩序の破綻や崩壊の局面においてこそ、「周辺」における「連続のなかの断絶」は、「解放」と「暴力」が混交した状況に人びとを巻き込んでいく。そうしたプロセスこそ、社会史的／歴史社会学的な記述の対象とならねばならない。

四　総力戦体制の帰結としての帝国崩壊——矛盾・軋轢の焦点としての人の移動

二〇〇〇年代半ばになると、東京外国語大学で山之内の共同研究者でもあった中野敏男は、総力戦体制論への内在的諸批判をふまえつつ、次のような議論を展開した。日本帝国の膨張と総力戦の過程で、各地において生活世界の激しい再編が生じた結果、自発的あるいは半強制的・強制的な要因による、帝国の中心・植民地間の移動、拡大した勢力圏への移動、戦場への移動、帝国間の移動といった現象が、断続的・連鎖的・輻輳的に生じた。続く日本帝国の敗戦・崩壊によって、勢力圏各地からの引揚が進む一方で、勢力圏各地での離散(ディアスポラ化)が生じた。中野は総力戦体制論を、日本帝国の勢力圏において「労働へ、開拓へ、戦場での挺身へと向かわせるところの動員する暴力」としての植民地主義の力のなかに、位置づけなおすことを提言する[14]。

中野は厳密な植民地主義の定義を行っていないが、本総説においては、「植民地の領有によって帝国が抱え込んだ」、階層・世代・レイシズム・セクシズムなどが輻輳する場における、「様々な暴力の質とその相互の関係を測るために採られた包括性をもつ言葉」という、戸邉秀明の簡にして要をえた定義に依っておこう[15]。植民地主義という概念を導入することで、帝国(植民地体制)から帝国後(ポストコロニアル状況)へと向かうプロセスにおいて、暴力の傍らの移動という状況を生きてきた人びとに照準があてられるとともに、総力戦体制――とその帰結としての帝国崩壊――は、そうした移動と暴力を量的にも質的にも激化させたシステムとして再定位される。

すなわち、日本帝国の敗戦・崩壊過程で生じた、疎開・引揚・送還・帰還・密航・抑留といった大量の人の移動は、植民地主義がもたらした諸力と脱植民地化の最初のプロセスが重なり合う、暴力と隣合わせの状況であった。にもかかわらず、日本の学界は植民地主義の文脈で引揚などを考える作業を長らく閑却してきた。帝国崩壊と脱植民地化の過程として引揚経験を解き明かす研究は、米ソ冷戦終結後に本格化する。引揚手記から引揚体験とその記憶を読み解く成田龍一の研究を嚆矢として、加藤聖文が内外の引揚関係資料や引揚手記の渉猟に基づいて、東アジア国際関係をふまえた引揚現象の包括的記述を進め、蘭信三や木村健二らの社会史的／歴史社会学的研究がその裾野を拡げていった[16]。

第4章の蘭信三「戦後東アジア社会の再編と民族移動」は、引揚が連合国の戦後民族移動政策に沿って行われたこと、日本人の引揚が朝鮮人や台湾人の帰還・定着・残留と相互規定的であったこと、さらには引揚や送還は迫りくる冷戦状況の強い影響下におかれたことを明らかにする。第6章の崔徳孝「占領と「在日」朝鮮人の形成」は、日本政府と米占領軍が朝鮮人の帰還促進と日本国内での権利抑圧方針を定めていく背景に、民族マイノリティの権利に否定的な戦後国際人権レジームと、「反共」というグローバル冷戦戦略との結合があったことを指摘する。「在日」というカテゴリーは、日本の朝鮮支配と総力戦下の労務動員を起因としつつ、連合国の戦後民族移動政策と冷戦状況によって生み出されたのである。

そして、引揚体験とその記憶をジェンダー秩序との関連から批判的に検証する作業は、さらに時の経過を必要とした。一九九一年の金学順《キムハクスン》のカミングアウトに象徴される米ソ冷戦崩壊過程の状況転換によって、植民地出身の日本軍「慰安婦」問題が対象化されていったのと比べて、引揚過程で日本人女性が受けた夥しい性暴力被害は事実として広く知られていたにもかかわらず、その本格的な主題化は二〇一三年の当事者のカミングアウトを待たねばならなかった。[17] 山本めゆのコラム②「引揚者の性暴力被害」は、ソ連侵攻後の満洲で治安維持と引き換えに女性たちが「供出」された事例と、集団自決によって性暴力被害を「逃れた」事例を並置する。引揚過程は、戦時下日本社会における家父長制の矛盾や女性の「純潔」に関するダブルバインドが集約的に表現された場であるだけでなく、それが戦後日本社会の合わせ鏡として描かれてきたことを、山本の作業は露わにする。

引揚現象や引揚体験が、戦後日本社会や北東アジア社会に大きなインパクトを与えた側面も無視できない。第5章の石田淳「戦時体制から戦後社会の再編へ」は、復員兵や引揚者の人口圧が戦後日本社会の人口構造に与えたインパクトを分析するのみならず、それが高度経済成長をもたらす人口ボーナスに与えた影響を解き明かしている。戦後沖縄社会の復興においては台湾引揚エリートが大きな役割を果たし、戦後初期の台湾のエリート層には満洲引揚者が多く含まれていた。[18]

五　重層するポストコロニアル状況と冷戦状況——脱植民地化と自律の困難

日本帝国の敗戦と崩壊は、旧帝国勢力圏各地に「解放」をもたらすとともに、米英中ソを中心とする占領秩序を導いた。特に、朝鮮半島南部から、北緯三〇度以南の南西諸島（鹿児島県・沖縄県）、南方諸島（小笠原群島・硫黄列島など）、そして旧南洋群島（赤道以北のミクロネシア）にかけて、実に広大な北西太平洋世界が、米国の直接占領下に入った――間接統治方式は日本本土占領のみであった――。そして、朝鮮戦争を機に本格化した冷戦状況のもとで、これらの米占領地域を含む旧大東亜共栄圏のかなりの部分が、米国を中心とする西側勢力圏となる。よく言われることだが、環・間太平洋世界（Trans-Pacific World）の「アメリカ帝国」は、日本帝国を乗っ取って形成された。

朝鮮半島においては、日本の降伏の引き延ばしも一因となって、日本帝国からの「解放」と米ソによる「占領」がほぼ同時に押し寄せ、自律的な脱植民地化の模索が困難をきわめた。南朝鮮（独立後の韓国）は、日本帝国の統治機構と朝鮮人対日協力者（親日派）が米占領軍によって積極的に活用されたため、旧帝国勢力圏のなかで社会抗争と分断が最も激化した地域のひとつとなる。

第9章の高誠晩「重層する占領・虐殺」が述べるように、韓国では日本帝国の治安維持法体制を引き継ぐ国家保安法などの治安立法体制が確立し、済州島四・三事件に代表される、「共産主義者」と名指された人びとを標的とした虐殺事件が間歇的かつ激烈に展開した。「アコーディオン戦争」と呼ばれるほど前線が南北に大きく振幅した朝鮮戦争においては、北朝鮮・韓国の両軍などによって、未曽有の避難民化と虐殺が引き起こされた。そして、韓国・北朝鮮とも「反日帝」の公定イデオロギーを掲げつつも、日本帝国下の動員・翼賛のシステムに一定程度影響を受けた体制が、韓国では一九八〇年代後半の民主化まで、北朝鮮では現在に至るまで継続する。現在も朝鮮半島が臨戦態勢にあることは、周知の通りである。

台湾においても、日本帝国からの「解放」とほぼ同時に「占領」が始まった。大陸の国民党政府とともに流入した外省人が、台湾の政治・経済・軍事部門を支配し、日本帝国の統治を経験した台湾人（本省人）らの側には、脱植民地化と自律をめぐる困難が突きつけられた。一九四七年の二・二八蜂起に対する大虐殺後、国民党政府は台湾に約四〇年間も戒厳令を敷き続け、一党独裁体制を維持した。特に朝鮮戦争期の数年間には、「スパイ」と名指された人びとが、連日のように警察や憲兵隊に連行され、数千人が法的手続きさえ経ずに殺されている。陳來幸のコラム③「台湾二二八事件と在日華僑社会」が描くように、満洲や日本から帰還した台湾人や、日本から台湾に帰れなかった台湾人のなかには、国民党支配に対峙して斃れたり、共産革命に参加すべく中国大陸に渡ったり、戦後日本で「左傾化」したり、ポストコロニアル状況の困難が集約された人生を生きた人が少なくない。

国民党政府が内戦に敗北して台北に遷都した後、北朝鮮軍の南攻開始への対抗措置として、米国は海軍第七艦隊で台湾海峡を封鎖した。こうして台湾海峡が冷戦の前線として固定化し、台湾の民主化を経て現在に至るまで、この地域の臨戦態勢も継続している。

北東アジアでは、第二次世界大戦からそれほど間を置かずに、局地総力戦である朝鮮戦争が起こった。そのため北東アジアは、「帝国崩壊」と「占領」を媒介として、世界における総力戦から冷戦への移行の「台風の目」になった。少なからぬ論者が指摘してきたように、朝鮮戦争こそ、二〇世紀半ばから現在に及ぶアジア太平洋の秩序編成の震源地になったといえるだろう。

一方、北西太平洋においても「解放」と「占領」はほぼ同時にやってきた。ただし、米ソ両陣営が支援する独裁政権や軍事政権が林立した北東アジア——日本本土を除く——とやや異なり、北西太平洋では事実上、米軍による排他的占領が長く続いた。そこは、「アメリカの軍事的湖」と化したのである。

沖縄県は、日本軍によって地上戦の場や兵站線として利用された結果、長期間日本の施政権から切り離されて米軍統治下に置かれた。第8章の古波藏契「基地社会の形成と変容」が扱うように、沖縄諸島（沖縄島とその周辺離島）では朝鮮戦争を機に軍用地の強制収用が激化し、米軍基地関連収入が住民生活の前提となる「基地経済」が形作られた。

「基地経済」は一九六〇年代に入ると、日米両政府の財政措置＝開発援助政策や、砂糖・パイン加工業を軸とする――本土に比べるとはるかに脆弱な――「沖縄版高度経済成長」によって、徐々に減退していく。だが、そうした施策の目的はあくまで、施政権返還後も沖縄の軍事機能を損なわないために、住民の合意調達を図ることにあった。周知のように、現在でも沖縄の米軍基地は、環・間太平洋地域で最大規模であり、「対テロ戦争」など二一世紀の「新しい戦争」に対応する訓練・出撃の場として利用されている。

米軍が日本軍と激しい島嶼争奪戦を繰り広げた南洋群島やグアム島は、――米領に復帰したグアムを除いて――米国を受託国とする国連の戦略的信託統治領となり、米国の自由な軍事利用下に置かれることになった。竹峰誠一郎のコラム④「「アメリカの湖」のなかのミクロネシア」で描かれるように、グアム島などでは、「解放」後まもなく土地強制収用が実施され、その結果「基地経済」が形成された。マーシャル諸島のビキニ環礁やエニウェトク環礁などは、「解放」直後から一九六〇年代に至るまで、住民が故郷喪失または被曝を強いられつつ、大気圏内核実験の場として利用された。

他方で、日本の旧内地においては、脱植民地化の過程やポストコロニアル状況に関して、人びとの意識に著しい格差が生じたといわねばならない。引揚・送還・密航・抑留など帝国解体の前線に置かれた数百万人、旧内地に留まった/戻った数十万の朝鮮人、米軍の占領下に置かれた沖縄・奄美・小笠原などの数十万の島民は、脱植民地化やポストコロニアル状況を、暴力の傍らで経験することになった。

これに対して、マジョリティの日本国民の間では、――戦勝国側の英仏蘭などとは異なり――敗戦に伴って日本帝国が他律的に崩壊した結果、植民地支配経験や軍事侵略/進出経験への痛覚が急速に減衰していった。また敗戦後の日本が、――西欧・北米諸国と異なり――旧植民地（外地）からの移動を含む労働移民を遮断し、国内農山漁村からの人口移動のみによって高度経済成長を進めた結果、日本本土住民の間では、同時代に旧帝国勢力圏で進行中であったポストコロニアル状況や脱植民地化への苦闘に対して、無知・無感覚が醸成された。さらに、日本本土が――同じ敗戦国のドイツと異なり――米国のバックアップのもとで、冷戦の軍事的前線を、沖縄を含む北西太平洋の島々や、朝鮮半島・台湾といった旧植民地(外地)に担わせてしまった結果、日本のマジョリティのなかで、「冷戦」(cold war)意識ではなく「戦後」(post-war)意識が共有されていく。こうした植民地支配経験の忘却や、ポストコロニアル状況や冷戦状況への無感覚は、「日米合作」で醸成された。それは、第7章の青木深「占領をかみしめて」がひとりの女性歌手の人生を通して見事に示すように、人びとが敗北と(間接)占領を「かみしめる」ことによって、「帝国」と「帝国後」を忘却した帰結だった。

六　ポスト総力戦体制としての冷戦体制論――戦場／占領／復興の共時的空間

日本帝国の敗戦・崩壊から冷戦への移行過程については、道場親信が二〇〇〇年代前半に発表した諸論考によって、かなり見通しのよい理論化が進んだ。道場は社会史的／歴史社会学的な観点から、東アジア冷戦体制論というべき議論を打ち出している。

東アジアの冷戦体制は、第二次世界大戦による「体制変革」作用の一環としての脱植民地化過程の進展と、日本の敗北による軍事的・政治経済的バランスの変動に、アメリカが介入することによって再編・構築された体制である。それは、中華人民共和国の成立と国民党の台湾支配、朝鮮半島の南北分断、ベトナムの南北分断、米比・米韓・米台の相互防衛条約体制、それに日米安保体制と米軍による沖縄の占領支配、という形で成立した。[19]

道場の冷戦体制論は、次の諸点に意義がある。第一に、総力戦に連動して進んだ各地の脱植民地化への動きと、総力戦の結果としての日本帝国の敗戦・崩壊にともなう社会変動を、米国が自己利益を目指して捕捉することによって、準戦時体制としての冷戦体制ができあがっていくという、歴史的変動と空間的再編のダイナミズムを包括的に理論化していること。第二に、東アジアの個々の国民国家体制やナショナリズム運動を、一国史に閉じ込めることなく、米国主導の冷戦体制の「サブシステム」と位置づけていること。第三に、東アジア冷戦体制下の構造的暴力に対する抵抗運動を、一国史に閉じ込めず、相互連動する「反システム運動」(G・アリギ＋T・ホプキンス＋I・ウォーラーステイン)として捉える点にある。[20]

同じ時期、政治学・国際関係論の立場からも、原貴美恵のサンフランシスコ体制論のように、道場と問題意識を共有する冷戦体制論が提起されている。原はサンフランシスコ講和条約が、たんに第二次大戦後の日本の国際的立場を決定しただけではない点を強調する。「サンフランシスコ体制」は、日米安保条約をはじめとした米国と各国との二国間または三国間の軍事同盟条約と相まって、「かつて日本が支配を広げた地域、即ち東アジア太平洋のほぼ全域にわたる冷戦体制であり、条約の起草者、特に米国の戦略利害と地域の政治的多様性を十分に反映したものであった」。[21]

加えて原の議論が重要なのは、サンフランシスコ体制が西欧などと異なり、西側諸国間――たとえば日本と韓国――においてさえ多国間同盟のような信頼関係に発展せず、アジア太平洋各地に二一世紀に至るまで、軍事占領・軍事利用が継続する余地や、地域紛争に発展する火種を抱えさせたとみる点にある。サンフランシスコ講和条約は、南樺太、千島、南沙・西沙諸島、そして台湾や広大な旧南洋群島のいずれに関しても、日本による領土放棄を定めているだけで、主権帰属先を明示していない(第二条)。また、北緯三〇度以南の南西諸島や南方諸島の主権帰属先も示していない(第三条)。その結果として、旧南洋群島や南西諸島・南方諸島の米軍による長期軍事利用が可能になり、南千島(北方領土)、竹島、尖閣諸島、南沙・西沙諸島、そして台湾の帰属が地域紛争の火種となったと、原は指摘する。[22]

二〇〇〇年代半ばには、前述の東京外国語大学の研究グループが中心となって、沖縄や韓国・ソウルでシンポジウムが開催され、それに基づく論集が刊行された。その序論で屋嘉比収は、一九五〇年代の北東アジアについて、日本の旧植民地の朝鮮半島が「戦場」となり、地上戦後の沖縄が「占領」下に置かれ出撃基地として利用されるなか、日本本土が朝鮮特需による「復興」を果たすという、「重層的に混在し同時並行的に進展する」状況を強調する[23]。

ここに、朝鮮戦争を機に冷戦の前線となった台湾、軍事利用のために住民が故郷喪失を強いられた小笠原群島や硫黄列島、そして住民が基地社会化や故郷喪失・被曝を強いられたミクロネシアを加えることができよう[24]。朝鮮戦争を機として北東アジア・北西太平洋の米国の勢力圏は、戦場化(に伴う虐殺・避難民化)と占領(に伴う基地社会化・故郷喪失・被曝地帯化)と復興・高度経済成長という状況が、相互に連関しつつ共在する、不平等に配置された冷戦空間になったのである。一九五五年前後に始まる日本本土の高度経済成長の直接的要因を、朝鮮戦争＝朝鮮特需のみに求めるのは適切でない。だが、一九五〇年代から八〇年代にかけての日本本土が、北東アジア・北西太平洋のなかでは例外的に、冷戦の前線としての軍事的負担を軽減されたことが、約四〇年にわたる日本の長期経済成長の背景にあることは間違いない。このポストコロニアルな冷戦空間における構造的不平等は、朝鮮半島や台湾海峡の軍事的緊張、沖縄における米軍基地の集中などを挙げるまでもなく、二一世紀を二〇年以上経た現在にも、深い影を落としている。

七　冷戦体制論への内在的批判――帝国後の〈社会的なもの〉をめぐる抗争

以上のような冷戦体制論に対して近年、鋭い内在的批判を展開しているのが、益田肇である。益田も多くの論者と同様、朝鮮戦争を冷戦形成のメルクマールとみなしている。ただし益田は、米ソをはじめとする各国の政治指導者が冷戦を開始し、それに世界中が翻弄されていくという、人口に膾炙したトップダウン史観を批判し、むしろ環太平洋各地で「冷戦というリアリティ」がどのように構築・形成されていったのかというプロセスに照準をあてる㉕。

益田によれば、総力戦が後押ししたアフリカ系や女性の権利獲得要求(米国)、総力戦体験への慚愧の念に基づく共産党支持者の急増(日本)、国民党政府の腐敗と国共内戦に伴う社会の混乱(中国)、台湾人(本省人)を中心とする自治の要求(台湾)、総力戦下から継続する社会的敵対(朝鮮半島)、いずれの地域においても総力戦経験を基盤とする社会抗争が生じた。また、「赤色テロル」とされる中国における「鎮反運動」(鎮圧反革命運動)などの粛清・虐殺、「レッドパージ」とされる日・米における粛清、「白色テロル」とされる韓・台における「共産主義者」粛清・虐殺など、朝鮮戦争期に環太平洋規模で同時多発的に発生した粛清運動では、東西陣営問わず、犠牲者には地域や組織のなかで逸脱者とされた人びとが多かった。加えて、こうした粛清運動への協力者たちは、政治指導者や冷戦イデオロギーに扇動された受動的存在だったのではなく、朝鮮戦争という緊張状態を背景に、「社会秩序の回復」に類するスローガンを掲げて、密告や虐殺といった「社会戦争」に積極的に参加していた。以上から益田は、一九五〇年代の粛清運動を、総力戦経験やポストコロニアル状況を背景とする社会抗争に対して、人びとが冷戦にかかわる語彙を駆使しつつ参加した、バックラッシュ＝「草の根保守」運動であったと位置づける㉖。

本総説でもみてきたように、本巻の主要テーマのうち、「総力戦」や「帝国崩壊」に関しては、動員・疎開・引揚・送還・帰還・抑留・残留などにかかわる自発性と強制性、合意と暴力、包摂と排除といった、〈社会的なもの〉をめぐる研究が、この四半世紀で大きく進展した。他方で「冷戦」に関しては、朝鮮戦争期における粛清運動が〈社会的なもの〉をめぐって東西同型であることを指摘した益田の議論は、〈社会的なもの〉をめぐって連合国・枢軸国の戦時体制が同型であることを示した総力戦体制論の提起に、比肩するインパクトをもつ。逆に言えば「冷戦」に関しては、〈社会的なもの〉をめぐる研究が依然として深められていないのである。

そうした観点に立つとき、本巻第8章は、今後わたしたちが取り組むべき方向性を示唆している。古波藏は経済史・政治史・社会史を領域横断しながら、朝鮮戦争後の沖縄における過剰人口問題や土地強制収用に対する抗議運動の盛り上がりを受けて、米国の沖縄統治――とそれを追認する日本――が合意調達や社会統合の手法を組み換えていき、社会運動がこれに対応していくダイナミズムを、丹念に描いている。冷戦状況下においても〈社会的なもの〉こそが、ヘゲモニー抗争の焦点であった。

おわりに

本総説では、日本帝国の総力戦であったアジア太平洋戦争と、帝国崩壊後の北東アジア・北西太平洋における冷戦状況の折り重なりが、どのような社会変動や空間再編をもたらしたのか、またそのなかで人びとはどのように生き抜いたのかを、思考し記述するための社会史的／歴史社会学的な視座を模索してきた。そのために、「帝国」「帝国崩壊」「占領」「動員」「移動」といったテーマ群に即して、いわゆる総力戦体制論と冷戦体制論、関連する各論を吟味し、どのような水準において、これらの理論を批判的に継承し、乗り越える必要があるのかを論じてきた。

こんにちの観点からみるとき、総力戦体制論の意義は、旧宗主国＝帝国日本の本土における「戦時」と「戦後」の連続性といった論点よりも、総力戦体制が枢軸側・連合国側を問わず各宗主国＝帝国の「中心」において同型性をもつこと、また総力戦の遂行は〈社会的なもの〉の捕捉が条件になることを示した点にある。そして、総力戦がもたらした帝国的秩序の崩壊過程あるいは脱植民地化と占領の過程、すなわち帝国の「周辺」で生じる「解放」と「暴力」の混交状況においてこそ、総力戦体制論が提起した「戦時」と「戦後」の連続性は、はるかにリアリティをもって経験されたといえる。日本帝国の敗戦・崩壊過程で生じた、疎開・引揚・送還・密航・抑留といった大量の人の移動は、帝国の総力戦の結果と脱植民地化のプロセスが輻輳する、暴力と隣合わせの状況であった。

総力戦体制論に続いて提起された冷戦体制論は、日本帝国の崩壊と脱植民地化に伴う社会変動を、米国が捕捉することによって「帝国」化し、各国民国家をサブシステムとする冷戦体制が作られていくダイナミズムを理論化した。また冷戦体制論から派生して、サブシステムである西側国民国家間に埋め込まれた葛藤、さらには戦場・占領・復興といった状況が相互連関しながら共時的に展開する不平等な空間性についても、議論の進展がみられた。一方、冷戦体制論の批判的吟味はまだ始まったばかりである。それでも、冷戦も総力戦と同様に〈社会的なもの〉を捕捉せずには成立しなかったこと、冷戦をめぐる合意調達や暴力発動の水準が〈社会的なもの〉をめぐって東西同型であることが解明されつつある。

本巻が刊行される二〇二二年から三年後は、「戦後八〇年」となる。ほどなく、総力戦と帝国崩壊の経験を明瞭に記憶する人びとは、日本を含む北東アジア・北西太平洋世界から、ほとんどいなくなるだろう。「証言者」がいなくなった後、「帝国」と「帝国後」にかかわって蓄積された膨大な記録を読み解き、再構成するための方法論や視座は、ますます重要性を増すと予想される。本総説は、そのための一試論でもあった。

(1)　ジョン・ダワー／三浦陽一・高杉忠明訳『増補版　敗北を抱きしめて——第二次大戦後の日本人(上・下)』岩波書店、[二〇〇一]二〇〇四年。

(2)　山之内靖「戦時動員体制の比較史的考察——今日の日本を理解するために」『世界』第五一三号、岩波書店、一九八八年。山之内靖・成田龍一・ヴィクター・コシュマン編『総力戦と現代化』柏書房、一九九五年。酒井直樹・伊豫谷登士翁・ブレット・ド・バリー編『ナショナリティの脱構築』柏書房、一九九六年。

(3)　山之内靖「方法的序説——総力戦とシステム統合」前掲『総力戦と現代化』九—一三、三五—三七頁。

(4)　総力戦体制論という概念を最初に本格的に提唱したのは、山之内ではなく纐纈厚である。纐纈は、第一次世界大戦後の日本に定着した民主主義的な「国民」意識を、陸軍が動員し回路づけることで、総力戦体制が準備されていく過程を詳述する。纐纈は非常に早い時期に、民主主義体制と総力戦体制が「実はコインの裏表の関係にある」と指摘している(纐纈厚『増補版　総力戦体制研究——日本陸軍の国家総動員構想』社会評論社、〔一九八一〕二〇一八年、一一三―二〇八、二六九―二八六頁)。また、山之内と同時期に総力戦体制論を提唱した雨宮昭一は、次のように論じる。総力戦体制は戦時期において、社会を強制的かつ「下降的に」均質化・平準化した。その結果、敗戦後の一九五〇年代には平等主義的な社会運動と自律的な集団活動が隆盛するが、一九六〇年代に入ると、そうした動きが日本型企業を軸とするコーポラティズム体制・大衆社会に回収されていったのである(雨宮昭一『戦時戦後体制論』岩波書店、一九九七年、三―一八、一三一―二〇六頁)。

(5) 榊原英資・野口悠紀雄「大蔵省・日銀王朝の分析――総力戦経済体制の終焉」『中央公論』第九二巻第八号、中央公論社、一九七七年、九六―一三一頁。経済史の系譜に関しては、稲葉振一郎氏のご教示に感謝する。

(6) 岡崎哲二「戦時計画経済と価格統制」近代日本研究会編『年報 近代日本研究9：戦時経済』山川出版社、一九八七年。

(7) 伊藤隆「昭和政治史研究への一視角」『思想』第六二四号、岩波書店、一九七六年(後に伊藤隆『昭和期の政治』山川出版社、一九八三年に収録)。伊藤隆『大正期「革新」派の成立』塙書房、一九七八年。社会史・政治史の系譜に関しては、戸邉秀明氏の懇切なご教示に感謝する。さらに詳しい書誌・史学史については次を参照。戸邉秀明「戦後思想としての「戦後」史叙述――一九五〇年代史を焦点として」『メトロポリタン史学』第一一号、メトロポリタン史学会、二〇一五年。

(8) 筒井清忠「日本における大衆社会と平準化――一九二〇年代以降の思想集団の変遷から」『思想』第六八八号、岩波書店、一九八一年(後に筒井清忠『昭和期日本の構造――二・二六事件とその時代』有斐閣、一九八四年に収録)。

(9) 渡邊勉『戦争と社会的不平等――アジア・太平洋戦争の計量歴史社会学』ミネルヴァ書房、二〇二〇年。

(10) 高岡裕之『総力戦体制と「福祉国家」――戦時期日本の「社会改革」構想』岩波書店、二〇一一年。

(11) 崎山政毅「「総力戦体制」研究をめぐるいくつかの疑義――システム社会論の視座からの総力戦体制分析に関して」栗原幸夫編『レヴィジオン』第一号、社会評論社、一九九八年、一九四頁。

(12) 中野聡『東南アジア占領と日本人――帝国・日本の解体』岩波書店、二〇一二年、一四〇―一七一頁。

(13) 倉沢愛子『資源の戦争――「大東亜共栄圏」の人流・物流』岩波書店、二〇一二年。

(14) 中野敏男「東アジアで「戦後」を問うこと――植民地主義の継続を把握する問題構成とは」岩崎稔・大川正彦・中野敏男・李孝徳編『継続する植民地主義――ジェンダー／民族／人種／階級』青弓社、二〇〇五年、一五―一八頁。こうしたスタンスは、同じ二〇〇〇年代半ばに歴史学者を中心として編纂され、本シリーズにとっても重要な先行講座である、『岩波講座 アジア・太平洋戦争』(二〇〇五―〇六年)にも共有されている。同講座の「刊行にあたって」は、「一九三一年から一九四五年だけでなくその前後の時期にも射程を伸ばして、戦争の歴史を植民地支配・帝国支配との関わりのなかでとらえ直したい」と宣言している。

(15) 戸邉秀明「帝国後史への痛覚」『年報 日本現代史』第一〇号、現代史料出版、二〇〇五年、二六頁。

(16) 成田龍一「「引揚げ」に関する序章」『思想』第九五五号、岩波書店、二〇〇三年。阿部安成・加藤聖文「「引揚げ」という歴史の問い方（上・下）」『彦根論叢』第三四八号・三四九号、滋賀大学経済学会、二〇〇四年。蘭信三編著『帝国以後の人の移動――ポストコロニアリズムとグローバリズムの交錯点』勉誠出版、二〇一三年。今泉裕美子・柳沢遊・木村健二編『日本帝国崩壊期「引揚げ」の比較研究――国際関係と地域の視点から』日本経済評論社、二〇一六年。蘭信三・川喜田敦子・松浦雄介編『引揚・追放・残留――戦後国際民族移動の比較研究』名古屋大学出版会、二〇一九年。加藤聖文『海外引揚の研究――忘却された「大日本帝国」』岩波書店、二〇二〇年。

(17) 猪股祐介「満洲引揚げにおける戦時性暴力――満洲移民女性の語りを中心に」前掲『帝国以後の人の移動』。山本めゆ「戦時性暴力の再‐政治化に向けて――「引揚女性」の性暴力被害を手がかりに」『女性学』第二三号、日本女性学会、二〇一五年。

(18) 野入直美「「引揚エリート」とは誰か――沖縄台湾引揚者の事例から」前掲『引揚・追放・残留』。許雪姫／羽田朝子・殷晴・杉本史子訳『離散と回帰――「満洲国」の台湾人の記録』東方書店、二〇二一年。

(19) 道場親信「東アジアの冷戦とナショナリズムの再審」『現代思想』第二九巻第一六号、青土社、二〇〇一年、一四二頁。後に次の書籍に収録される際に、末尾部分が「……米軍による沖縄の占領支配を結びあわせた一つのシステムである」と書き換えられている。道場親信『占領と平和――〈戦後〉という経験』青土社、二〇〇五年、一六―一七頁。

(20) 前掲『占領と平和』一〇―四一頁。

(21) 原貴美恵『サンフランシスコ平和条約の盲点――アジア太平洋地域の冷戦と「戦後未解決の諸問題」』渓水社、二〇〇五年、一三―一四頁。

(22) 同前。

(23) 屋嘉比収「重層する戦場と占領と復興」中野敏男・波平恒男・屋嘉比収・李孝徳編『沖縄の占領と日本の復興――植民地主義はいかに継続したか』青弓社、二〇〇六年、二四頁（後に屋嘉比収『沖縄戦、米軍占領史を学びなおす――記憶をいかに継承するか』世織書房、二〇〇九年に収録）。

(24) 石原俊『〈群島〉の歴史社会学――小笠原諸島・硫黄島、日本・アメリカ、そして太平洋世界』弘文堂、二〇一三年、一八一―一八三頁。石原俊『硫黄島――国策に翻弄された一三〇年』中公新書、二〇一九年、一九六―一九七頁。

(25) 益田肇『人びとのなかの冷戦世界――想像が現実となるとき』岩波書店、二〇二一年、三―一三頁。

(26) 同前、一七―九一、二二三―三二七頁。

第Ⅰ部

総力戦と動員

第1章 日本帝国軍の兵站と「人的資源」

佐々木　啓

はじめに

アジア・太平洋戦争において、日本軍は十分な兵站の体制を整えることのないままに、中国大陸から東南アジア、南・北太平洋の広大な範囲で戦闘を繰り広げた。このことは、軍人・兵士を餓死や戦病死に追い込む条件となるとともに、強制的な徴発や徴用、掠奪などによって、各地に甚大な被害をもたらす要因となった。その意味で、兵站の取り扱い方には、日本の戦争の進め方の問題が集約的に表れていたといえる。

そもそも兵站とは何か。一九二八年に刊行された熊谷叟治郎（陸軍歩兵少佐）監修『兵語新辞典』には、「作戦軍の所在地より内地留守部隊までの連絡線を兵站といひ、其の勤務は軍の活動力を保持し且之を推進するを主要の任務とす」とある。具体的には、「馬匹及軍需品の前送、補給、作戦に必要なき人馬物件の収容、通行人馬の宿泊、給養及診療其他野戦軍の後方連絡線の確保、遺棄軍需品の蒐集利用、戦地に於ける諸資材の調査利用並に民政等を包含する」としている(1)。陸軍の陣中勤務と戦闘の準拠を示した『作戦要務令』（一九四〇年）第四篇第一三六では、「兵站ノ主眼トスル所ハ軍ヲシテ常ニ其ノ戦闘力ヲ維持増進シ後顧ノ憂ナク其ノ全能力ヲ発揮セシムルニ在リ」とされており、具体的な業務として『兵語新辞典』とほぼ同様の内容が提示されている[2]。

両者とも相当に広範にわたる活動を想定していることが分かるが、基本的に軍人・軍属が担う活動という前提をとっているという点で、なおも不十分であったといえるだろう。国家の支配下にあるあらゆる資源を戦争に優先的に投入する総力戦では、軍事組織とそれ以外の境目はあいまいなものとなり、軍隊に属さない人びとも、軍需品の生産や輸送、軍人・兵士の身体的、精神的なケアのために動員されることとなった。兵站活動に従事する階層もその活動内容も、実際にはさらに広範にわたったのである。

したがって、アジア・太平洋戦争下における兵站について考える際には、軍人・軍属が担う狭義の兵站のみならず、それ以外の領域をも含む、広義の兵站を想定する必要がある。本章では、前線の軍隊の戦闘力の維持・強化のために、何がどのように動員され、いかなる結果が生じたのかについて、考察していくことにしたい。その際、特に動員された人びとの体験の位相を重視する。政策や統計のみならず個々人の体験に着目することで、日本軍の兵站活動の実態について多角的かつ「下から」とらえることが可能となる。日本軍はいかなる人びとの、いかなる活動に依拠しながら戦争を遂行したのか。兵站の矛盾を、軍人・兵士のみならず、それと関わることになった数多くの人びとの体験の視座から、検討していくことにしたい。

一　日本軍の兵站活動

1　兵站の軽視

日本軍の装備や軍需生産の水準が、最大の対戦国であるアメリカに比して極めて低廉なものにとどまったことは、つとに指摘されてきたところである。山田朗は、日米の国力＝ウォーポテンシャルを比較し、一九四一年の段階で、アメリカは日本と比べて、ＧＮＰと粗鋼生産で約一二倍、商船建造量と航空機生産で約五倍、直接軍事費も約一倍であった、と見積もっている。石油の備蓄量や精製能力はもちろん、アジア・太平洋戦争中に就役させた空母の数の点でも、日本はアメリカに圧倒されていた③。それにもかかわらず、ドイツを過信して独力で勝てる見込みのない戦争に突入し、大陸と太平洋地域の広域の維持を前提とした長期持久戦という、「あえてウォーポテンシャルが露骨に結果にあらわれるような戦争の仕方を選んだ」のが、日本の破綻の原因であった、というのである④。

もっとも、軍部でも兵站活動がネックになることが意識されていなかったわけではない。参謀本部の編制動員課動員班の参謀が敗戦直後に執筆したとされる『支那事変大東亜戦争間動員概史』は、「帝国陸軍動員ノ基本的条件」として、①接壌的動員方式、②交通の制約、③物的準備の制約、④平時軍備の規模内容による制約、⑤人的制約などを挙げている。いずれも日本が大規模な戦争を繰り広げるのに十分な条件を備えていなかったことを示しているが、特に②については、日本本土と主要作戦場との間に「長遠ナル輸送路」があり、集中輸送が難しいことが述べられている。また、③では、「物的国力貧弱ナル帝国ニ於テ全軍ノ動員計画ニ応スヘキ資材ヲ尽ク準備シ得サリシヲ以テ重要ナル資材ノ大部ハ之ヲ中央ニ於テ一括掌握シ必要ナル時機必要ナル部隊ニ随時交付シ其ノ機動性ヲ存置スルノ方法ヲ講セサルヲ得サル止ムナキ状況ナリキ」としている⑤。要するに、日本の国力の制約から、限られた資源を一部の部隊に優先的に投入するような戦争の進め方にならざるを得なかった、というのである。

だが、機動的な資源配分の土台である海上輸送力とそれを支える体制は、脆弱であった。特に一九四二年六月のミッドウェー海戦を契機として日本軍が劣勢に陥って以降は、輸送船の被害が多くなり、四三年九月以降はとりわけ米軍潜水艦による被害が増大した。日本の船腹保有量は、一九四一年一二月の対米英開戦時の約六三八万トンが、四三年末には約四九四万トンになり、四四年末には約二五六万トン、敗戦時には約一五三万トンにまで低下した⑥。前線部隊への軍需品安着率も、四二年の九六％が、四三年に八三％、四四年に六七％、四五年に五一％といったように断続的に低下し、海上輸送された食糧品の三分の一から半数が失われたか、または腐敗したとされている。[7] 四三年一一月にようやく海上護衛総司令部を発足させ、船舶の護衛の強化を試みたが、輸送力の低下に歯止めをかけることはできなかった。日本軍は、輸送力を補うために民間の商船はもちろん各地の漁船や漁師を徴用し、「ほとんど丸腰にも等しい」装備で業務に従事させることとなった。[8]

軍人・兵士の戦闘力を最も基礎的なところで担保するのは、いうまでもなく食糧である。だが、補給能力の低さを背景に、日本軍では食糧物資について「現地自活」の方針が導入された。後方からの支援ではなく現地で調達することを前提に、戦争が遂行されたのである。中国戦線では、一九四〇年に現地軍の戦費が前年比で三割削減されるなど、対米英開戦前から戦費節減と「現地自活」の方針が強行されていた。[9] 南方戦線でも、一九四一年一一月に大本営政府連絡会議が定めた「南方占領地行政実施要領」で、重要国防資源の急速獲得、作戦軍の自活確保などがかかげられ、「国防資源取得ト占領軍ノ現地自活ノ為民生ニ及ホササルヲ得サル重圧ハ之ヲ忍ハシメ」ることが盛り込まれた。[10] 開戦前から現地住民の負担に依拠する方針が、明確に示されていたのである。

中国戦線の事例を、少し詳しく見てみよう。教育総監部が編纂した初級将校用の冊子『戦時服務提要』では、「戦時適用スベキ国際法規中主要ナル事項」の一つとして「敵国住民、財産等ニ対スル処置」を挙げ、「現品徴発及課役ハ地方ノ資力ニ相当シ且占領軍指揮官ノ許可ヲ要シ成ルベク現金ヲ支払ヒ然ラザレバ領収証ヲ交付スベキモノトス」とされている。[11] だが、一九四一年八月から四五年三月まで陸軍将校として中国戦線に従軍した藤原彰が、「証票というものの実物をまったく知らなかった」と述べているように、[12] 軍の規則にのっとった徴発は、実際には行われない場合が多かった。藤原は、一九四一年九月に華北の第二七師団隷下支那駐屯歩兵第三連隊に配属され、景和鎮所在の第三中隊の小隊長として勤務した。この時期の華北では全体として日本軍が有利に戦闘を進めていたこともあり、食糧や物資にそこまで困ることはなかったが、「討伐出動」があった際には、調達の名の下に掠奪が当たり前のように行われていた。「治安地区の外に出ると掠奪自由という暗黙の諒解があったようだ」と藤原は振り返る。[13]

支那派遣軍総司令部が作成したパンフレット『派遣将兵に告ぐ』は、藤原が中国に派遣される一年以上前の一九四〇年四月二九日付で出されたものだが、「掠奪暴行したり、支那人から理由なき餞別饗宴を受けたり、洋車に乗つて金を払はなかつたり、或は討伐に藉口して敵性なき民家を焚き、又は良民を殺傷し、財物を掠める様な事があつては如何に宣伝宣撫するとも支那人の信頼を受けるどころか其の恨を買ふのみである」として、それらの行為を戒めている。[14] 四〇年八月から一〇月にかけての八路軍の攻勢(百団大戦)で大きな損害を受けた北支那方面軍は、以後燼滅掃蕩作戦(中国側のいう三光作戦)を展開していくことになるが、日本軍による掠奪は、絶望的な飢餓ゆえにやむなく始まったわけではなく、比較的物資に余裕がある段階から、実行されていたのであった。

中国戦線では日本軍による掠奪が長期にわたって、広範に行われたが、圧倒的な劣勢のなかで飢餓に苦しんだ南方戦線では、さらに凄惨な実態が広がった。「餓島」と呼ばれたガダルカナル島での戦いや、ビルマ方面軍によるインパール作戦など、飢餓と病に苦しんだ兵士たちの過酷な様相は、よく知られている。ニューギニア島では、自活を迫られた日本軍の兵士たちが、密林を切り開いて畑にし、そこでサツマイモを栽培することを試みたが、不案内な土地での農作業は予想通りには進まず、結局飢えに苦しむ結果となった。[15] もともと国力を度外視した無理な計画の上に、制海権、制空権を奪われた日本軍の惨状は、甚だしいものとなった。

占領地の多くでは、日本軍によって物資・食糧の徴発や労働力の動員が実行され、現地住民に多くの被害をもたらした。「南方共栄圏」の扇の要とされたインドネシアでは、一九四三年四月から米の自由販売が完全に禁止され、軍政当局に対する籾の強制供出が行われた結果、農民たちの生活は窮乏化し、飢餓に瀕する事態となった。[16] インドシナのトンキンでも、もともと米が不足状態だったところに、日本軍による籾の強制供出制度が敷かれ、四四年末から四五年にかけて発生した未曽有の飢餓のなかで、約二〇〇万人が餓死に追い込まれている。[17] 日本軍の無謀な食糧・物資の補給計画は、軍人・兵士に相当な負荷をもたらしただけでなく、現地住民の生命をも脅したのである。

2　軽視の背景

食糧をはじめとする物資の補給がここまで軽視された背景には、何があったのだろうか。吉田裕は、前線の兵士に大きな負荷をかけるような構造的要因が日本軍には内在していた、として、その軍事思想の特異性を指摘する。短期決戦、速戦即決を重視し、作戦、戦闘をすべてに優先させる作戦至上主義、日露戦争後に確立した極端な精神主義が、日本軍兵士を追い込んだというのである。[18] 実際先に見た『戦時服務提要』には、「第一線部隊ハ縦ヒ給養ノ粗悪、欠乏セル場合ト雖モ常ニ能ク之ニ堪ヘ堅忍不抜以テ難局ヲ打開スルノ覚悟ヲ必要トス戦捷ハ一ニ懸ツテ有ユル困苦ニ堪ヘ克チ始メテ之ヲ獲得シ得ルモノニシテ其ノ困苦ノ多キモノハ更ニ其ノ成果一層大ナルモノナルコトヲ深ク銘肝スルヲ要ス」とある。[19] 食糧が足りなくても我慢して難局を打開する覚悟を持て、というのが当時の日本軍の発想であった。

一方、藤原彰は、兵站部門の軽視は軍隊のなかでの輜重兵科の軽視と深くかかわっており、兵站や輸送部門の担当者は、一般兵科の者より一段下に位置づけられていた、としている。また、経理部や軍医部への差別も根強く、これらの部の将校相当官は、指揮権を持つことが許されていなかった。そのため発言力も弱く、それが参謀計画にも影響を与えていた、と見ている。[20]

こうした軍隊が抱える諸矛盾に加え、日本の戦争指導者から軍隊の末端に至るまで深く根を張っていた独特な意識のありように言及しておく必要があるだろう。たとえば、戦時統制経済の調査立案を行う企画院の総裁であった鈴木貞一は、大東亜建設審議会の第四部会（一九四二年四月二日開催）で、次のように発言している。「結局日本は南方から搾取するといわれるが、アングロサクソンの行った搾取と異なり、南方地域をアングロサクソンの侵略から排撃擁護するという、道義に基づいて行われるものであることを、申し上げる」。[21]「大東亜共栄圏」の「盟主」である日本の都合を、現地住民の意識や生活を顧みずに推し進めようとする姿勢が、明瞭に示されているといえる。

中国大陸においても、中国人への暴力を当然とみなす意識が、軍から一般市民に至るまで浸透していた。敗戦直後の一九四五年一二月に、北平(北京)の日本人三八五名に対してアメリカ国務省調査分析局が行った政治意識調査がある。同調査においては、「日華事変は中国人煽動者が混乱を起こさなければ解決できたはずであった」とする設問への回答は、はい(六九%)、いいえ(二二%)、回答なし(九%)となっており、「中国国民が日本の真の意図というものを理解していたならば、日本陸軍は戦争に勝つことができたであろう」とする設問に対しては、はい(六一%)、いいえ(三〇%)、回答なし(九%)となっている[22]。

一方、戦争末期の山西省で、八〇名以上の住民を殺傷し、多数の衣服家具類を略奪したという相樂圭二(独立混成第三旅団第九大隊長)は戦後、「八路軍地区の住民は殆んど皆敵性だから殺傷しても日軍部下兵力の命には替えられぬ、総て八路軍があく迄抵抗するから犠牲者を作るのだと考えていました」と供述した[23]。蒙古連合自治政府で特務活動に携った大野泰治も、「日本は今亜細亜の有色人種お《ママ》白人の圧白《ママ》から救う為の戦争お《ママ》している」、「中国人お《ママ》幾ら殺したって構うことはない」、「なるべく多くの中国人の物質お《ママ》集めて日軍の需要に充てることは当然のことだと考え」ていた、と供述している[24]。

日本人の優越性と日本軍の正当性を認めようとしない他民族への憎悪は、このように根深く人びとの意識をとらえており、暴力の度合いを増幅したのである。

3　「人体」の使用

兵站活動の目的である軍隊の戦闘力の維持には、食糧や武器・兵器の補給はもちろん、医薬品や医療環境の整備、十分な休息や精神的な安定も重要な要素となる。それらを効果的に遂行していくためには様々な物的資源に加え「人的資源」が必要となるが、日本軍は、現地住民や植民地の人びとを動員することでこれに充当した。その際、動員された人びとは、労働力としてのみならず、しばしば「人体」として使用・消費された。

動員されて間もない新兵に、敵兵を殺害することに慣れさせるために実施された刺突訓練は、その一つの事例である。同訓練では、中国人の捕虜や民間人を立ち木などに縛り付け、実際に銃剣で刺し殺すことがくりかえし行われた。第四旅団の将校であった住岡義一は、刺突訓練を命じた一人であったが、証言のなかでこの訓練を、「肝試し」ととらえている。「肝試しを通じて、だんだん日本の兵隊が、下士官が強くなる」のであり、「訓練、教育の一環」で「いかにも大きな作用」を果たした、というのである(25)。

捕虜の虐待や殺害は、国際法(ハーグ陸戦法規)で禁じられているが、日本軍のなかではそうした理解はほとんど共有されていなかった。中国戦線に従軍した元軍人・兵士たちの証言で、この刺突訓練に触れているものは非常に多く、同訓練が広範に行われていたことを示している。動員されたばかりの新兵たちにとって、上官の命令とはいえ、生身の人間を刺し殺すことは容易なことではない。「新兵たちの中には、落着いた動作で、銃剣術で教えられたとおりに刺突した者もあったが、ほんの稀であった。大方がみっともない態だった。しかし、こうして人を殺す体験をしたことにより、急速に、新兵たちは一人前の兵隊にと成長したのである」と、中国戦線に従軍した曽根一夫は述べている(26)。兵士たちの心身を戦場に見合ったものに変え、軍隊の戦闘力を維持するための材料として、捕虜や市民の人体＝生命が使用されたのである。

第二に、日本軍による生体実験がある。一九三六年に平房で発足した関東軍防疫給水部(通称七三一部隊)による生体実験は、よく知られている。七三一部隊の「姉妹部隊」は北京、南京、広東、シンガポールにも設置され、陸軍軍医学校防疫研究室と合わせて、指導者である石井四郎の名字をとって石井機関と呼ばれた。石井機関は、生物兵器の開発と実戦に携わり、その隊員数は合計で一万人を超えていたとされている。被害者の総数は判然としないが、七三一部隊だけでも、一〇年の間に二〇〇〇とも三〇〇〇ともいわれる人びとを生体実験によって殺害したとされている[27]。

だが、生体実験は石井機関だけが行っていたわけではない。笠原十九司は、中国に派遣された日本軍のおそらくどの部隊でも、軍医だけでなく、衛生下士官、衛生兵までもふくめて、中国人を「実習材料」にして手術演習や医療の学習のための生体解剖を行っていた、と見ている[28]。日本軍の負傷者の応急手術をするには軍医だけでは間に合わず、衛生兵にもその技能を身に着けさせる必要があったため、その実験材料として捕虜や八路軍と密通している被疑者などを使用したというのである。軍医として潞安陸軍病院に勤務していた湯浅謙は、一九四二年三月にはじめての生体解剖に参加したが、その後三年の間に一〇名の中国人の生体解剖を行い、衛生兵教育のためにその人体を使用した[29]。湯浅は当初、生体実験に臆して「いったい、このひとたちは、死ななけりゃならないことをしているのでしょうか」と他の軍医に尋ねたが、その軍医は、「パロ（八路軍のこと）は、皆、殺すさ」と平然と返したという[30]。結局湯浅も、生体実験の回数を重ねるなかで、次第に「日本のためだ。何でもする。中国人なんて何をしたって構わない」と思うようになっていった[31]。

もっとも、日本軍が行った生体実験は、中国人だけが対象だったわけではない。九州帝国大学医学部での米軍捕虜の生体解剖の事例は有名であるが[32]、他にもキャッサバの根だけを与え続ける食糧法の実験や、マラリアに感染させる実験などが、連合軍捕虜に対して行われている[33]。また、フィリピン人の現地住民の生体解剖を行ったという元上等衛生兵の証言もある[34]。こうした日本軍による生体実験の全貌は、いまだに明らかになっているとはいいがたい。

第三に、日本軍「慰安婦」制度をはじめとする日本軍の性暴力について見て行きたい。ここまで見てきた一つの事例が人命を消費の対象とするものであったのに対し、「慰安婦」の場合は、女性を軍人・軍属の「性欲発散」の対象として消費することを意味していた。

大本営陸軍部研究班の一九四〇年一〇月付の資料には、「戦地ニ在リテ原始的ナル生活ヲ営ミ弾丸雨飛ノ下生死ノ境ヲ突破スルニ伴ヒ一種ノ戦場心理ニ誘惑セラレ性欲ニ対スル強烈ナル享楽心ヲ勃起シ劣情ヲ抑フルノ気力ヲ失シ加之飲酒ニ依ツテ益〃此ノ心ヲ昂メ遂ニ勢ノ趣ク処凡テヲ忘却シテ遊里ニ投ジ遂ニ罹病スルニ至ルハ性病感染ノ一般的経路〔後略〕」とある。(35) 戦場で生命の危機にさらされていると、性欲に対する強烈な「享楽心」を持つようになり、さらに飲酒によって、すべてを捨てて「遊里」に向かうようになる。その「遊里」で、性病に感染するケースが多い、というのである。同資料によれば、日中戦争において天津、杭州、蘇州の特設病院に収容された性病患者は一万六〇〇〇人を超え、「事変地」内外の患者と合わせて「莫大」な数になるという。よって「我ガ戦闘力ヲ阻害セシコト尋常ナラザルコトヲ推知シ得ベシ」というのである。

軍が「慰安所」を設置し、管理しようとする一つの大きな動機は、この性病感染の防止という点にあったが、他にもレイプの防止、慰安の提供、スパイの防止、などの目的があった。(36) 特に戦地や占領地でのレイプを防止することは、現地住民の人心掌握のために必要なことと考えられていた。「慰安」の提供は、厳しい環境に置かれた軍人・軍属の不満の暴発を防ぐために必要であり、売春施設を軍の管理下に置けば、そこから軍の機密が外に漏れることはない、という判断があったのである。

こうして、軍人・軍属の男性たちの性欲を管理し、「適切」なかたちで発散させることがその戦闘力を維持するためにも重要な課題ととらえられた。「慰安所」の設置と「慰安婦」の動員は、広義の兵站活動の一部を成したのであり、後方の「慰安婦」を前線の部隊へと送ることは軍人たちの間で「配給する」と表現され、「性欲の処理は肉体と精神の調和剤で、戦争の潤滑油」であるとされた。(37) これらのことは、公娼制度を持ち、人身売買を事実上公認しながら近代化を進めてきた「買春する帝国」が、戦場や占領地にむけて拡張されたことを意味していた。(38)

多くの研究が明らかにしているように、日本軍「慰安婦」制度の実態は、性労働という言葉で一括できるものではなく、居住、外出、廃業、拒否の自由が与えられていない性奴隷制(sex slavery)であった。「慰安婦」の徴集〔連行〕についても、一般的な労働契約とはおおよそ異なっており、詐欺・暴行・脅迫・権力濫用など、様々な強制手段によって実行された。西野瑠美子は、地域別の被害者証言からその動員手段の内訳を分析している。それによれば、朝鮮人女性の証言(五二件)では、詐欺・甘言(六三・五%)、拉致・誘拐(二一・二%)、売られた(一五・四%)となっており、台湾人(二五件)では詐欺(六〇%)、拉致的連行など(三三%)、中国人(二八件)では、拉致・誘拐(九六%)、フィリピン(五六件)では、拉致(一〇〇%)であった。これらに加えて、日本人「慰安婦」については、多くの場合借金返済のため、自ら希望して慰安所に行った、という「形式」をとって実行された。[39] 本国、植民地、占領地で、その暴力の発動のされ方に違いがあることが読み取れる。

日本軍による性暴力は、「慰安所」の「慰安婦」だけを対象としたのではなく、その範囲は相当に広かった。「慰安所」を設置しても性病患者の数は減ることはなく、「慰安所」と他の性暴力は並存したのであり、軍の指導的な地位にある者が率先して「慰安所」外でのレイプを行うこともあった。軍人・兵士たちにとって、「合法的」な性暴力だけでなく、「非合法」の性暴力もまたよく見られたのである。[40] フィリピンのアンティケ州のサンホセに住んでいたトマサ・サリノグは、一九四二年に日本がフィリピンを占領した際、一三歳であった。自宅で就寝していたときに突如日本兵が押し入ってきて、眼前で父を殺害され、サリノグは日本軍駐屯地近くの家に連れていかれた。そこからは日本の軍人・兵士たちにくりかえしレイプされる日々がつづいた。一度はこの家から脱出したものの、オクムラという兵士に捕まり、その家に連れていかれた。オクムラの家では、洗濯や掃除を命じられ、オクムラが帰るたびにレイプされたほか、オクムラに来客があると、その者にもレイプされた。こうした状態は日本軍がサンホセからいなくなるまで続いたという。[41] 軍人・兵士たちのなかで、「慰安婦」への性暴力と、こうした「非公式」の性暴力とは並存していたのであり、日本軍の性暴力の問題性は、前者のみならず、両者を貫くものとして、とらえる必要がある。

以上、「人体」の使用の事例について三つの角度から見てきた。これらは通常は兵站活動という概念で括られることはあまりないかもしれない。だが、いずれも生身の人間を一つの資源として利用し、日本軍の戦闘力を維持、強化するために行われたことであり、その意味で広義の兵站活動の一環をなしていた。こうした方針こそが日本帝国軍の特質の一側面をなしていたのであり、さらには日本社会の矛盾を投影していたのである。

二　「人的資源」の動員とその重層性

ここまでは、主に前線や占領地における日本軍の兵站の様相を中心に見てきた。以下では、日本本国の兵站活動のありかたについて検討し、兵站活動の担い手となった人びとの体験について、明らかにしていくことにしたい。

1　日本の労働力動員の特徴

日本軍の兵站活動の基礎の部分を占めていたのはいうまでもなく軍需品の生産であり、具体的には陸海軍の諸工場や民間資本の重工業の工場、炭鉱・金属鉱山での生産活動であった。生産現場に動員されたのは、多種多様な背景を持つ人びとであり、それらの人びとの体験の過酷さは重層構造をなしていた。

日本本国の労働力動員については、企画院が一九三九年から四四年まで、年度ごとに策定した労務動員計画（一九四二年度から国民動員計画と改称）で、その概要を知ることができる。[42] 同計画における給源別供給数（三九年度から四四年度まで）の合計は、一三八〇万人に上る。その供給源の比率を見ると、新規小学校（国民学校）卒業者は約二九％、新規中等学校卒業者は約五％、各種学校在学者（学校在学者）は約一五％となっており、労働力動員全体の約半数を新規学卒者と在学者に依存していることが分かる。その次に多いのが、企業整備や男子就業規制など動員強化にともなう転廃業者で約三二％、農村以外の未就業者や無業者などが約七％、移入および内地在住の朝鮮人労務者が約六％、農村未就業者及農業従事者が約五%、となっている。全体として農業からの動員は少なく、新規学卒者と動員強化による転廃業者を軸にして労働力動員が遂行されたことが分かる。なお、全体に占める女性の割合は約三七%であり、極端に少ないということはない。日本の戦争指導者は、「家庭ヲ守リ、子弟ノ養育ニ任ジ、而シテ其ノ夫ヲ、又其ノ子ヲ、又其ノ兄弟ヲ、戦線ニ、銃後ニ活動セシム」ことを「帝国女性ノ当然ノ天職」[43]とみなし、女性を戦争動員の対象とすることに消極的な姿勢を示していたが、実態としてはなし崩し的に女性労働力への依存度を高めたのである。

次に同計画を年度順に並べてみると、一九四〇年度までの段階では新規学卒者や農業からの動員が中心であり、前者はその後も中心を占めつづけるが、後者は四一年度以降計上されなくなることが分かる。他方、四一年度以降転廃業者が増大し、四四年度には学校在学者が初登場して、大きな位置を占めるに至る。朝鮮人労務者は、四二年度以降拡大し、中国人労務者も四四年度から計画に上っている。なお、四五年度の動員計画も素案レベルでは史料が残っており、それによれば、新規学卒者が六九万九〇〇〇人、学校在学者が二四四万人、有業者が四八万人、無業者が八万人、「外国外地労務者」が四〇万人となっている。[44] 四五年度だけで見るなら、外国人の動員が約一割を占めていたということになり、別の時期と比較しても、その比重が高いことが分かる。日中戦争の段階ですでに労働力不足が生じていた日本では、特に炭鉱などの労働力として、朝鮮人を断続的に動員する方向へと進み、朝鮮人労働者が不足するようになると、さらに中国人や捕虜の強制労働へと突き進んだのであった。

2　日本本国における徴用体験の諸相

日本本国では、一九四一年以降、新規学卒者にかわって転廃業者の動員が増大し、分厚い層を占めるようになった。転廃業者は、国民徴用令をはじめとする法令に基づいて徴用されたほか、国民勤労報国協力隊に組織され、生産活動に従事させられた。日本人の新規の被徴用者に事前の訓練を実施していた東京勤労訓練所の「適性検査実施状況」のなかに、同訓練所における第一期から第一〇期（一九四三年七月―四四年六月カ）の被徴用者五二一〇人の前職を示す史料が残っている。それによれば、被徴用者の前職は、農業六六人、水産業六人、鉱業一〇人、工業二五七九人、商業一八三八人、交通業一四八人、自由業三七四人、などとなっている。工業の多くは紡織工業や印刷業及製本業など、重工業とは異なる分野の業種であり、商業では物品販売業が大半を占めていた[45]。重要なのは、こうした前職のある被徴用者のなかに、しばしば経済的な困窮に陥った者がいたということである。工場事業場の職制の最下層に置かれた被徴用者や転廃業者の平均収入は、他の男性一般工員の平均収入を下回り、それが徴用忌避の大きな要因となった。また、被徴用者は、一九四三年以降になると、前職よりも収入が著しく低下した場合に限って差額補給が実施されることとなっていたが、同年度においては被徴用者の約六割が補給を受け[46]、四四年中頃の徴用については、おおむね七〇―八〇％の被徴用者が補給を受けていたとされている[47]。こうして中小零細の商工業に従事する膨大な層を掘り崩し、安価な労働力として軍需産業に流し込んだのが、日本人の労働力動員の特徴であった。

一方、朝鮮人、中国人の場合は、軍需工場への動員が中心であった日本人と異なり、その半数以上が炭鉱をはじめとする鉱山に動員された。朝鮮人約六七万人の動員先の内訳は、炭鉱四七・八％、金属鉱山一一・三％、土建業一六・一％、工場他二四・八％であり[48]、中国人約四万人の動員先の内訳は、炭鉱三四・一％、金属鉱山一九・五％、土建業二八・三％、港湾荷役一五・八％、造船業二・三％となっている[49]。全炭鉱労働者数は四〇年末の約三〇万人から四五年の約四二万人にまで増加したが、常傭夫の割合は四〇年の八三・六％から四四年の五八・七％に減少し、朝鮮人、中国人、捕虜の割合は四〇年の一六％から四五年の三六％にまで増大した[50]。炭鉱においては、朝鮮人、中国人、捕虜は、より身体的負担の大きい坑内労働に従事させられる場合が多かった。

植民地支配下にあった朝鮮半島から内地に朝鮮人を動員するに際しては、一九三九年以降、募集や官斡旋といった手法で、動員が進められた。初期の段階では生活の困窮などを背景に渡日を希望する者も少なくなかったが、四二年度以降、動員計画の充足が困難になっていくと、物理的暴力や心理的圧迫を伴う内地への連行が増えていった。とりわけ行政機構の末端の役人らによる暴力的な動員は、過酷であった。日本内地の労働現場の環境の劣悪さや残された家族の生活への不安から、多くの朝鮮人が日本行きを忌避したため、募集や官斡旋といいながら、実際には「夜襲、誘出、其ノ他各種ノ方策ヲ講ジテ人質的略奪拉致」が行われた。(51)

朝鮮半島の全羅道木浦で反物屋をしていた尹宗洙は、一九四〇年二月、日立鉱山の労務課長に「岡《ママ》の上の仕事をやらす」といって動員されたが、実際には坑内の労働に当てられた。全羅南道務安郡で農業を営んでいた金永鎮は、四一年のある朝、起床前に巡査と面（朝鮮の地方行政の最下級機関）の職員に捕まって、トラックで連行され、厳しい監視の下で日立鉱山へ連れていかれた。(52) 四三年の春に朝鮮半島の開城から三井三池炭鉱に動員されたイ・ウンシクは、面の職員から警防団に入れば徴用されないから入るようにと勧められ、その手続きのために交番に行ったら、そのまま日本に連れていかれた。(53) このように、本人に事情を知らせず、時に暴力を用いて連行するという事例は、朝鮮人の労働力動員の手法として、幅広く見られた。日本人の動員で同様の事例がほとんど見られないことをふまえると、日本人と朝鮮人とで、その動員のあり方に大きな落差があったことは明白である。

中国人の動員は、朝鮮人の動員で見られた暴力的な手法が、より自覚的、組織的にとられた点で際立っている。中国人を日本や満洲の事業場で使用することについては、一九三九年の段階で業界団体からの要請があり、四三年四月以降の試験的移入を経て、四四年二月から本格的に実行された。動員の中心を担ったのは、華北政務委員会実業総署の管轄下にある中国人労働統制機関「華北労工協会」であり、日本軍と同協会が設立・管理していた俘虜収容所に、拉致してきた中国人を集めた上で、日本内地に連行した。収容所に拉致・連行されたなかには、八路軍などの捕虜のみならず、一般市民も多数含まれていた。

一九四三年末に北支派遣軍独立混成第五旅団一九大隊に配属された猪瀬健造は、「討伐」と呼ばれる軍事行動のなかで捕まえた中国人を駐屯地に連行し、まとめて収容所に入れる活動に携わった。猪瀬は戦後、次のように述べている。「彼らは、いわば戦利品なのです。戦って利益を得た、つまり獲得した品物だと思っていました。彼らが持っていた弾薬や小銃、その他の食糧やお金などを最初は戦利品と呼んでいましたが、そのうちに、人間までも品物だと思うようになったのです。ですから、働けそうな中国人はすべて、労働力を提供してくれる品物だったのです[54]」。

被害者の証言に見られる動員には様々なケースがあるが、日本軍やその指示を受けた中国人が、健康な男性を唐突かつ暴力的に連行したという点で、共通している。たとえば、ハルビン郊外で農業に携わっていた王鳳年は一九四四年の春、新京(長春)にいる親戚を訪ねた際に、日本の憲兵に呼び止められたあとに身体を拘束され、青島の収容所から日本に送られた[55]。一九四五年の初めころ、北京市内を歩いていた張文海も、突然日本兵に腕をとられ、むりやりトラックに載せられ、天津郊外の収容所に送られている[56]。先に見た猪瀬は、青島の収容所では多くの中国人が強硬に反抗したが、「手に負えない者は殺す以外になかった」とし、「なかには、コークス工場に連れていかれ、炉の中に生きたまま放り込まれて焼き殺された者もいたといいます」と、述べている[57]。一九四六年に作成された『外務省報告書』は、動員された中国人の数は合計三万八九三五人であり、全国一三五カ所の事業場で使用され、六八三〇人が死亡したとしているが[58]、収容所や輸送船のなかで死亡した者も含めれば、被害者の数はさらに多くなるものと見込まれる。

これらの労働力に加え、南方戦線における連合軍の捕虜の一部が、日本内地に移送され、強制労働に従事させられた。対米英開戦後、南方戦線で多数の捕虜を得た陸軍は、一九四二年五月の「俘虜処理要領」において、「白人俘虜」を「生産拡充並ニ軍事上ノ労務ニ利用」する方針を決定し、同年一〇月から南方地域から日本への捕虜の移送を開始した。四二年には七一四四人、四三年には一万一七四八人、四四年には一万二七三七人、四五年には一二二七人の捕虜が日本に移送された[59]。捕虜の移送中、連合軍の攻撃を受けることがしばしばあり、そのなかで一万八三四人の死者(一部抑留者を含む)を出している。四二年一一月にシンガポールから台湾に捕虜として移送されたイギリス軍軍人のデリク・クラークは、風通しの悪い船倉に押し込められ、十分な水分も与えられず、気を失う者や赤痢を悪化させ死亡する者などがいたことを挙げ、輸送船「大日丸」は「地獄船」であったと記している。[60]

捕虜の取扱に関する国際条約には、ハーグ陸戦条約(一九〇七年)とそれを補完するジュネーブ条約(一九二九年)とがあったが、日本は前者に批准したものの、後者については、「帝国軍人ノ観念ヨリスレバ俘虜タルコトハ予期セザルニ反シ外国軍人ノ観念ニ於テハ必シモ然ラズ従テ本条約ハ形式ハ相互的ナルモ実質上ハ我方ノミ義務ヲ負フ片務的ノモノナリ」などとして、批准しなかった。[61] 対米英開戦にあたっても、ジュネーブ条約の規定を「準用」するという曖昧な方針が示され、事実上同条約における捕虜の保護規定については、十分な配慮が払われなかった。

日本国内では、函館、仙台、東京、名古屋、大阪、善通寺、広島、福岡に、外地では、朝鮮、奉天、上海、香港、台湾、フィリピン、タイ、マレー、ハワイ、ボルネオに俘虜収容所が設置され、厳しい労働が課された。戦後、俘虜情報局が作成した『俘虜取扱の記録』によると、国内の収容所では合計三四一五人、外地の収容所では三万四九六人の捕虜が死亡している。[62] 日本軍の捕虜になった将兵の死亡率は、約二七％にのぼったとされている。[63]

3　強制労働の重層性

動員された人びとが、どのような境遇で労働に従事したのかについては、すでに多くの研究が明らかにしている。鉱山や工事現場での作業は、憲兵や労務係などによる厳重な監督下で行われ、とりわけ朝鮮人、中国人、捕虜に対しては、逃亡をさせないための仕組みが張り巡らされていた。

管理者の暴力は日本人労働者に対しても向けられたが、朝鮮人、中国人、捕虜への暴力はそれよりはるかに苛烈なものであった。別子銅山に動員されていた中国人の李振山は、「毎日、運ぶ貨車の数が決められていて、それを達成できないと棒で殴られました」とし、「毎日働かされて、殴られて、先が見えずに仕方なく死んでしまったような人もいました」と証言している。[64] 朝鮮から日立鉱山に動員された金永鎮は、「人を殴る朝鮮人を雇っていたね」とし、「ただ仕事に行かんとか、食券ないのにめしを食いに来たとかいって」殴っていた、として、「あんなやつ、年寄りだろうが何だろうが、人間死ぬことを何とも思わぬほど殴るんだものね」と証言する。環境の厳しさから逃走する者も少なくなかったが、「逃げてつかまれば、殺されますよ。わしら見えないところで叩いたけど、三〇人ぐらい消えてますよ。叩かれて生涯足が動けなくなった人もあるよ」と述べているように、その制裁は苛烈なものであった。[65]

朝鮮人、中国人、捕虜に対する周囲の日本人たちの眼差しは一様ではなく、一定の同情が示される場合もあったが、概して強い警戒心が向けられ、時に憎悪や嫌悪があらわになった。中島飛行機株式会社尾島工場に徴用されていた森伊佐緒は、戦争末期に新工場建設のための作業に動員され、その現場で中国人、朝鮮人と一緒に働く経験をした。中国人たちは、日本人が残飯を集めてつくった握り飯と、自身の持っている煙草を交換して飢えをしのいでいた。森は、そんななかでも従順に働く中国人に対し、「生命をも完全に保証されていない敵国の捕虜生活を、彼らはどんな風に考えているのであろうか」としつつ、「敵国人という意識を抱くことができない」と記している。一方朝鮮人に対しては、「作業は私たちと大して違わないくせに、労働賃金は私たちの倍額以上も貰う朝鮮人労務者に、ある反感を抱いている。彼らは一般に楽天家で要領屋である。彼らは戦争に協力しているという自覚を持たない。潜在的不穏分子が多い」と、強い嫌悪感を示した。建設作業が行われている村では、「兵隊、工員、朝鮮労務者、土建人夫、など種々雑多な人間が入りこんでからは物がなくなって困る」と村人がこぼしているとし、「ことに非番の朝鮮労務者が集団で手当り次第失敬して歩くそうだ」とする。ある日「一人の工員が些細なことで朝鮮人に殴られた」ことから、利根川河畔で朝鮮労務者と日本人の建設隊員の「出入り」があり、「半島になめられてたまるか」と、朝鮮人を負傷させたこともあった。[66] 同じ帝国の一員である朝鮮人への「同胞」としての意識はほぼ見られず、むしろ「不穏」で「なめられてはならない」存在として認識されていたことが読み取れる。

食糧難は、とりわけ闇売買をする機会のない捕虜にとって、厳しいものとなった。別子銅山では、炊事場から砂糖を盗んだ捕虜が捕まって、厳しい拷問を受けた。捕虜の管理に当たっていた蟹江角義は、捕虜に「暴動を起こさせない、大人しく従順に仕事をやらすためには、腹いっぱい飯を食わさないほうがいいんだ」とされていた、と述べる。新居浜の俘虜収容所(分所)に勤務していた岡内俊一は、捕虜の食糧調達の任に当たっていたが、買い出しの際に捕虜ではなく兵隊のための食糧だと偽っていた。その理由について岡内は、「敵国の捕虜にやるなんて、日本人じゃないんじゃないかっていうぐらい罵倒されましたからね」と語る。[67] 川崎や芝浦で積み荷の上げ下ろし作業を行っていたイギリス人捕虜のデリク・クラークたちは、限られた配給食糧に加え、盗みや「荷抜き」で飢えをしのいだ。[68]

近年、戦時下の「徴用」を日本帝国全体で同質の体験であったかのようにとらえる見解も散見される。だが、本国、植民地、占領地、捕虜とで、その体験は大きく異なっている。生存の危機が差し迫る状況下において、「大東亜共栄圏」の重層性は、兵站活動の現場に貫徹したということを改めて強調しておきたい。

おわりに

以上本章では、日本帝国軍の兵站活動について、軍人・軍属のみならず幅広い人びとの関わりを視野に入れながら考察してきた。国力に比して広大な規模での戦争に突き進んだ日本は、兵站を十分に顧みないままに軍事活動を展開した。限られた資源を機動的に投入するという方針であったものの、現実にはそれを支える輸送力は脆弱であり、物資・食糧については現地調達の方針が断行された。戦地や占領地では日本軍による掠奪が横行し、軍の都合を優先した籾の供出の強制や労務者としての動員は、「大東亜共栄圏」各地の人びとをしばしば過酷な環境に追い込み、生命をも奪った。また、日本軍では、現地住民や捕虜をはじめとする人びとの人体＝生命が戦闘力の維持・強化のために使用された。捕虜や住民を使用した刺突訓練や生体実験がしばしば行われ、軍人・軍属の性欲の発散のために、本国、植民地、占領地の女性たちが性奴隷として使用された。

一方、国内の軍需産業の日本人労働者が不足していくなかで、朝鮮人や連合軍の捕虜、中国人が日本に強制連行され、過酷な環境の下での労働に従事させられた。アジア・太平洋戦争の全過程を通じて、日本を主とし、他を従とする「大東亜共栄圏」の垂直的な関係性がより明瞭になっていった。無理な戦争を推し進めた日本帝国軍は、「大東亜共栄圏」の下部に置かれた人びとを収奪することによって、その不足を補おうとしたのである。

図1　大東亜共栄圏の図

図1は、アメリカと中国国民政府が共同で設立した諜報機関である中米合作社（SACO）のビラ「大東亜共栄圏の図」である。漢語版に加え、英語版、インド語版も作成されたといわれている[69]。日本列島の上に不気味な樹木が生えており、その根がどす黒い手のような形状となってアジア各地へと伸びている。広範なアジアの人びとの血液を養分にして日本帝国という樹木が育っていることを示したこの図は、プロパガンダでありながら、日本帝国軍の特質を見事に描出しているといえるだろう。

無数の暴力を使い、人間の尊厳を蔑ろにして成長したこの奇怪な樹木は、敗戦という厳然たる事実によって、根元から切り倒されるはずであった。だが、樹木を切り倒す行為であるはずの占領と戦後改革、そして戦後補償の手続きは、あまりにも不十分なものに終わった。冷戦構造の下で日本の戦争責任が曖昧にされた結果、個々人の被害に対する賠償は十分には行われず、それを求める声は国家の圧力の下で抑え込まれた。

一九八〇年代以降、とりわけ冷戦構造が崩れた九〇年代以降になると、戦争被害の賠償を求める訴訟が相次いでなされるようになり、日本軍による強制連行や強制労働、性暴力の被害者たちもその賠償を求めた。しかし、日本政府は、賠償問題は国家間の条約によって決着済みであるという姿勢を一貫して変えずに今日に至っている。一九五〇年代には軍人恩給が復活され、戦傷病者戦没者遺族等援護法による障害年金、遺族給与金、弔慰金などが当事者に支払われるようになったが、それらの対象者はいずれも日本国籍保有者に限定され、植民地支配の下で戦争に動員された台湾人や朝鮮人は、日本国籍を持たない限り除外された。この意味で、帝国内の差別と序列化は、形を変えて戦後に「継承」されたのである。

二〇二二年一月現在、「徴用工」問題や「慰安婦」問題の解決の見通しはなおも立っていない。戦後補償問題は、国家間の駆け引きとしてのみ議論の対象となり、本来もっとも重視されるべき個々の戦争被害者の体験に根差した解決への努力は、後景に退いている。「大東亜共栄圏」の樹木を切り倒し、戦争被害者一人ひとりの尊厳を取り戻していくためには、日本帝国がいびつな構造の下でふるった暴力と、それにともなう一つひとつの体験を直視し、あらためて議論の中心に据えることが必要である。

（1）熊谷叟治郎監修・大日本教育通信社編輯部編『兵語新辞典』大日本教育通信社、一九二八年、二二六頁。
（2）『作戦要務令（第三部）』尚兵館、一九四〇年四月、一〇九頁。
（3）山田朗『近代日本軍事力の研究』校倉書房、二〇一五年、第六章。
（4）同前、一七七―一七八頁。
（5）『支那事変大東亜戦争間動員概史』一九四六年頃、『十五年戦争極秘資料集』第九集、不二出版、一九八八年所収、一二頁。
（6）安藤良雄編『近代日本経済史要覧』第二版、東京大学出版会、一九七九年、一三九頁、表6―49。
（7）宮本三夫『太平洋戦争　喪われた日本船舶の記録』成山堂書店、二〇〇九年、四頁。
（8）拙稿「解説」ＮＨＫ「戦争証言」プロジェクト編『証言記録 市民たちの戦争』第一巻、大月書店、二〇一五年、二二一―二二三頁。

(9) 吉田裕『日本軍兵士――アジア・太平洋戦争の現実』中公新書、二〇一七年、九七頁。
(10) JACAR(アジア歴史資料センター)Ref. C12120152100、一一月二〇日 南方占領地行政実施要領 大本営政府連絡会議決定(防衛省防衛研究所)。
(11) 『戦時服務提要』第一三版、一九四四年六月(初版は一九三八年七月)、付録第一、五頁。
(12) 藤原彰『中国戦線従軍記』大月書店、二〇〇二年、三五頁。
(13) 同前、三三頁。
(14) JACAR(アジア歴史資料センター)Ref. C12120065200、支那事変戦争指導関係資料綴(支那派遣軍の部)昭和十二年七月二七日〜昭和十六年六月一〇日(防衛省防衛研究所)。
(15) 有代真澄「千葉県・佐倉歩兵第二二一連隊――西部ニューギニア 見捨てられた戦場」NHK「戦争証言」プロジェクト編『証言記録 兵士たちの戦争』第一巻、NHK出版、二〇〇九年。
(16) 倉沢愛子『日本占領下のジャワ農村の変容』草思社、一九九二年、第三章。
(17) 倉沢愛子「帝国内の物流――米と鉄道」『岩波講座 アジア・太平洋戦争7 支配と暴力』岩波書店、二〇〇六年、一四〇頁。
(18) 前掲『日本軍兵士』一三八―一四二頁。
(19) 前掲『戦時服務提要』三六頁。
(20) 藤原彰『餓死した英霊たち』青木書店、二〇〇一年、一九五―二〇三頁。
(21) 石川準吉『国家総動員史』資料篇第四、一九七六年、一二七六頁。
(22) アメリカ国務省調査分析局「北平〔北京〕の日本人の政治意識調査」粟屋憲太郎編『資料日本現代史』第三巻、大月書店、一九八一年、三七七頁。
(23) 中央档案馆编『中央档案馆藏日本侵华战犯笔供选编 第一辑 4』中華書局、二〇一五年、一七七頁。
(24) 中央档案馆编『中央档案馆藏日本侵华战犯笔供选编 第一辑 6』中華書局、二〇一五年、一八四頁。
(25) 米本直樹「独立混成第四旅団――中国華北 占領地の治安戦」NHK「戦争証言」プロジェクト編『証言記録 兵士たちの戦争』第七巻、NHK出版、二〇一二年、一〇五頁。
(26) 曽根一夫『南京虐殺と戦争』泰流社、一九九八年、八九頁。
(27) 常石敬一『七三一部隊――生物兵器犯罪の真実』講談社現代新書、一九九五年、九―一二頁。
(28) 笠原十九司「解説」湯浅謙『中国・山西省日本軍生体解剖の記憶』ケイ・アイ・メディア、二〇〇七年、九〇―九一頁。
(29) 前掲『中国・山西省日本軍生体解剖の記憶』一六―一七頁。
(30) 吉開那津子『消せない記憶――湯浅軍医生体解剖の記録』日中出版、一九八一年、七二頁。

(31)　前掲『中国・山西省日本軍生体解剖の記憶』一七頁。
(32)　熊野以素『九州大学生体解剖事件――七〇年目の真実』岩波書店、二〇一五年。
(33)　田中利幸「人体実験に使用された連合軍捕虜――連合軍資料にみる捕虜虐待・虐殺の一側面」『季刊戦争責任研究』三、一九九四年。
(34)　「生体解剖「フィリピンでも」　84歳元衛生兵が証言、住民30人以上が犠牲」『毎日新聞』二〇〇六年一〇月一九日付。
(35)　ＪＡＣＡＲ（アジア歴史資料センター）Ref. C11110757600、支那事変の経験に基づく無形戦力軍紀風紀関係資料（案）昭和一五年一一月、防衛省防衛研究所。
(36)　吉見義明『買春する帝国――日本軍「慰安婦」問題の基底』岩波書店、二〇一九年、一九一―一九三頁。
(37)　平井和子「兵士と男性性――「慰安所」へ行った兵士／行かなかった兵士」上野千鶴子・蘭信三・平井和子編『戦争と性暴力の比較史へ向けて』岩波書店、二〇一八年、一一七、一二〇頁。
(38)　前掲『買春する帝国』。
(39)　西野瑠美子「被害者証言に見る「慰安婦」連行の強制性」「戦争と女性への暴力」リサーチ・アクションセンター編『「慰安婦」バッシングを越えて――「河野談話」と日本の責任』大月書店、二〇一三年、二七―三八頁。
(40)　岡田泰平「日本軍「慰安婦」制度と性暴力――強制性と合法性をめぐる葛藤」前掲『戦争と性暴力の比較史へ向けて』一〇八頁。
(41)　フィリピン「従軍慰安婦」補償請求裁判弁護団編『フィリピンの日本軍「慰安婦」――性的暴力の被害者たち』明石書店、一九九五年、四八―五二頁。
(42)　以下、拙稿「総力戦の遂行と日本社会の変容」『岩波講座　日本歴史』第一八巻、岩波書店、二〇一五年、七六―七七頁、表1。
(43)　「第八十四回帝国議会衆議院予算委員会議録（速記）第三回」（一九四四年一月二三日）、三四、三五頁。
(44)　外村大『朝鮮人強制連行』岩波新書、二〇一二年、二〇三頁、表20。
(45)　警視庁勤労部『勤労行政概況』一九四四年七月（労働運動史料委員会編『日本労働運動史料』第九巻、東京大学出版会、一九六五年、四五一―四五三頁）。
(46)　武井群嗣『厚生省小史――私の在勤録から』厚生問題研究会、一九五二年、一六八頁。
(47)　児玉政介『勤労動員と援護』職業紹介安定局、一九六四年（脱稿は一九四四年）、二六七頁。
(48)　山田昭次・古庄正・樋口雄一『朝鮮人戦時労働動員』岩波書店、二〇〇五年、七八頁、表5。
(49)　田中宏・内海愛子・石飛仁解説『資料中国人強制連行』明石書店、一九八七年、六二二頁から計算。
(50)　Ｊ・Ｂ・コーヘン／大内兵衛訳『戦時戦後の日本経済』上巻、岩波書店、一九五〇年、二四三、二四四頁。
(51)　ＪＡＣＡＲ（アジア歴史資料センター）Ref. B02031286700、8、復命書及意見集／1復命及意見集の１（A-5-0-0-1_1_002）外務省外交史料館。

(52) 山田昭次「日立鉱山朝鮮人強制連行の記録」梁泰昊編『朝鮮人強制連行論文集成』明石書店、一九九三年、四五六、四六〇頁。
(53) 前掲『証言記録 市民たちの戦争』第一巻、一七〇―一七一頁。
(54) NHK取材班『幻の外務省報告書――中国人強制連行の記録』NHK出版、一九九四年、一九七頁。
(55) 保阪正康『戦場体験者――沈黙の記録』ちくま文庫、二〇一八年（初出は二〇一五年）、一五六頁。
(56) 石飛仁『中国人強制連行の記録』三一書房、一九九七年、六三頁。
(57) 前掲『幻の外務省報告書』二〇〇頁。
(58) 杉原達『中国人強制連行』岩波書店、二〇〇二年、三一頁。
(59) 内海愛子・宇田川幸大・カプリオ・マーク「捕虜問題と日本」内海愛子・宇田川幸大・カプリオ・マーク編『東京裁判――捕虜関係資料』第一巻、現代史料出版、二〇一二年、二一―二二頁。
(60) デリク・クラーク『英国人捕虜が見た大東亜戦争下の日本人――知られざる日本軍捕虜収容所の真実』ハート出版、二〇一九年、八四―八九頁。
(61) 海軍次官発外務次官宛「俘虜ノ待遇ニ関スル千九百二十七年七月二十七日ノ条約」御批准方奏請ニ関スル件回答」（一九三四年一一月一五日）茶園義男編・解説『大東亜戦下外地俘虜収容所（BC級戦犯関係資料集成第七集）』不二出版、一九八七年、二〇五頁。
(62)「俘虜死亡者国籍別階級別一覧表」茶園義男編『俘虜情報局・俘虜取扱の記録（十五年戦争重要文献シリーズ第八集）』不二出版、一九九二年、二四六―二四九頁。
(63) 小菅信子「捕虜問題の基礎的検討――連合軍捕虜の死亡率と虐待の背景」『季刊戦争責任研究』第三号、一九九四年、二三頁。
(64) 前掲『証言記録 市民たちの戦争』第一巻、二一四頁。
(65) 前掲「日立鉱山朝鮮人強制連行の記録」四六一―四六二頁。
(66) 森伊佐緒『昭和に生きる』平凡社、一九五七年、一七六―一七八頁。
(67) 別子銅山の事例については、前掲『証言記録 市民たちの戦争』第一巻、二一五―二二五頁。
(68) 前掲『英国人捕虜が見た大東亜戦争下の日本人』第二二章ほか。
(69) 山本武利『ブラック・プロパガンダ――謀略のラジオ』岩波書店、二〇〇二年、一八六頁。図1は同一八七頁から引用。

第２章

「民族」の壁に直面した「内鮮一体」

三ツ井　崇

はじめに

植民地期（あるいは戦時期）を扱う朝鮮史研究において、主要な論点の一つが「動員と対日協力（あるいは「親日」）」である。並木真人は「「国家」が「社会」のあらゆる領域に介入し、そのメンバーを「国民」の名の下に国家体制の中にシステム化する」ものとし、戦時期朝鮮における「内鮮一体」スローガンの下に行われた諸政策を「強制的均質化」の断行と同義のものと位置づけた。[1] 並木のこのような理解は、戦時期朝鮮における「上からの」統合と「下からの」参加＝「協力」との結合によって支えられた「植民地公共性」の観点から、強制的な動員とその一方に存在した朝鮮人の「主体的な判断」との相互作用に注目する文脈で言及されている点に注意したい。ここに被植民者の「自発性」の問題が浮上する。並木は、山之内靖が「方法論的序論」（一九九五年）で示した枠組みを援用し、次のように述べる。

〔……〕帝国日本は、総力戦の遂行に際して重大な障害となる危険性を帯びた劣等市民、換言すれば、「政治的責任を負うべき位置に立たされていないがゆえに、総力戦の遂行にあたって主体的な担い手になろうとする内面的動機を欠いていた」劣位のグループに属していた朝鮮人に対して、「総力戦時代における民族の運命的共同性という標語」である「内鮮一体」のスローガンの下に、朝鮮教育令の改定や創氏改名などを通じた「強制的均質化」を断行し、「社会的身分差別の撤廃に取り組んだのであった」、ということになる。最終的に、「皇軍兵士」という総力戦遂行の主体的担い手にふさわしい政治的責任を与えたのが、帝国議会への参与の認可であったのである。②

ところで、山之内は総力戦体制の性格について次のように要約していた。

近代社会がその成立期いらい抱え込んできた紛争や排除のモーメントに介入し、全人民を国民共同体の運命的一体性というスローガンのもとに統合しようと試みた。「強制的均質化」は、戦争遂行という非日常的で非合理的な状況によって促されたのであるが、しかし、それだけにとどまったのではない。それは、人的資源の全面的動員に際して不可避な社会革命を担ったという点で合理化を促進した。この「強制的均質化」を通じて、社会のすべてのメンバーは戦争遂行に必要な社会的機能の担い手となること、このことが期待されたのであった。総力戦体制は、社会的紛争や社会的排除（＝近代身分性）の諸モーメントを除去し、社会総体を戦争遂行のための機能性という一点に向けて合理化するものであった。③

並木の所論は、こうした枠組みに基づいて、日本帝国における「劣等市民」たる朝鮮人の「強制的均質化」＝「総力戦時代における民族の運命的共同性という標語のもとに、社会的身分差別の撤廃に取り組んだ」④という図式的理解を試みたものであった。並木は、さらに朝鮮(人)を総動員するための「内鮮一体」は自発性を引き出すためのスローガンであり、「民族的差別からの脱出という幻影」でありつつも、徴兵制の施行と参政権の付与がその「完結した形態」であると述べた(5)。

戦時期朝鮮の「総動員体制」の展開を概論した庵逧由香が「朝鮮においては、被支配民族から「自発的」な戦争協力を引き出すために、朝鮮人の「皇国臣民化」が大きな課題とならざるをえなかった(6)」と述べているとおり、自発性の引き出しは終始課題となっていたが、並木の言う「完結」とは何を意味するのだろうか。

朝鮮における徴兵制の準備・施行の過程について明らかにした樋口雄一は、日本軍や朝鮮総督府が直面した朝鮮民衆との間の葛藤の存在についても解明した(7)。樋口によれば、朝鮮における徴兵制施行の性格について、日本政府と日本軍の方針に朝鮮総督府が応える形で計画的な準備を行い、それに合わせて徴兵の実施に関する閣議決定発表が行われたとし、「皇民化政策との関連でいえば、戦局は朝鮮人の皇民化の歩みをそれまでの次元と同様にまっているほどの余裕が無く、無理、矛盾を承知の上で徴兵の決断をしたのである」と評価した(8)。しかし、徴兵制は朝鮮人民衆の激しい抵抗に遭い、総督府は自発性を引き出せず、強制的に動員したと指摘する(9)。

結論めいたことを先走るなら、並木自身が「幻影」であったと断じているとおり、「内鮮一体」の現実化＝「皇民化」はかなり難しかった。したがって、並木の言う「完結」も、「均質化」を阻む要素を内包していたのではないだろうか。そもそも、朝鮮人の動員論理である「内鮮一体」はどのように現実化されようとし、またされなかったのだろうか。本章では、日中戦争勃発以後の朝鮮における朝鮮人動員のための「内鮮一体」ロジックが抱える問題を明らかにし、この問いについて考える手がかりを得たい。

一　兵力動員をめぐる議論――朝鮮軍を中心に

1　兵力資源としての朝鮮人動員とその資格・条件

まずは、朝鮮人の兵力動員という課題をめぐる朝鮮軍の言説を、兵力資源として動員すべき朝鮮人の資格・条件、そして権利・義務問題のイシュー化という観点に注目して確認してみたい。

一九三七年六月に朝鮮軍司令部が作成した「(極秘)朝鮮人志願兵制度ニ関スル意見」は、兵役問題と朝鮮の現状に対する認識と課題について述べる。朝鮮人の民心の傾向を善導することが「重要焦眉ノ大問題」であるとするも、朝鮮民族の反発、「自棄的思想」が滔々と底流しており、日本人に対する朝鮮人の不信感も蓄積していて、「内鮮一如」の実現は百年河清を待つに等しいという現実認識が表明されている。[10] ただ、特異なのは、次のような言辞があることである。

其ノ統治ノ根本方針ハ正ニ昔日ニ於ケル真ノ日本人ニ還元セシメ名実共ニ朝鮮ヲシテ皇土ノ一部トシテ内鮮一如ノ天業恢弘的天孫民族タラシムルヲ以テ目的トセサルヘカラス之ト同時ニ在鮮内地人ヲシテ宜シク朝鮮ヲ以テ墳墓ノ地トナスノ決意ト飽ク迄モ皇国精神ヲ堅持スル「朝鮮人」タルノ雅量ヲ把持セシメサルヘカラス、若シ夫レ在鮮内地人ハ飽ク迄内地人ニシテ独リ朝鮮人ノミヲ日本人タラシメントスルカ如キハ畢竟片務的処置タルノ譏ヲ免レス、〔……〕[11]

「内鮮一体」を朝鮮人にのみ要求する片務的なものとしてではなく、在朝日本人にもまた要求されるものとして認識している点に特徴がある。一方で、「内鮮一体」は朝鮮人に対する教育の成果に待つものと考えられていた。朝鮮における教育の「改善」については、この先五〇年経って初めて「朝鮮ノ皇魂教育」が軌道に乗るものとし、さらにそれを一五―二〇年に短縮して実現できるように努力すべきであると述べているほどで[12]、とても「重要焦眉ノ大問題」に対応できる状況ではなかったのである。

ところで、この意見書では、「朝鮮ノ皇魂教育」の実施に関連して、朝鮮人児童全部の就学を目標に小学校を整備することを朝鮮総督府に要求している[13]。さらに、一九三七年一一月の「(秘)朝鮮人志願兵問題ニ関スル件回答」(朝鮮軍参謀長久納誠一発、陸軍次官梅津美治郎宛)では、そのうえで漸次義務教育制を採用することにまで踏み込んだ要求を示している[14]。ちなみに、この文書は先ほどの意見書のほか、朝鮮総督府作成の「朝鮮人志願兵制度実施要綱」(一九三七年一一月)を別冊として添付している。そこでは、志願者の資格について、思想堅固、品行方正、性質善良で「皇国臣民」としての自覚が徹底していること、一七歳以上二〇歳未満の男子であることなど九項目の事項を挙げている[15]。

要求される教育程度については、修業年限六年の初等学校以上の学校を卒業した者であることと「国語(日本語)」に習熟している者であることが挙げられたが、この条件をクリアする朝鮮人は多くなかった。また、この資料に添付されている総督府学務局作成の「国民教育ニ対スル方策」(一九三七年八月)をみると、一九三七年から実施の教育拡充計画が達成した一九四二年の段階で、就学率六〇%を見込み、その段階で義務教育の実施を考慮すると述べられている。また、「徴兵適齢者」(一七歳以上二〇歳未満の男子のことか)の日本語習得状況について、一九六〇年度に約七割八分とみている[16]。つまり、兵力資源に適した朝鮮人の動員はすぐには成果を上げられる状態ではなかった。朝鮮軍はこの後も義務教育の実施を再度要求として繰り返す(後述)。

２　権利・義務問題のイシュー化

志願兵・徴兵問題を解決する際、あわせて考慮せざるをえなかったのは朝鮮人の権利・義務に関する問題の解決であった。「（極秘）朝鮮人志願兵制度ニ関スル意見」（前述）では、朝鮮人の「平等権獲得熱」に「迎合」するような方針は採らないとした[17]。そして、朝鮮人入隊後は「内鮮」が一律に平等たらしめることを根本方針とすべきであるとしていた[18]。しかし、徴兵を義務としてとらえたとき、それと引き換えに朝鮮人に与えるべき権利の問題について、朝鮮軍は検討せざるをえなかったのである。

一九三八年一一月に朝鮮軍司令部が作成した「軍事機密　朝鮮軍諸施設希望要綱」（以下「要綱」）ではこの点に関し踏み込んでいた。兵役法・国籍離脱（国籍法）、判検事特別任用・総督府文官特別任用・道長官等特別任用・在勤加俸・宿舎料・恩給加算などにおける差別を列挙し[19]、なかでも国籍法および関連する法令の速やかな実現が必要である[20]として、総督府と朝鮮軍司令部との間で政務総監を委員長に、審議室主席事務官、地方課・警務課・学務課各課長、高級・次級参謀、御用掛、陸軍法務官を委員とする委員会の設置を構想する[21]。ここで重要なのは、国籍法問題について直接意識されていたのが国籍離脱の可否であったことである。これがもし実現されたとするならば、徴兵制と引き換えに国籍離脱を促すことにもつながりかねず、さらなる矛盾の発生を予感させるものであった。

さて、先に触れた「（秘）朝鮮人志願兵問題ニ関スル件回答」、「（極秘）朝鮮人志願兵制度ニ関スル意見」、「要綱」の義務・権利問題の記述には参政権問題は明確に触れられていない。もちろん、朝鮮軍側はそれがイシューになっていることを十分に認識していたと思われる。また、参政権施行時に国民総力課長などを務めていた筒井武雄は、これまで日本人と朝鮮人の待遇上の差別や帝国内の移動の自由の制限などが朝鮮人の不満として出ており、兵力動員を義務として課すことを前提にするならば、総督府でも参政権を視野に入れざるをえなかったと回想している[22]。もっとも、その施行にあたって、朝鮮人がキャスティングボートを握ることに対しての拒否感が「内地」で示され、難航したという[23]。

以上のことから、「内鮮一体」となる「皇民化」の実現可能性と、「内鮮一体」によって必然的に生じる権利付与の問題の解決の展望が不明確なまま、「内鮮一体」の強化が叫ばれる構造をみてとれよう。

3 徴兵を視野に入れた議論

先にも挙げた「(秘)朝鮮人志願兵問題ニ関スル件回答」では、朝鮮軍は次のような報告を行っている。朝鮮人に国防の義務を負担させることは当然であるが、過去の統治実績と現況に照らして、兵役法の完全な実施は時期尚早であり、軍としては完全な実施は数十年後に想定しているとする。[24] つまり、日中戦争開戦時点では徴兵の実現可能性は低いと感じていた。

しかし、まもなく認識に変化があらわれる。先にみた「要綱」では朝鮮人の徴兵問題について、国軍を編制している「満洲国」とは異なり、朝鮮では韓国併合後三〇年近く経過するも何の成果もなく、もはや人的資源の総動員統制の必要が叫ばれる現在において、朝鮮人兵役問題は大局的にも一気に法を制定して軍の需要を満足させ、国策遂行に遺憾なからしむることが緊要であるとの認識を示した。[25] しかし、「要綱」でも教育程度の見通しについては、就学率については三割から六割へ(一九四二年)、そして義務教育へ(一九五〇年)とされており、大きく変化はしていない。「国語」(日本語)普及率については、現状は全人口約二〇〇〇万人の約一%が男子の適齢者であり、「国語」理解者はさらにその二割前後＝約四万人と推算する。そして、合格率六〇%と仮定して、約二万四〇〇〇人が徴集可能であるという試算を出している。[26]

ただし、一方で、「国語」理解者のみ徴兵されるとすると、他に影響を及ぼすので、「国語」理解者でなくとも「相当ノモノヲ徴兵スルノ制度」が適当であるとしている[27]ことに注意したい。とりわけ、「郷土防衛ニ協力スヘキ」「防空部隊」と「国軍ヲ補備補強スヘキ」「輜重兵特務兵」への充当が急がれるとする。[28] もはや皇民化の基準として重要な学歴と日本語能力の問題は後回しになっていた。[29] 言い換えれば、先に徴集し、後で訓練するという方式である。しかし、「皇民化」された人物を速成することなど不可能であった。

二　暴露される「内鮮一体」の無理——朝鮮総督府時局対策調査会（一九三八年）

1　「内鮮一体」をめぐる温度差

日中戦争勃発にともない、「内鮮一体」が唱えられると同時に、その実現不可能性が予感された。先に朝鮮軍の認識の変化をみた際に言及した「(秘)朝鮮人志願兵問題ニ関スル件回答」と「要綱」との間に、朝鮮総督府時局対策調査会(以下、調査会)が開催されていた。調査会は、日本と中華民国政府との和平交渉の決裂により、日中戦争の長期化が決定的となり、「時局の恒久化に伴ひ、内鮮一体の主旨の下に、半島における物心両面の体制強化策を確立すること」を目的に総督府主導で一九三八年八月に設置され、同九月六—八日開催された諮問会議である[30]。

会議に先立ち、会長である政務総監大野緑一郎は、「人心ノ上ヨリ見タル朝鮮統治」について、「併合当時ノ播種期カラ〔……〕今ヤ将ニ開花期ニ臨ンデ来タ」とし、「内鮮一体ノ結実ヲ見ントシツツアル[31]」というが、実際にはそう甘くはなかった。

この会議では一八項目の諮問事項が三分科体制で話し合われた。その第一番目の諮問事項が「内鮮一体ノ強化徹底ニ関スル件」であった。以下、この事項を含む第一分科会での議論を中心に、「内鮮一体」論の限界について整理してみたい。

特徴を簡潔にまとめるなら、第一に、「内地人」と朝鮮人の間での法や制度の差異、差別の問題を顕在化したという点である。「内鮮一体」は論理上、「内地」・朝鮮間における法・制度の一貫性と平等の保証によってこそ可能であった。答申案には「国民精神総動員運動」の徹底のなかの一項目として「各社会層ニ於ケル内鮮人間ノ待遇ノ差異ニ付テモ内鮮一体ノ強化徹底ニ伴ヒ次第ニ制度其ノ他ノ実際上ノ取扱モ改廃セラルベキモノナルコトヲ明ニスルコト」(32)とあったが、このことは逆説的に、日本人と朝鮮人の間の「待遇ノ差異」が依然として存在したことを浮き彫りにした。具体的には、朝鮮人官吏の高等官への登用いかんや「内地人」に対する加俸の撤廃可否という問題が言及されていた。この他にも、差別的取り扱いの現状として、朝鮮人の「内地」渡航や「満洲」移住に対する規制の存在と、その背景にある「内地」・「満洲国」関係者の差別意識に基づいた拒否感を挙げることができる。そこにも総督府の施政に対する朝鮮人の不信感があらわになっていた(後述)。

第二に、「内鮮一体」の方向性に対する不信感が表明されたことであった。前述したように、「内鮮一体」は論理上平等を志向せねばならなかったが、それを阻んでいたのは日本人のほうであるという指摘がしばしば朝鮮人委員からなされている。中枢院参議の李升雨は、席上で民族主義者・共産主義者あるいはそれらの共感者は、「内鮮一体」が内地と同程度に実現されたら、民族主義や共産主義に走らず、総督政治に不平など言うはずがないと述べた。しかし、「内地人」の側で一部反対者がいて、「内鮮一体」の精神は素晴らしいが、朝鮮人たちが権利を主張して内地人と同等にしろといって困るといって、「内鮮一体」を朝鮮人だけが叫んでも、日本人が受け入れてくれない、と非難する。(33)民族主義者、共産主義者が「内鮮一体」の実現を望んでいるかどうかはさておき、「内鮮一体」が内地と同程度に実現されることを基準とするなら、論理的には民族間の待遇・権利の平準化が重要となるが、李のこのような批判は、そのような「内鮮一体」を阻む日本人の存在を示唆している。興味深いのは、思惑は別として、先の「(極秘)朝鮮人志願兵制度ニ関スル意見」にみられたような朝鮮軍側による「内鮮一体」の片務性の指摘とも通ずるところがあるという点である。

2 「皇民化」か権利か――義務教育・「国語普及」問題

権利・義務関係の交錯していた問題の一つが教育の問題である。植民地期を通して、総督府による植民地教育体制への編入(＝「同化」)の意図と、朝鮮人による近代教育へのアクセス要求が、まさに同床異夢的に作用し、就学率の上昇傾向へとつながっていた。このような両義性は戦時期においてもある種のジレンマを生んだと思われる。ただ、植民地朝鮮において義務教育は適用されていなかった。この義務教育の実施可否について、答申書では「ホ　教育ノ普及及刷新ヲ図ルコト」の下位項目に「1朝鮮人初等教育機関ノ拡充ヲ引続キ断行シ可及的速ナル教育ノ普及ヲ図リ皆学ノ理想実現ニ邁進スルコト」と記された[34]。会議に先立ち配布された『(秘)朝鮮総督府時局対策調査会諮問案参考書(内鮮一体ノ強化徹底ニ関スル件)』(以下、参考書)をみると、初等教育および中等教育の拡充計画について記されている。まず初等教育について、一九三六年度の就学率を二割五分前後にすぎないとし、一九三七―四六年度の一〇カ年で普通学校(初等教育機関、一九三八年より「小学校」)の収容能力を倍増させ、入学志願者のほぼすべてを収容することで、就学率五割強を達成させることを目標として掲げる。しかし、現状においてはとても満足のいく水準ではなく、一九四二年度までに繰り上げて完成させる見込みであるとの説明がなされている[35]。これとあわせて、中等教育についても同じく一九三七―四六年度の一〇カ年で、現在の収容能力の七割＝七〇〇学級の増設を図ると述べている[36]。

これについて、李升雨は先の発言の最後で、「教育義務」について何とか早く実現してほしいと述べる[37]。「内鮮一体」が「内地」と同じ程度に実現されることを望んでいた李にとって、朝鮮人にとっては教育の普及は権利であり、その保証を義務化によって実現せよという含意であったと推測される。ところが、この発言を受けた学務局長塩原時三郎は五割強の就学率を得た後に、「皆学」へ向けて拡充を図るべきであるとし、一九五〇年ごろまでに「皆学」に近い状況になると見通しつつも、この「皆学」とは義務教育とは同義ではなく、義務教育の実施については「皆学」の状態になったところで考えるという、いたって歯切れの悪いものであった[38]。

参考書では拡充計画が「義務教育実施ノ階梯」として位置づけられていたが、塩原の発言をみる限り、総督府の当面の目標は「皆学」であり、義務教育ではないということになる。この点は義務教育を「内鮮一体」の平等性の保証としてとらえていた朝鮮人側の思惑とは温度差があった。それだけではない。朝鮮人の兵力動員を急ぎたい朝鮮軍の思惑とも微妙にずれていたのである。

これと関連して、「国語(日本語)」普及に関する見通しについても言及しておこう。日本語普及の現状認識と拡大に向けた具体的な展望であるが、参考書によると、一九三七年末で「国語ノ会話ニ差支ナキモノ、数」を総人口の六分強相当とみている。(39) 総督府はこのような状況を、先述の初等／中等教育機関の拡充と「国語講習会」の増設によって解決しようと考えた。また、一九三八年度から三カ年を期して、旧公立普通学校だった公立尋常小学校や公立簡易学校計三三三八校中の三〇〇〇校に対し国語講習会を開催させ、計三〇万人の国語解得者を得るつもりであるとし、それ以後も毎年三〇万人ずつ国語解得者を増加させることを目標としているという。(40) しかし、これらの施策によっても「国語」普及率の大幅な上昇は見込めていない。塩原は調査会席上で、一九四二年末には尋常小学校卒業者三〇万人と「国語講習会」を経た者三〇万人の計六〇万人が「国語」を習得していく一方、「国語」を知らない「古イ者」が徐々に死んでいくこともあって、一九五五年ごろに約七〇％、一九六〇年に全解という見通しであるとの発言をしている。(41) 義務教育と同様、現在の増加状況を基準にそのまま自然に推移していくという見通しであるが、戦時体制に即応できたとみることは大変難しい。

3　衝突する利害、置き去りにされる朝鮮人の生

調査会最終日の総会で、朝鮮放送協会会長の土師盛貞は次のように述べる。

コレヲ要スルニ各ブロツクニ対スル朝鮮人対策ハ同ジク帝国ノ支配下ニアリナガラ色々不揃ノ点ガアリ、不突合ノ点ガ少クナイノデアリマシテ、サウイフ状態デアレバ本土タル朝鮮ニ於テ如何ニ内鮮一体ナドトイフコトニ頭ヲ使ハレ尽力サレマシテモ、完全ナ効果ヲ期シ難イコトニナル虞レガ頗ル大キイノデアリマス。(42)

土師は、その事例として朝鮮人参政権の有無と義務教育制の問題を挙げる。「内地」においては、実際に満足に行使できたかどうかは別として、朝鮮人は制度としては参政権が与えられ、義務教育の対象にもなっていた。この発言は、「帝国」内での一貫した政策方針の不在を問題にしていた。

また、土師はこの他にも朝鮮人の「帝国」内での移住についても言及している。この点は、第一分科会の本会議においても、朝鮮農民の生活保障という問題と直結して、いくどか議論されていた。総督府も人口過密状態のため農地の確保がきわめて困難な地域がある現状を打開するためのものとして移民問題を位置づけていた。朝鮮総督府農林局長の湯村辰二郎の答弁を通して、この問題が分科会の審議事項の一つである「失業防止及救済策」の一環として位置づけられていたことはわかる。(43) 移住地域として想定されているのは「内地」と「満洲」であったが、そもそも「内地」への渡航は規制されており、朝鮮人の間では不満があった。また、一九三六年から「満洲」移住奨励政策が行われていたが、関東軍は朝鮮人の新規移民者と既住朝鮮人農民に対し、人口数や移住先を指定し、移民者には訓練を施すなどの基準を厳しく求め、朝鮮人移民を制限した。会議でも朝鮮人の「内地」渡航や「満洲」移住に対して、「不良ノ朝鮮人」の渡航／移住を快く思わない日本人委員の発言が複数あらわれている。例えば、次のような発言があった。

内地ヂヤ鮮人《ママ》ノ悪イ方ノ顔バカリガ我々ニ触レル。イクラ制限シテモ密航ハシテ来ル(44)（貴族院議員下村宏の発言）

満洲ナリ、マタ北支方面ニ於イテ、不良ノ朝鮮人ガ多数ヲツテ、サウシテ所謂一般朝鮮人ニ対スル名声ヲ非常ニ傷ツケルトイフコトニナリマスト、鮮内ニ於ケル善良ナ朝鮮人ガオ気ノ毒デアリマス。カウイフ沢山ノ不良ノ人々ガ向ウニ行ツテヲリマスト到底朝鮮ノ人ニ対シテ向ウニヲル満洲人等ガ好感ヲモツハズガナイト思フ、〔……〕(45)(貴族院議員大蔵公望の発言)

いずれの場合も「悪い」朝鮮人に対する不信感が先に立ったものであったが、「内地」や「満洲」に移動する朝鮮人の境遇の悪さを考えれば、このような日本人の言動・姿勢に対して、朝鮮人が快く思うはずはない。中枢院参議の朴重陽は同じ「日本人」でありながら自国内を自由に往来できない理屈があるかと批判して(46)、次のように述べる。

朝鮮農民ガ、仕事ノ途ヲ求メテ内地ニ行カウトシテモ出来ナイ。マタ、満洲ニ渡ラウトシテモ満洲ノ方ニ制限サレ——今少シヨクナツテヲルヤウデス——総督府ハ、朝鮮農民ヲドウスルカトイフコトデス。大キイ問題デスヨ。朝鮮農民ヲ、ドウスルカトイフコトデス。ソノマ、ホツテオイテ殺シテ、シマフトイフコト、死ンデモ宜シイカトイフコトニナル、ソコニ於テ、サウイフ根本問題ヲ研究シソノ根本問題ヲ解決シサウシテ農村ニ剰ルトコロノ朝鮮農民ヲ、ドツカニモツテ行ツテ、朝鮮農村ノ緩和ヲ図ツテハジメテ出来ル、サウイフ根本問題ヲ忘レテヲツテハ、大シタ成績ヲ挙ゲルコトハ出来ナイ(47)

「内地」においても農村過剰人口問題が提起され、その対策として「満洲」移民がその解決策として想定されていた(48)。日本人と朝鮮人の利害が対立し、調整がつかなかったのである。結果、朝鮮人の生が「帝国」の各ブロックの間で行き場を失った。まさに「内鮮一体」そのものの袋小路を予感させるものでもあった。

それだけではない。この会議では、ところどころで「内地」側の関係者から朝鮮人の生にかかわる事項が議論のなかで置き去りにされている。先の大蔵公望は、答申案に挙げられている諸事項があまりにも多いとし、「非常時対策」として重要なものを選択すべきであると述べた。[49] 例えば、「第十　半島民衆ノ体位ノ向上及生活ノ刷新ニ関スル件」では、大項目として「Ⅰ国民体位ノ向上」と「Ⅱ生活ノ刷新」があり、前者は、社会体育の振興、学校体育の振興、勤労奉仕による心身の鍛錬、体位の基本調査、保健衛生と医療施設の工場、妊産婦と児童の保護施設の拡充、行政機構の整備が、後者は、消費節約・勤倹貯蓄、悪風陋習の打破、女性の屋外活動の奨励・馴致が挙げられているが、大蔵はこのなかでも社会体育の向上にのみ力を注ぐようにと述べる。[50] 大蔵が主張したのは、職場などの集団で集団体操・訓練を行うというものであり、保健衛生問題や妊産婦と児童の保護などの生命・生活保障にかかわる問題はいっさい念頭に入っていない。実際、戦時期の農村における朝鮮人、とくに乳幼児の生存率の低さ、妊産婦の出産環境の悪さ、子どもや青年の体位の低下は解決されなかった。[51] これらの問題は朝鮮人の生の安定だけでなく、動員する側からしても安定が要求される事項であったが、「内地」の側では必ずしも理解されず、朝鮮人の生が置き去りにされていることがみてとれる。[52] もちろん、実際の政策の問題というよりは、大蔵のような日本人の言説にみられる限りではあるが、このような日本人の時局観は朝鮮人の意識とははるかに遠く、ゆえに日本人と朝鮮人の間の不信感が解消される可能性をみいだすことは難しかった。

三　朝鮮知識人の言説から

1　「内鮮一体」論のアイロニー

次に、朝鮮人による「内鮮一体」論の性格について簡単に触れておきたい。

朝鮮知識人の「内鮮一体」論も多様であった。緑旗連盟の津田剛は「内鮮一体」論を次の三種類に分類する。

イ　内鮮一体とは朝鮮の人々が内地人の生活、思想に同化しそこに初めて真の内鮮一体が生ずるとなすもの

ロ　内鮮一体とは必ずしも朝鮮の人々が内地人の風俗習慣に同化しなくとも、日本国民として行動する事によつてこゝに両者の一体感、一体性を見出さんとするもの

ハ　内鮮一体とは内地人、朝鮮人両民族の協同によつて新日本を建設せんとし、内鮮一体をこの方面に発展せしめんとする[53]

このうち、「内鮮一体」論の主流は「ハ」の「協和的内鮮一体論」であった[54]。例えば、代表的な論者である印貞植は、「植民地としての朝鮮を完全に止揚し、朝鮮民族と大和民族を合して一つのより高級の概念をもった新日本民族へと統一することが出来る」とし、「新日本民族」のもと各民族が「協同」していこうとした[55]。このような考え方は、当時主流であった「協和的内鮮一体」論の典型的な言説であった。

一方、これと異なる見解を唱えたのが、津田の分類では「イ」に該当する「徹底一体論」の立場をとった玄永燮であった。玄は、『朝鮮人の進むべき道』（一九三八年）で、「朝鮮人が日本人であり、日本人として生きる道以外に進むべき方向はあり得ない[56]」とし、「皇国臣民化」を到達目標とする以上、「国語」を常用し、朝鮮語を廃止せねばならないという過激なものであった[57]。玄は、ファシズムは「愛国主義、国家主義、国粋主義である」点において、「皇道日本精神」と多くの共通点を有するが、日本は「排他的」ではなく、「異質者をも同化包容」するものであり、「異民族」を排撃はしないと説得する[58]。そして、完全に「日本国民の精神」を持ったなら、朝鮮人も国政参政権、義務教育、兵

役の義務、居住の自由もすべて与えられるというのである。[59] もっとも、玄にとって「平等」の実現は「二十年後になるか又は五十年後になるか又は百年後になるかは、一に我々の努力如何に掛つてゐる」[60]とし、現実における可能性としては必ずしも高いとは考えていなかった。いくら「皇国臣民化」を目指すとはいっても、朝鮮人は「異質者」「異民族」にすぎず、のちに、民族と民族との関係は友人どうしのような気ままな付き合いではないと表明するなど、[61] 民族間の壁や葛藤の存在についてはかなりシビアな見解を持っていた。

2　強調される「文化」の差——越えがたい「民族」の壁

朝鮮総督府が参政権の施行に難航したことは先にも言及したとおりである。勅撰の貴族院議員（一六名）の選任に関係して、阿部信行総督時代の政務総監であった遠藤柳作は、候補として真っ先に挙がったという金性洙との交渉について、次のように発言している。

金性洙君は私に断りました。「私は今日まで民族主義者でこう来ておるので、いまそういうことをお受けしたくない」と。僕は金性洙君の心持ちを非常によく察して、「もっともだ」と。それでは君に白羽の矢をむけたことは取り消そうと、取り消したわけだ。[62]

〔……〕金性洙君はその当時、誰が見ても実に立派な人であったと私は思う。それで、政治上にどうかとなると、生成が民族主義だと大体わかっておるから、はたして勅選議員になっていいか悪いか、これは別問題だな。けれども、立派な人を送りたいというのが方針。[63]

対日協力の姿勢をみせつつ、民族主義陣営ともつながりのあった金性洙に総督府が注目したのは自然なことであった。ただ、そのような人物に「民族主義者」であることを盾に総督府（あるいは帝国日本）から付与される権利さえも拒否されてしまった。ここから対日協力者の総督府に対する距離感を読み取ることもできるかもしれない。

実は、先にみた調査会の席上でも日本人と朝鮮人の間の「民族」の壁は顕在化した。天皇制への支持を卑屈なまでに表明しつつ、この壁の存在を語ったのが毎日新報社社長で、かつて天道教の幹部として三・一運動に主要人物としてかかわり、戦時期には対日協力者として行動した崔麟であった。崔は「大和民族」を「ドコマデモ動カナイ中心ヲモッテ発展シテ、結合サレテ来タ民族ハ大和民族」とし、朝鮮民族や漢民族はその「中心」からなるものではないとする。そして、「国体明徴」は重要だが「文化」の違いはなかなか強いものだという。そこで例示する「文化」とは、朝鮮女性は夏でも足袋を履くが、非常時だからといって下駄を強制的に履かせたところ、履き方がわからず緒が切れたり、下駄そのものが割れたりしてしまうという、きわめて日常的な事例であった。崔は人間の生活上の慣習を「文化」とし、朝鮮人が今までの生活上持ってきた「文化」との違いという問題がきわめて重要だというのである(64)。このような日常の文化的差異が朝鮮人の日本人統治者に対する不信感ないしは意思の不疎通につながっていたことは、この会議でも触れられていたが、崔はそこに「民族性」の差異の根幹をみてとり、しかも、それを「大和民族」と「朝鮮民族」の階層的差異として描き出した。一見、日本人の階層的優位性と朝鮮人の劣位性を前提にし、日本人による差別意識を内面化したものであるが、先ほど言及した朝鮮軍の「内鮮一体」観と比べるとよりその意味がはっきりする。「（極秘）朝鮮人志願兵制度ニ関スル意見」で示された「内鮮一体」の大前提は、朝鮮を「皇土」の一部として「内鮮一如ノ天業恢弘的天孫民族」たらしめることを目的とするというものであった。しかし、「大和」と「朝鮮」に相容れざる境界を設定することにより、もはや「天孫民族」として包摂されることの可能性は拒否された。「内鮮一体」の困難さはこのような形でもあらわれたのである。

徴兵制に向けて具体的な制度設計がなされ、制度的な強制が行われていくが、そのような強制に抵抗する動きがある一方で、徴兵に応じた者も少なからず存在したことを樋口雄一は明らかにした。とくに、後者の背景として、樋口は就職難、農村経済統制、商工業活動の萎縮などの生活苦が存在していたことを明らかにしている[65]。また、青年層において日本語の習得が進んでいたこともその背景として重要だが、階層間における教育普及の度合いには偏差があり、日本語普及度に代表される皇民化の影響は限定的であったともいう[66]。

四　「二重支配」の矛盾

樋口が強調するのは「二重支配」の存在であり、これが徴兵制の抱えた矛盾であったという。樋口は、朝鮮人の徴兵は兵力資源と労働力資源をともに充足する政策であったとした。前者については教育程度が一定程度あり、日本語を一定程度習得していた層を対象としていたものであるのに対し、後者についてはその資格を満たさない層を対象にしていたとし、この二重性を規定していたのが日本語習得度の差であり、その差は階層差を反映したものであったという。

樋口は、「日本語の普及率の問題が皇民化政策を形骸化し、朝鮮人としての民族性を保持し、総督府がねらった日本と同様な徴兵体制を試みながらも完成したものとはならなかった基本的な要因である」とし、「一面ではこの矛盾を解決し得なかったことが朝鮮支配の不確定要素になり、日本の早期敗戦要因の一つになっていたのである」と結論づけた[67]。志願兵制導入前後から示されていた義務教育や日本語習得率をめぐる総督府や朝鮮軍のビジョンをみれば、このような限界を抱えてしまうのは当然であったといえよう。

先にみたとおり、志願兵制導入前後には思想堅固、品行方正、性質善良で「皇国臣民」としての自覚が徹底している者、修業年限六年の初等学校以上の学校を卒業した者、「国語」に習熟している者に限定していたわけで、徴兵制施行の際にはこの基準だけでは立ち行かなくなり、総力戦のために「二重支配」の形で動員を試みたということになろう。しかし、それは樋口の指摘どおり、日本人と朝鮮人の間の差別や不信感を解消したものでもなければ、朝鮮人内部での階層矛盾を解消したものでもなかった。その意味で、総力戦に向けた動員も、分裂の可能性を常に胚胎させながら危うく展開されたというのが実情であった。

むすびにかえて――「内鮮一体」のほころび

「内鮮一体」というスローガンは唱えられるや否や壁に突き当たった。法域も利害関係も異なる日本「帝国」内の諸地域でそもそも一律的に朝鮮人と日本人の平等化を図ることなど無理なことであった。朝鮮人に対する差別を実感し、一方向的な「内鮮一体」を強要されることはいくら「親日派」といえども抵抗、あるいはそこまでいかなくても壁を感じざるをえなかったのである。本章では本格的に扱うことはできなかったが、朝鮮人の生活改善は課題としては提示されたものの、実現はされなかったとみてよい。山之内が言う「社会的紛争や社会的排除(＝近代身分性)の諸モーメントを除去」すること自体が実現しえなかったのである。そして、その実現不可能性に作用したのが「民族」の壁であった。並木の言う「植民地公共性」の「完結」＝総力戦体制の成立というのは、実際のところ崩壊／分裂の危険性を内包する非常に危ういものであったのである。

さて、総力戦体制を考えるうえでもう一つの重要な論点が、戦時期と戦後との連続性という問いである。本章で詳細に論じる余裕はないが、今後の課題として見通しだけ提示しておこう。纐纈厚は総力戦体制の支持基盤を問う意味の一つとして、韓国の朴正熙政権、台湾の蔣介石政権、アルゼンチンのペロン政権、チリのピリチェト政権などの軍事的権威主義政権の成立のように総力戦体制と評価可能な政治体制の成立を挙げている。(68) 纐纈はこれらの政権で開発独裁を国内の民主化要求や矛盾の隠蔽を施す形で進め、その過程で形成された中間層階級が支持基盤となったことに注目している。(69)

またこれとは異なる視点であるが、並木真人がやはり戦時期と戦後との連続性について言及している。並木は欧米や日本における「戦争国家」から「福祉国家」への転換とは異なり、朝鮮半島においては「総力戦体制」の経験を色濃く有していた南北朝鮮と冷戦下における米国、ソ連による総力戦体制利用の思惑から、「戦争国家」が維持されたと論じた。(70)

「国民」を軍事的動員の対象とみる「戦争国家」として位置づけることは、解放後の南北朝鮮における動向をみても一定程度説得力を持つと思われる。それ以前に「福祉国家」の基盤形成さえみられなかった以上、解放後に戦時期の基盤の上に「福祉国家」を形成するのは不可能であったということなのかもしれない。このことを明らかにするためには、戦時期の総力戦体制の性格を別の角度から検討する必要があるが、今後の課題としたい。

（1）　並木真人「「植民地公共性」と朝鮮社会――植民地後半期を中心に」朴忠錫・渡辺浩編『「文明」「開化」「平和」――日本と韓国』慶應義塾大学出版会、二〇〇六年、二三六頁。
（2）　同前、二三八頁。
（3）　山之内靖「方法的序論――総力戦とシステム統合」山之内靖・ヴィクター・コシュマン・成田龍一編『総力戦と現代化』柏書房、一九九五年、一二頁。
（4）　同前、一一頁。
（5）　前掲「「植民地公共性」と朝鮮社会」二三八頁。
（6）　庵逧由香「朝鮮における総動員体制の構造」和田春樹・後藤乾一・木畑洋一・山室信一・趙景達・中野聡・川島真編『岩波講座東アジア近現代通史6　アジア太平洋戦争と「大東亜共栄圏」一九三五―一九四五年』岩波書店、二〇一一年、二五八頁。

（7）樋口雄一『戦時下朝鮮の民衆と徴兵』総和社、二〇〇一年。
（8）同前、三三頁。
（9）樋口雄一『戦時下朝鮮の農民生活誌　一九三九―一九四五』社会評論社、一九九八年、一八五頁。
（10）朝鮮軍司令部「（極秘）朝鮮人志願兵制度ニ関スル意見」朝参密第三五四号「朝鮮人志願兵制度ニ関スル意見具申」（朝鮮軍司令官小磯国昭発、陸軍大臣杉山元宛）、一九三七年、アジア歴史資料センター（JACAR）、C01004599600、昭和一四年「密大日記」第四冊（防衛省防衛研究所）、三―五頁。
（11）同前、五頁。
（12）同前、六頁。
（13）同前、二頁。
（14）朝参密第七一三号「（秘）朝鮮人志願兵問題ニ関スル件回答」（朝鮮軍参謀長久納誠一発、陸軍次官梅津美治郎宛）、一九三七年、JACAR、C01004253900、昭和一二年「密大日記」第二冊（防衛省防衛研究所）。
（15）朝鮮総督府「朝鮮人志願兵制度実施要綱」一九三七年一一月（同右資料添付）より抜粋。
（16）同前。
（17）前掲「（極秘）朝鮮人志願兵制度ニ関スル意見」九頁。
（18）同前。
（19）朝鮮軍司令部「軍事機密　朝鮮軍諸施設希望要綱」一九三八年、JACAR、C01004599300、昭和一四年「密大日記」第四冊（防衛省防衛研究所）、三二頁。
（20）同前、三三頁。
（21）同前。
（22）「3　参政権施行の経緯を語る――田中武雄小磯内閣書記官長ほか」宮田節子（解説・監修）「未公開資料　朝鮮総督府関係者　録音記録（1）　十五年戦争下の朝鮮統治」『東洋文化研究』第二号、二〇〇〇年、一四一頁。
（23）田中武雄（参政権施行時、小磯国昭内閣書記官）の発言。同前、一四四頁。
（24）前掲「（秘）朝鮮人志願兵問題ニ関スル件回答」。
（25）前掲「軍事機密　朝鮮軍諸施設希望要綱」三〇―三一頁。
（26）同前、三一頁。
（27）同前。
（28）同前、三一―三二頁。

(29) 同前、三三―三四頁。
(30) 『京城日報』一九三八年二月一〇日付。同会議の設置経緯や全体構成については、미쓰이 다카시「조선총독부 시국대책조사회(1938) 회의를 통해 본'내선일체(内鮮一體)' 문제――제1분과회를 중심으로」(『일본공간』제14호、二〇一三年)を参照されたい。
(31) 朝鮮総督府『(秘)朝鮮総督府時局対策調査会会議録』朝鮮総督府、一九三八年、二四頁。
(32) 朝鮮総督府『朝鮮総督府時局対策調査会諮問答申案試案』朝鮮総督府、一九三八年、五頁。
(33) 前掲『(秘)朝鮮総督府時局対策調査会会議録』七六―七七頁。
(34) 朝鮮総督府『(秘)朝鮮総督府時局対策調査会諮問答申書』朝鮮総督府、一九三八年、四頁。
(35) 朝鮮総督府『(秘)朝鮮総督府時局対策調査会諮問案参考書(内鮮一体ノ強化徹底ニ関スル件)』朝鮮総督府、一九三八年、二四―二五頁。
(36) 同前、二五―二六頁。
(37) 前掲『(秘)朝鮮総督府時局対策調査会会議録』八一頁。
(38) 同前。
(39) 前掲『(秘)朝鮮総督府時局対策調査会諮問案参考書(内鮮一体ノ強化徹底ニ関スル件)』四四頁。
(40) 同前、四三―四四頁。
(41) 前掲『(秘)朝鮮総督府時局対策調査会会議録』八三―八四頁。
(42) 同前、五五一頁。
(43) 同前、一三九―一四〇頁。
(44) 同前、九六頁。
(45) 同前、一〇〇頁。
(46) 同前、一四八頁。
(47) 同前、一四八―一四九頁。
(48) 高岡裕之『総力戦体制と「福祉国家」――戦時期日本の「社会改革」構想』岩波書店、二〇一一年、一〇一頁。
(49) 前掲『(秘)朝鮮総督府時局対策調査会会議録』一〇一頁。
(50) 同前。
(51) 前掲『戦時下朝鮮の農民生活誌 一九三九―一九四五』一五九―一七七頁。
(52) 本章では「内地」的文脈について立ち入る余裕はないが、「内地」の政策的課題との連動/不連動については今後の課題としたい。
(53) 津田剛「内鮮一体論の勃興と我等の使命」『緑旗』第二巻第一一号、一九三七年、三頁。

(54)　この点については、日本の「東亜共同体論」に共鳴した転向社会主義者の研究蓄積がある。洪宗郁『戦時期朝鮮の転向者たち——帝国／植民地の統合と亀裂』有志舎、二〇一一年など。
(55)　「時局有志円卓会議」『三千里』新年号、一九三九年、四〇—四一頁。
(56)　玄永燮『朝鮮人の進むべき道』緑旗連盟、一九三八年、「序のことば」七頁。
(57)　同前、一五七頁。彼のこのような朝鮮語廃止論は当局側によっても否定されるほどであった（「朝鮮語排斥不可——南総督이 述妄者에 一針」『三千里』第一〇巻第八号、一九三八年、二二頁）。
(58)　同前、一四六—一四七頁。
(59)　同前、一四七頁。
(60)　同前。
(61)　天野道夫（玄永燮）「内鮮聯合か内鮮一体か」『内鮮一体』新年号、一九四一年、三九頁。
(62)　「四　阿部総督時代の外観——遠藤柳作政務総監に聞く」前掲「未公開資料　朝鮮総督府関係者　録音記録（一）　十五年戦争下の朝鮮統治」一九七頁。
(63)　同前、一九八頁。
(64)　前掲『（秘）朝鮮総督府時局対策調査会会議録』七二—七三頁。
(65)　同前、一四四—一五四頁。
(66)　同前、一五四—一五六頁。
(67)　前掲『戦時下朝鮮の民衆と徴兵』二二九頁。
(68)　纐纈厚『増補版　総力戦体制研究——日本陸軍の国家総動員構想』社会評論社、二〇一八年、二八三頁。
(69)　同前、二八四頁。
(70)　前掲「「植民地公共性」と朝鮮社会」二三九—二四〇頁。

第3章 総力戦の到達点としての島嶼疎開・軍務動員
――南方離島からみた帝国の敗戦・崩壊

石原　俊

一　疎開あるいは軍務動員――忘れられた南方離島の経験

本章は、日本の戦争指導者が降伏を引き延ばすなか、総力戦の敗北局面と帝国の崩壊過程で地上戦の戦場または兵站線(後方支援基地)として利用された、南方離島の住民の経験に焦点をあてる。ここで南方離島とは、法制度上の内地に属する、沖縄諸島(沖縄島と周辺離島)を除いた本土南方の島々を指す。日本軍は、硫黄列島・小笠原群島・伊豆諸島、そして大東諸島・先島諸島・沖縄諸島・奄美群島など、北西太平洋の広大な領域の住民に対して、疎開または軍務動員――結果としての地上戦への動員を含む――を強いていった。総力戦の到達点ともいえる、この体系的で冷酷な軍事政策は、日本の敗戦後も――場合によっては現在まで――島々の社会と住民に多大な影響を与えた。米軍占領や施政権分離、帰郷のための密航、そして島民の長期離散や故郷喪失といった事態が生じたからである。

近年、日本帝国の勢力圏のうち外地や満洲国における引揚や残留に関しては、研究の進展が著しい。だが、内地の南方離島全般の疎開・軍務動員を視野に入れた調査研究は、防衛研究所の戦史研究者であった今市宗雄が論者の一部でふれるにとどまっている(1)。

沖縄県については、地上戦への住民の動員に関して、長い調査研究の蓄積がある。また、約三万人とされる沖縄島中南部から北部への疎開や、約六万五〇〇〇人とされる本土疎開とりわけ九州への学童疎開に関しても、研究が進んでいる。八重山列島から台湾への疎開については、松田良孝による重厚な調査成果がある。(2) 八重山列島に残留した島民がマラリア有病地域に強制疎開させられ、多数が落命した事例については、その凄惨さゆえに、調査研究の層が厚い。一方で筆者は、小笠原群島・硫黄列島の島民の強制疎開や軍務動員——硫黄島の場合は地上戦への動員を含む——について調査研究を進めてきた。

ところが、南方離島における疎開や軍務動員の展開過程は、本土社会の側から閑却され、研究者による体系的な記述さえない状態である。沖縄諸島について突出した研究の蓄積があるのは地上戦被害の甚大さゆえであり、その意義は否定されるべきでない。だが本章は、沖縄諸島を中心とする視座からは距離をとり、南方離島の疎開・動員の諸経験を、その軍事政策的背景、相互連関、歴史的影響を視野に入れつつ記述することを目的とする。

なお敗戦後の公文書の多くは、内地に属する南方離島からの疎開にも「引揚」の語を当てている。だが、内地の南方離島からの疎開は、近代以前からの住民の子孫、あるいは先住者への収奪をほとんど伴わない経緯で入植した人びとの子孫が、故郷からの退去を命じられた面が強い。島民当事者の多くが（強制）疎開の表現を使ってきたのも、それが「故郷への帰還」を前提とする軍事的再配置だったからである。ゆえに本章では疎開の語を採用する。

二　島嶼戦住民政策の形成——起源としての南洋群島

内地の南方離島における疎開・動員政策の起源は、南洋群島（赤道以北のミクロネシア）からの疎開（引揚）政策および動員政策に求められる。第一次世界大戦後、国際連盟Ｃ式委任統治領として日本が統治してきた南洋群島においては、

図1　南洋群島および周辺の地図

拓殖会社の南洋興発株式会社が、海軍と南洋庁の支援下で糖業などを展開し、経済・社会全般において支配的地位を占めていた。

一九四三年九月三〇日の御前会議で、マリアナ諸島とカロリン諸島西部の外縁に絶対国防圏が設定された。元南洋興発技師の中島文彦によれば、ほどなく海軍省が大東亜省に対して、絶対国防圏外のマーシャル諸島とカロリン諸島東部にいる日系「老幼婦女子」の「内地送還」を要請した。大東亜省の命を受けた南洋庁は、マーシャル諸島からの「老幼婦女子」の引揚を四三年末までにほぼ完了したという[3]。また今泉裕美子が資料調査から明らかにしたように、一二月上旬、南洋庁は二段階での「老幼婦女子」の「内地引揚」を命じた。第一次は「病弱者」など、第二次は食料生産者や在郷軍人などを除く全民間人とされた[4]。この時点までの疎開の法的根拠は不明だが、「老幼婦女子」という内地の防空疎開推奨対象を示す言説が、南洋群島の初期疎開政策に流用されたことがうかがえる。

四四年二月に入ると、米軍はマーシャル諸島のクェゼリン環礁を奪取するとともに、トラック諸島(チューク環礁)に大空襲を行い、日本海軍に大打撃を与えた。これを受けて、南洋庁は二月二〇日の『南洋新報』に「南洋群島人口疎開要綱」を発表し、「病弱者」に加え、妊産婦および一四歳未満と六〇歳以上の日系民間人を疎開させる方針を示した。『南洋新報』には、「内地における分散疎開に呼応し一部在住民の疎開に関し過般来慎重研究を進めていた」とある。[5] また、この直前の二月四日に、防空法が南洋群島に初めて適用された。[6] 前月の一月九日に施行された改正防空法によって、防空法施行令第七条二項に該当する、国民学校初等科卒業年齢以下の者、「妊婦、産婦又ハ褥婦」、六五歳以上の者、傷病者や障害者などに対して、内務大臣が「退去」を命ずることが可能になっていた。[7] 以上から、南洋群島の島嶼地上戦を想定した疎開基準は、防空法体系を参照して策定されたことがわかる。

政府は疎開者の接受業務を海外移住組合連合会に委託した。また半官半民の援護団体として財団法人南洋群島共助義会が大東亜省の認可を受けて発足し、無縁故者への生活援護や就労支援を行った。[8] この時点の日本帝国は、体系的な疎開（引揚）者援護政策をもたなかった。

他方で、一四歳以上六〇歳未満の日系住民とりわけ男性の大多数は残留させられ、多くが軍属として徴用された。官公庁や南洋興発の職員・従業員らは、一切自由退職を認められなかった。特にマリアナ諸島においては四月初旬、南洋興発の全機能と資材が海軍の指揮命令監督下で使用できるという「協定」が締結され、従業員は職場ごとに軍属として徴用された。[9]

四月一三日、東条英機内閣は南洋庁の上申に基づき、「南洋群島戦時非常措置要綱」を閣議決定し、軍と南洋庁が現場で進めてきた政策を事実上追認している。ここで「在住民ノ所要ニ応シ逐次軍属タラシム」ること、「邦人老幼婦女子ハ急速引揚ヲ実施スルト共ニ内地ニ於ケル之カ援護及就労ヲ強化スル」ことなどが、政府方針となった。[10] 南洋群島では四三年に兵役法が施行されていたが、後述のように四三年秋―四四年春段階の兵役法体系下では、一四―一八歳を兵として召集することは不可能だった。同「要綱」からは、一四―一八歳の男性を兵站業務に従事する軍属身分で徴用しつつ、地上戦の際には戦場の軍務従事者として使役する発想が垣間見える。この段階に至り、島嶼地上戦を想定した疎開と軍務動員の政策体系が、防空法体系を一定程度参照しつつも、明瞭に自立したといえるだろう。

サイパン島には六月一五日の米軍上陸時点で、日系民間人（朝鮮人含む）がまだ約二万人も残留していた。テニアン島には七月二四日の米軍上陸時点で、日系民間人(同)が約一万五七〇〇人も残留していた。米軍は七月上旬のうちにサイパン島のほぼ全域を制圧し、八月にかけてマリアナ諸島の主要な島を確保するとともに、米領グアム島も奪還した。これらの島々では軍属としての被徴用者の多くが戦闘参加させられ、また民間人が手榴弾による集団自決や投身自殺に追い込まれていった(11)。サイパン地上戦における日系民間人の死者数は約一万人(うち過半が沖縄出身者)、米軍による掃討作戦終了時点での日本軍将兵の死者数は約三万人と推計される。テニアン地上戦における日系民間人の死者数は約三五〇〇人(うち過半が沖縄出身者)、日本軍将兵の死者数は約七〇〇〇人と推計される(12)。

そして、植民者の引揚という側面も強かった南洋群島における島嶼地上戦住民政策は、故郷からの疎開の側面が強い内地の島嶼における住民政策に、多大な影響を与えていく。

三　島嶼戦住民政策の実験場——小笠原群島・硫黄列島

米軍はマリアナ諸島制圧後、一九四四年一〇月、フィリピン諸島に進攻し、レイテ沖海戦で日本海軍に壊滅的打撃を与えた。米軍の統合幕僚長会議は同月、マリアナとフィリピンに次ぐ侵攻ルートとして、硫黄島を経由して沖縄へ向かう、海軍のチェスター・ニミッツ案を採用した。米軍はテニアン島の飛行場などに長距離爆撃機B29を配備し、日本本土の大規模空襲を展開する能力を手にしていた。だが、日本本土への往復はB29が爆弾を積んで航続可能なギリギリの距離であり、不時着場として一二〇〇メートル以上の滑走路をもつ硫黄島の奪取は重要だった。また当時は爆撃機と行動を共にする護衛戦闘機の航続距離が短く、硫黄島はその基地としても必要とされた。一方、日本軍側は米軍進攻経路の察知に手間取っていた。大本営は四五年一月段階でも、フィリピン→台湾→(先島諸島・大東諸島→)沖縄諸島→奄美群島ルート、マリアナ諸島→硫黄島→小笠原群島→伊豆諸島ルート、フィリピン→中国大陸→南朝鮮ル

図2　日本の南方離島および周辺の地図

ートなど、複数のパターンを想定していた[13]。

小笠原群島には、一九世紀前半より、欧米や太平洋の島々など世界各地をルーツとする先住者が住み着いていた。一八七六年に日本が領有権を定着させると、先住者は日本国籍に組み込まれ、本土から入植者が送り込まれた。小笠原群島では自作農が比較的多く、サトウキビ栽培と製糖、続いて夏野菜の栽培が隆盛していた。硫黄列島は一九世紀末、小笠原群島に次ぐ初期「南洋」入植地の一つとして開発が始まった。硫黄列島は糖業、続いてコカ(コカインの原料)の栽培を軸とした、拓殖会社のプランテーション型入植地として発展し、島民の大多数は小作人であった。小笠原群島の父島では第一次世界大戦後、陸軍が米国を仮想敵とする要塞を建設し、一九二三年に父島要塞司令部を開設していた。一九三〇年代前半には、父島に海軍洲崎飛行場が、硫黄島に海軍千鳥飛行場が建設されている⑭。

四四年二月のトラック諸島大空襲を受けて、大本営陸軍部は父島・母島・硫黄島の兵力の大幅増強を決定し、同月、南方戦線を視察させた参謀二人を帰途、父島に立ち寄らせている。参謀は父島要塞司令部で東京都小笠原支庁長や小笠原島警察署長らと面談し、戦況の悪化などを示唆して、民間人の疎開を勧告した。これを受けて三月一八日、小笠原島警察署長は警視庁に向けて、既述の防空法施行令第七条二項に該当する、国民学校初等科卒業年齢以下の者、六五歳以上の者などの「引揚」を上申した。この時点の内地では、島嶼強制疎開にかかる独自の政策体系が存在しなかったことがわかる。四月上旬、約七〇〇人が軍用船で本土に出発し、本格的な島民疎開が開始された⑮。

硫黄列島では、陸軍が四四年三月に硫黄島伊支隊の編成を指示し、約五〇〇〇人が派遣された。同じ時期、海軍も硫黄島警備隊を編成し、約一三五〇人がその指揮下に置かれた。硫黄島民の家屋は次々と軍によって接収された。大人は供出用の食料生産を指示され、児童も飛行場増設工事などに動員された。五月、大本営は陸軍第三一軍隷下部隊を再編し、小笠原群島や硫黄列島の陸軍部隊を中心に第一〇九師団を新設する。六月八日には、師団長の栗林忠道中将が硫黄島に赴任した⑯。

六月一五日と一六日、米軍はサイパン島上陸作戦を開始すると同時に、大編隊で硫黄島・母島・父島に初空襲を実施した。硫黄島では、大多数の航空機が失われたほか、国民学校校舎や住居多数も焼失した。この大空襲を機に、栗林は陸軍大臣に対して、島民の本土への「引揚」を具申した。六月二六日には、軍の要請を受けた内務・厚生両次官の通牒に基づいて、東京都長官が小笠原支庁長に、女性全員と一六歳未満六〇歳以上の男性の「引揚命令」を発した。これにより、硫黄列島からの疎開も本格化する⑰。他方で北硫黄島では、島民全員が強制疎開の対象となった。おそらく、四四年夏時点の北硫黄島では軍の駐留がなかったためであろう。八月末までに、小笠原群島民六四五七人のうち五七九二人、硫黄列島民一二五四人のうち一〇九四人が疎開対象となった。携行を許された荷物は、一人二―三個のみだった。

警視庁の要請を受けた都は、戦時災害保護法など既存の戦災者援護法令について検討したが、いずれも「引揚民保護」には適用できないので、新たに七月四日に「小笠原引揚民保護要綱」を定めている⑱。これは内地における島嶼強制疎開者援護政策の嚆矢といえるが、原文は未発見である。小笠原群島・硫黄列島からの疎開者の過半は縁故疎開だったが、特に父島の先住者系島民には無縁故者が多かった。縁故疎開先がない島民の大多数は、練馬の軍需工場で働きながら施設で生活した。練馬が大規模な空襲に遭った後、かれらの多くは埼玉県の武蔵嵐山方面へと再疎開して農耕・製炭などに従事している。とりわけ先住者系島民は、地域住民や官憲からの差別・暴力に身構えながら、食料の確保に苦労したという。

他方で、四四年度内に一六歳に達する年齢から五九歳までの小笠原群島民と硫黄島民の大多数の男性は、各島に残留させられ、軍属として徴用された。四四年八月末の時点で、一六〇人の島民が硫黄島に残留させられていた。このうち五七人は、地上戦開始までに父島に移送されている。残る一〇三人の島民が、海軍二〇四設営隊や陸軍硫黄島臨時野戦貨物廠の軍属として、地上戦に動員された。小笠原群島民のうち、軍属として残留させられたのは、父島で四八七人(右記の五七人を含めず)、母島で一七八人であった。

四五年二月一九日、三万人以上の米海兵隊将兵が、硫黄島南海岸の砂浜から上陸作戦を開始した。大本営はマリアナ地上戦で水際作戦を採用して壊滅的に敗北したため、四四年八月に「島嶼守備要領」を発して、後退配備による持久戦方針に転換していた。栗林は硫黄島の主陣地帯を地下に設置し、米軍を上陸させてから迎撃する作戦を採用した⑲。だが米軍は、戦車やブルドーザー、火炎放射器などを用いた徹底的な物量作戦を展開し、日本軍は島の北部に追い込まれていった。栗林が部下数百人を率いて米軍幕営地へ突撃した三月二六日、米軍は沖縄島沖の慶良間諸島に上陸する。これ以降、米軍は硫黄島での掃討作戦を継続しつつ、沖縄戦を展開していったのである。硫黄島地上戦における日本軍側(朝鮮人を含む)の死者・行方不明者数は約二万二〇〇〇人、米軍側の死者・行方不明者は六八二一人だった。地上戦に動員された被徴用者のうち、生き残った島民はわずか一〇人であった[20]。

四四年三月に勅令第一七六号で兵役法施行令が改正され、一七―一八歳の第二国民兵役の者を連隊区または兵事区の兵籍に編入して召集することが可能になり、六月の陸軍省令第二八号による兵役法施行規則改正によって、東京都八丈支庁管内・同小笠原支庁管内・奄美群島・沖縄県・南洋群島などで先行的に施行された。四四年一一月には陸軍省令第四六号で改正陸軍防衛召集規則が施行され、防衛召集の対象が一七歳以上の兵籍のある男性全体に拡大された[21]。だが、小笠原群島・硫黄列島で強制疎開が実施された四四年夏の段階では、一五―一六歳の兵籍編入も、一七―一八歳の戦闘員としての防衛召集も、違法であった。そのため日本軍は、地上戦への動員を予想しつつ、一五―一八歳の男性を兵站業務要員たる軍属身分で徴用したということができる。

四　島嶼戦住民政策の展開――伊豆諸島・大東諸島・先島諸島・奄美群島

1　伊豆諸島

伊豆諸島においては、一九四三年六月に全国で陸軍特設警備隊の臨時編成が命じられると、各島に大隊または中隊が配置された。伊豆大島では元村で陸軍飛行場が着工され、一六歳から六〇歳までの男女ほぼ全員が、早朝から夕刻まで工事に動員された。新島でも男女問わず島民が動員され、長さ約一五〇〇メートルの飛行場が建設された。また女性や児童は、野菜や木材の供出を命じられ、栄養不足のなかで厳しい農作業や労務に従事した[22]。四四年六月には八丈島の駐留将兵が急増派され、特に八丈島や大島では家屋が将兵の宿舎として接収された。大本営は七月、マリアナ地上戦を受けて、伊豆大島などを管轄する独立混成第六五旅団、新島を中心に利島・式根島・神津島・三宅島・御蔵島などを管轄する同第六六旅団、そして八丈島を中心に青ヶ島などを管轄する同第六七旅団の編成を命じた。八丈島では四五年春段階で、駐留陸軍が約一万九〇〇〇人、海軍が約七六〇〇人にも達した(23)。

四四年八月八日に「引揚民保護対策要綱」が閣議決定され、八月二四日の次官会議で「引揚民保護指導要領」が策定された。同「要領」では、疎開先で「各人ノ能力ニ応ジ速ヤカニ適職ニ就カシムル」こと、無縁故者は「原則トシテ農山漁村ニ分住セシムル」こと、「生活困難ヲ告グル者ニ対シテハ生活援護ノ措置ヲ講スル」ことなどを規定している。すでに都は「小笠原引揚民保護要綱」を定めていたが、政府決定を受けて八月三一日、これを改定した「島嶼引揚者援護実施要綱」および「東京都島嶼引揚者扶助規程」を導入した。同「実施要綱」では一世帯五〇円の見舞金支給を定めている。同「扶助規程」では、七月一日に遡って一人一日九〇銭上限の生活扶助費や一人一月五円上限の住居費を支給するものとし、扶助期間は「引揚ノ日ヨリ一年」を原則としつつ必要に応じて延長可能としている(24)。

九月一二日には厚生省が東京都長官や各府県知事に対して、「島嶼引揚民ノ保護指導ニ関スル件」を発出した。生活困難者への援護については「戦時災害保護法ニ準ジ取リ扱フコト」などが詳細に指示されている(25)。戦時災害保護法に基づき、空襲被災などで生活困難に陥った国民には、衣食住・学用品・医療などが現物給付されるほか、六大都市で一人一日最大限度額六〇銭の生活扶助が支給されていた(26)。また、先述の南洋群島共助義会を参考にしながら、島嶼引揚者の援護団体である半官半民の財団法人戦時国民共助義会が発足し、大人一人一月二〇円の生活扶助の支給、医療援護、就学援護、共同宿泊所の借上げなどを実施した。この段階になって、島嶼疎開者援護独自の政策体系が、空襲被災者援護にかかる法体系を参照しつつ、ようやく全国レベルで整ったといえよう(27)。

なお、伊豆諸島からの疎開者には規程に基づく扶助が実施されたが、小笠原群島・硫黄列島からの疎開者に関しては、当時の小笠原支庁長が扶助に必要な手続きを行わなかった。このことも影響して、多くの島民が敗戦後、極度の困窮状況に陥ったのである[28]。

八丈島では四四年七月に初の本土疎開船が出航している。九月一日に都長官は八丈支庁長に対して、女性全員および一六歳未満六〇歳以上の男性の「引揚命令」を発した。一〇月には都長官が陸軍の東部軍管区参謀長とともに八丈支庁を訪れ、島民疎開を徹底するよう支庁長や八丈島警察署長に指示した。島民の間では抵抗も大きかったが、敗戦までに約六五〇〇人が疎開している。だが四五年四月、最後の疎開船となった東光丸が撃沈され、島民の乗船者六六人全員が落命している。無縁故疎開者は、都下多摩地区や長野県軽井沢町のほか、関東各県・静岡県・山梨県に集団疎開し、農作業に従事した[29]。

四五年四月二日、硫黄島陥落を受けて、都長官は内務大臣の指示により大島支庁長と三宅支庁長にも、女性全員と一六歳未満六〇歳以上の男性の「引揚命令」を発した。三宅島から約一〇〇〇人、新島から約一七〇〇人、大島から約三五〇〇人が本土に疎開した。大島からは四月に疎開船の運航が始まり、無縁故者は都下多摩地域・長野県・新潟県・山形県などに集団疎開した。新島からは六月、無縁故者が山形県の二八カ村に集団疎開した。神津島からも七月一日に疎開船が出航し、無縁故者は都下西多摩郡各地に集団疎開した。御蔵島からは七月二日に国民学校児童七四人らを乗せた疎開船が出航し、秋田県金足村に向かった。逆に利島では、駐留部隊将校が海路の危険性を示唆したため、集団疎開が行われなかった[30]。

四五年三月以降は伊豆諸島で空襲が激化し、特に神津島空襲は苛烈をきわめた[31]。七月に入ると後述の義勇兵役法に基づき、各島で一五歳に達する年の年初から六〇歳までの男性と一七歳に達する年の年初から四〇歳までの女性が、国民義勇戦闘隊に編入され、地上戦に備えた[32]。

2　大東諸島

大東諸島は硫黄列島と同様、サトウキビ栽培と製糖を軸とする拓殖会社のプランテーション型入植地であった。一九四〇年代前半の南北大東島民の大半は、八丈島ルーツが多数を占める小作人と、沖縄県内出身者が多数を占める年季契約奉公人であった。燐鉱の採掘が主産業だった沖大東島（ラサ島）は、全島がラサ鉱業株式会社（四四年に東亜鉱工株式会社と改称）の所有下にあり、島民全員が同社従業員とその家族であった。沖大東島では、近海の水産資源が豊富だったが、長年の燐鉱採掘により表土が乏しく、野菜の自給は困難だった。

南大東島には一九三四年に完成した海軍の小規模飛行場があったが、四三年にはその拡張工事が始まった。四四年三月に首里を司令部として創設された陸軍第三二軍は、ほどなく第八五兵站警備隊などを大東諸島に増派する。陸軍は六月のサイパン地上戦開始後、米軍がフィリピンから台湾経由で進攻した場合、大東諸島占領リスクが高まったとみて、満洲にいた歩兵第三六連隊を移駐して第三二軍に編入した。学校や製糖工場や家屋は、将兵の宿舎として次々と接収された。駐留軍は大東諸島全体で六―七〇〇〇人規模に達し、島民所有の牛・豚・鶏・山羊の多くを食用・耕作用として徴発した[33]。

大東諸島民の疎開は四四年四月から始まり、七月になると駐留軍の勧奨で疎開が本格化した。九月には「大東島守備隊布達」により、六〇歳以上一六歳未満、「妊産婦」「病弱者」などが疎開対象とされた。一〇月二五日に沖縄県警察部長名で「軍ニ於テ必要トスル者以外」の強制疎開命令が発せられた。疎開先は、沖縄県内各地のほか、奄美大島・九州・関東などであった。四五年三月上旬までに、南大東島では島民約三五〇〇人（四四年四月時点）のうち約二〇〇〇人、北大東島では島民約一七〇〇人（同）のうち約一〇〇〇人が諸島外に疎開した。沖大東島からは、民間人約五五〇人（同）全員が疎開を完了した。

四五年三月以後、大東諸島は激しい空襲や艦砲射撃にさらされた。三月下旬には、制海権・制空権の喪失により、大東諸島の海運は完全に孤立した。筆者が南大東島に残留した島民数名に対してインタビューを行ったところ、毎日の艦砲射撃が始まる夕刻までにサツマイモなどを収穫できたため、食料には困らなかったようである。一方、軍属として徴用された男性は、島に動員された将兵とともに、陣地構築・農作業・漁労などに従事させられた㉞。

3　先島諸島

先島諸島（八重山列島・宮古列島）や沖縄諸島は、一九四三年九月に絶対国防圏が設定されてからは、マリアナ諸島やパラオ諸島を支援する航空中継基地としての役割を担わされた。だが四四年に入ると、フィリピンに続く地上戦の場として想定され始める㉟。

八重山列島の石垣島では、四三年に土地買収（事実上の強制収用）が行われ、海軍が平得《ひらえ》飛行場（石垣島南飛行場）と平喜《へーぎ》名《なー》飛行場（石垣島北飛行場）の建設を開始した。四四年六月には陸軍白保飛行場の建設のため、事実上の土地強制収用が実施された。飛行場建設には、六〇歳を超える高齢者や国民学校初等科児童までもが動員された。徴用は小浜島など石垣島の周辺離島や、沖縄諸島からも行われた。なかでも、官斡旋または徴用によって労務動員された朝鮮人軍夫が、最も危険な作業に従事させられた。四四年七月、陸軍は在満洲の第二八師団の主力を宮古列島に、独立混成第四五旅団などを八重山列島に派遣して、第三二軍に編入した。各学校施設は、次々と軍に接収された。四五年に入ると八重山列島の駐留将兵は一万人以上に達した。島民は男女問わず、供出用の農作業や道路工事に従事させられた。

慶良間諸島に米軍が上陸した四五年三月末には、県立八重山農学校や県立八重山中学校の男子生徒が鉄血勤王隊に二等兵として防衛召集された。鉄血勤王隊は当初は飛行場の修繕、陣地構築、武器運搬などの兵站業務に従事したが、同時に実戦部隊としての訓練を受けた。また農学校の女子生徒や県立八重山高等女学校の生徒は学徒隊に軍属として徴用され、補助看護婦として陸軍病院・海軍病院・第二八師団野戦病院に配属された㊱。

四四年一〇月、勅令第五九四号で陸軍特別志願兵令が、陸軍省令第四七号で陸軍特別志願兵令施行規則がそれぞれ改正され、一四歳以上の志願者を第二国民兵役に編入できることになった。さらに一二月一二日、陸軍省令第五八号・五九号で再改正された陸軍防衛召集規則と陸軍召集規則が施行され、東京都八丈支庁管内・同小笠原支庁管内・奄美群島・沖縄県などでは、志願によって第二国民兵役に編入された一四―一六歳の男性も防衛召集の対象に加えられた[37]。だが林博史が米国での公文書調査から明らかにしたように、鉄血勤王隊への防衛召集は合法的な手続きを満たしていない。鉄血勤王隊は、軍側の要請を受けた県当局が各学校から生徒の名簿を提出させ、校長を責任者として学校ごとに編成された。生徒たちはまず学校内で戦闘訓練を含む各種訓練を受けた後、各種軍務に配属されていった。しかし、陸軍防衛召集規則が一四―一六歳の男性を「志願」によって兵籍に編入する場合に課していた、戸主や親権者などの書面による承諾の確認は、ほとんどなされなかった。林は、軍・県・学校が協力して組織的に行った違法な動員だと評している[38]。

宮古列島では四三年九月に土地の事実上の強制収用が行われ、海軍宮古島飛行場の建設が始まった。四四年五月からは陸軍宮古島中飛行場と陸軍宮古島西飛行場の建設も進められた。飛行場建設や陣地構築には、国民学校初等科の児童や六〇歳以上の島民まで徴用された。徴用は伊良部島や池間島など宮古島の周辺離島からも行われた。数千人とされる朝鮮人軍夫も動員されていた。四四年九月には伊良部島にも、満洲から独立混成第五九旅団が移駐した。島民は男女問わず陣地構築作業に徴用され、国民学校初等科児童も軍作業に動員された。伊良部島民への家畜・野菜・漁獲物の供出要求も過酷であった。四五年に入ると、宮古列島の駐留将兵は約三万人に達した。県立宮古中学校の男子生徒は、八重山列島とほぼ同様の手法で鉄血勤王隊に防衛召集された。県立宮古高等女学校の生徒は学徒隊に軍属として徴用され、補助看護婦として陸軍病院や第二八師団野戦病院に配属された[39]。

四四年七月七日、サイパン陥落を受けた緊急閣議で、奄美大島・徳之島・沖縄島・宮古島・石垣島の非戦闘員の島外疎開方針が決定された。沖縄県は第三二軍と協議し、「国防上ノ足手纏トナル老幼婦女子約十万人」を県外疎開させるべく、「県外転出実施要綱」を決定した。沖縄島・宮古島・石垣島・西表島の六〇歳以上と一五歳未満の者、女性、「病者」を、九州と台湾に転出させる計画であった。一般疎開と並行して学童疎開の検討も始まり、「沖縄県学童集団疎開準備要項」が各学校長に指示された。疎開政策の背景には、民間人の人命保護以上に、大本営の現地自活方針の下、駐留軍の食料事情悪化への懸念があった[40]。

先島諸島から台湾への集団疎開は四四年八月に開始された。沖縄県内から台湾への疎開者の合計は約一万人、うち宮古列島からが五—六〇〇〇人程度、八重山列島からが二五〇〇—三〇〇〇人程度と推計される。そのほか、宮古列島から学童疎開・一般疎開の計約一〇〇〇人が九州に渡っている。沖縄県から台湾への疎開者は、台湾全島に分散していた。台湾各州の知事が支部長を務める島外疎開者共助会の州支部が、疎開者に支給される生活援護費などを末端の行政組織に配分していた。だが松田良孝の調査によれば、疎開地域によっては現金を受け取れない疎開者もいた。栄養失調やマラリアでの死者も少なくなかった[41]。

四四年八月一五日、「総動員警備要項」が閣議決定された。軍が住民の「退避及緊急避難」を要請した際に、行政機関に対応義務があることが明記され、すでに南洋群島や南方離島で進行していた事実上の軍命による住民の動員と疎開が、全国レベルで制度化された。これを受けて陸軍省・海軍省は一一月、「沿岸警備計画設定上ノ基準」を策定し、特に「島嶼ノ警備」について詳細に定めている。ここでは、「在住民ノ総力ヲ結集シテ直接戦力化」する一方、「老幼其ノ他非警備能力者等」の島嶼外への疎開が完了する前に海運が絶たれたり地上戦が始まったりした場合、「島嶼内適地ヘノ事前移住」を命じることとされた[42]。

こうした方針に沿って、八重山列島に残留していた民間人に対して、次々とマラリア有病地域への疎開命令が発せられた。四五年六月一日、石垣島の住民に山間部への「退去」が命じられた。食料・医薬品の不足下、石垣島の人口約二万人中約一万人がマラリアに罹患し、最終的に約二五〇〇人がマラリア主因で落命した。波照間島では、秘密戦要員養成機関・陸軍中野学校出身の工作員・酒井清(偽名・山下虎雄)の命で、四五年四月に島民全員が西表島の有病地域に疎開させられた。牛約七〇〇頭をはじめ、島内の大多数の家畜が酒井の命令で屠畜された。肉が燻製に精製されて石垣島の駐留部隊に供給されていることから、強制疎開の目的の一つは食料確保であった可能性が高い。波照間島民は西表島の疎開地でも酒井の支配下に置かれるなか、ほぼ全員がマラリアに罹患し、最終的に疎開前の島民の約三〇%にあたる四五〇人以上が落命している。黒島でも波照間島と同様、陸軍中野学校出身の工作員・河島登(偽名・山川敏雄)の命令で、四五年四月に島民全員が西表島に疎開した。島民の牛約一六〇〇頭の大半は、軍の食用として徴発された。

八重山列島では、民間人約三万一七〇〇人のうち半数以上がマラリアに罹患し、最終的に約三六〇〇人が死亡している。このうち強制疎開先でマラリアに罹患したことによる死者は約三一〇〇人で、総人口の約一割を占める。八重山列島でも四五年四月以後、米英軍の空襲と艦砲射撃が激化したが、駐留将兵の死因の過半はマラリア罹患であった(43)。宮古列島でも四五年に入ると米英軍の空襲と艦砲射撃が激化したため、残留していた民間人の多くが各島内の農村地帯に避難した。だが食料・医薬品不足によるマラリアで、多くの民間人が命を落とした。また、宮古列島に駐留していた日本軍の死者約二五〇〇人のうち実に九〇%以上が、マラリアまたは栄養失調が主因で死亡している(44)。

4　奄美群島

奄美大島においては、父島と同じく一九二〇年、陸軍が米国を仮想敵とする要塞建設を開始し、二三年に陸軍奄美大島要塞司令部が設置された。四四年初頭、米軍がフィリピン→台湾→沖縄県ルートで進攻する予測が高まると、奄美群島は航空作戦基地として扱われ始めた。

徳之島では、広大な島民の所有地が事実上の強制収用の対象となり、四三年のうちに陸軍浅間飛行場（徳之島北飛行場）の建設が始まっていた。四四年に入ると陸軍瀬滝飛行場（徳之島南飛行場）の建設が急ピッチで進められた。国民学校初等科卒業年齢以上六〇歳未満の男女約二二〇〇人と青年学校生徒約九〇〇人が徴用され、早朝から夕刻まで飛行場建設に従事させられた。奄美大島からも約六五〇人、沖永良部島と与論島からは計約三五〇人が、徳之島に徴用されている。飛行場の建設地である天城村の農家には、駐留将兵および他島や遠方から徴用された軍夫のために、野菜の供出が命じられた。栄養不足のなかでの農作業は、女性や子どもに過大な負荷をかけた。喜界島でも四四年五月から海軍飛行場の拡張工事が始まり、国民学校初等科卒業年齢以上六〇歳未満の男女が徴用されている㊺。四四年五月から六月にかけて、奄美大島・徳之島・沖永良部島などの兵力が大幅に増強された。七月に入るとマリアナ地上戦を受けて、独立混成第六四旅団が陸軍第三二軍の隷下に編成され、北緯三〇度一〇分以南の吐噶喇《トカラ》列島から沖縄県境の与論島に至る領域を担当した㊻。

四四年七月一五日、鹿児島県知事は、大隅諸島から奄美群島までの薩南諸島民のうち、女性全員および六〇歳以上または国民学校初等科卒業年齢以下の男性に対して、本土疎開を命じた。携行荷物は一人二個以内とされ、一人一日約五〇銭の生活援護費が扶助されることとなった。八月に入ると、徳之島・沖永良部島・与論島からの疎開希望者が奄美大島の古仁屋町に集結し、疎開船で順次本土に向かった。だが一〇月上旬、武洲丸が撃沈され、約一五〇人の疎開者の大多数が落命した。軍は事実を秘匿したが、噂が広まり、疎開希望者は激減する。そして四五年三月末に出航した金十丸《かなと》を最後に、日本軍は奄美群島からの疎開船を運航できなくなった㊼。

三月以後、空襲や艦砲射撃が激化したため、軍務に動員されていない残留者の大多数は、山麓や山間部に避難して自給自足生活に入った。喜界島のように、駐留軍が銃殺を示唆して島民を強制的に一カ所に疎開させた事例もある㊽。沖永良部島や与論島は、米軍の沖縄侵攻後に海運が孤立した。特に与論島の食料難はひどく、島民の多くは栄養不足のなかで、昼間は陣地構築作業などに、夜間は供出用の野菜の生産に従事するよう命じられた[49]。

四五年六月二二日、義勇兵役法および義勇兵役法施行令（勅令第三八五号）が公布・施行され、一五歳に達する年の年初から六〇歳までの男性と、一七歳に達する年の年初から四〇歳までの女性を、国民義勇戦闘隊に編入し、戦闘参加させることが可能になった[50]。奄美群島でも七月に入ると、島民が国民義勇戦闘隊に編入され、地上戦に備えた[51]。

五　占領、離散、故郷喪失――島嶼戦住民政策の長い影

南洋群島に始まり内地の南方離島で展開した、島嶼地上戦を想定した住民の疎開／軍務動員は、日本帝国の総力戦の帰結を露骨に表す軍事政策であった。この政策は、明確な法的根拠が存在しない状況のなかで、防空法体系を流用した現地軍の要請を、現地行政機関や中央政府が追認する形で立ち上げられた。そして、法律・勅令→閣議決定・省令→現地行政機関の要綱・要項といった正規の決定過程を経ず、しばしば逆の回路によって、なし崩し的に、ときには脱法的な手法さえ用いて、推し進められていった。住民の犠牲がいかほどだったかは、みてきた通りである。島嶼疎開者援護政策も、事後的観点からは敗戦後の海外引揚者援護政策の嚆矢だと評価もできようが、実態としては法的根拠がない状態から、空襲被災者援護の法体系を流用しつつ、弥縫的に形作られたのである。

さらに、この疎開／動員政策は、日本帝国の敗戦・崩壊過程に端を発して、広大な南方離島の「戦後」経験を方向づけてしまう。日本の降伏に伴い、南洋群島・グアム島・南方離島・沖縄諸島という北西太平洋における日本の勢力圏の多くが、米国の占領下に入った。伊豆諸島からの疎開者は、一九四五年末までに帰郷を果たした。大東諸島からの疎開者も、施政権分離前の四五年末までにほぼ帰郷している。これに対して、先島諸島から台湾への疎開者の多くは、日本帝国の崩壊に伴う生活援護費の途絶などによって困窮を極め、死者も続出した。台湾疎開者の生存者の帰還

がほぼ完了したのは、四六年五月であった。奄美群島からの疎開者は、四六年二月の施政権分離により、多くが帰郷困難に陥った。帰郷のための密航が頻発したほか、疎開先や鹿児島港近辺の集住地（鹿児島市三和町）での残留を選択した／せざるをえなかった島民も少なくない。

小笠原群島と硫黄列島からの疎開者の多数は、帰郷の見込みがない状況に置かれ続けた。四六年一〇月、米国は先住者系の小笠原群島民らにのみ父島での再居住を認め、約一三〇人が帰郷した。だがその後、米軍が島の秘密基地化を進めたために、他の大多数の島民が帰郷できたのは、六八年の施政権返還後であった。硫黄列島に至っては、返還後も自衛隊の管理下に置かれ、島民の帰還は二〇二二年現在も実現していない。硫黄列島民をめぐる現状は、日本帝国が北西太平洋で展開した島嶼戦住民政策がもたらした、最も深刻かつ長期にわたる負の遺産といえるのである。

（1）今市宗雄『国土防衛における住民避難――太平洋戦争に見るその実態』防衛研究所戦史部研究資料、一九八七年。同「太平洋戦争期における「住民避難」政策」『軍事史学』第九三号、軍事史学会、一九八八年。
（2）松田良孝『台湾疎開――「琉球難民」の一年一ヵ月』南山舎、二〇一〇年。
（3）中島文彦「南洋群島在住邦人の内地引揚及びその財産について」厚生省編『続々・引揚援護の記録』一九六三年、三七九―三八三頁。南洋群島からの疎開（引揚）政策に関しては、今泉裕美子氏の緻密な諸論文と、森亜紀子氏のご教示に助けられた。謝意を表する。
（4）今泉裕美子「パラオ諸島をめぐる民間人の「引揚げ」」今泉裕美子・柳沢遊・木村健二編『日本帝国崩壊期「引揚げ」の比較研究――国際関係と地域の視点から』日本経済評論社、二〇一〇年、一四三―一四五頁。
（5）「防衛態勢強化のため在住民の疎開断行――臨時帰還者相談所設置」『南洋新報』一九四四年二月二〇日、二面。
（6）内閣印刷局編『昭和年間法令全書　18巻―3：勅令』原書房、二〇〇五年、五五―五七頁。
（7）内閣印刷局編『昭和年間法令全書　17巻―2：法律』原書房、二〇〇四年、二九〇―二九四頁。防空法体系と学童疎開政策の関係については、次を参照。逸見勝亮『学童集団疎開史――子どもたちの戦闘配置』大月書店、一九九八年。
（8）今泉裕美子「南洋群島引揚げ者の団体形成とその活動――日本の敗戦前後を中心として」『史料編集室紀要』第三〇号，沖縄県立図書館史料編集室、二〇〇五年、七―九頁。

（9）今泉裕美子「南洋群島の日本の軍隊」坂本悠一編『地域のなかの軍隊7　帝国支配の最前線――植民地』吉川弘文館、二〇一五年、二八四頁。
（10）「南洋群島戦時非常措置要綱ニ関スル件ヲ定ム」『公文類聚　第六八編　昭和一九年』一九四四年、国立公文書館蔵。
（11）防衛庁防衛研修所戦史室『戦史叢書　中部太平洋陸軍作戦　1――マリアナ玉砕まで』朝雲新聞社、一九六七年、四二九―四三〇、五〇七、六一五―六一八、六二七―六二八、六四一―六四二頁。
（12）吉永直人『テニアン――太平洋から日本を見つめ続ける島』あけび書房、二〇一九年、一七八―一八〇頁。
（13）防衛庁防衛研修所戦史室『戦史叢書　中部太平洋陸軍作戦　2――ペリリュー・アンガウル・硫黄島』朝雲新聞社、一九六八年、三四一―三四五、三五三―三五五頁。
（14）石原俊『近代日本と小笠原諸島――移動民の島々と帝国』平凡社、二〇〇七年、一〇五―一三六、一七八―三八一頁。同『〈群島〉の歴史社会学――小笠原諸島・硫黄島、日本・アメリカ、そして太平洋世界』弘文堂、二〇一三年、一二三―一三四頁。同『硫黄島――国策に翻弄された一三〇年』中公新書、二〇一九年、一〇―七〇頁。
（15）東京都編『都政十年史』一九五四年、一二四頁。小笠原群島・硫黄列島からの強制疎開経験は次を参照。小笠原諸島強制疎開から五〇年記念誌編纂委員会編『小笠原諸島強制疎開から五〇年記念誌』小笠原諸島強制疎開から五〇年の集い実行委員会、一九九五年。
（16）前掲『戦史叢書　中部太平洋陸軍作戦　2』二五九―二八七頁。
（17）東京都編『東京都戦災史』一九五三年、二五二頁。
（18）「小笠原引揚島民援護について」『庁議関係資料　16：自昭和二九年七月　至昭和二九年九月』一九五四年、東京都公文書館蔵。小笠原島帰郷促進連盟『小笠原関係綴　第二』一九五四年、東京都立図書館蔵。前掲『都政十年史』一二四頁。
（19）前掲『戦史叢書　中部太平洋陸軍作戦　2』三〇五―三五三頁。
（20）前掲『〈群島〉の歴史社会学』一三六―一四三頁。前掲『硫黄島』七二―一一二頁。
（21）内閣印刷局編『昭和年間法令全書　18巻―3：勅令』原書房、二〇〇五年、二一一―二一二頁。同『昭和年間法令全書　18巻―7：省令』原書房、二〇〇五年、六六―六七、九二頁。
（22）大島町史編さん委員会編『大島町史　通史編』大島町、二〇〇〇年、三三三―三四四頁。新島村編『新島村史　通史編』一九九六年、六一六―六一九頁。
（23）防衛庁防衛研修所戦史室『戦史叢書　本土決戦準備　1――関東の防衛』朝雲新聞社、一九七一年、一〇九―一一一頁。前掲『大島町史　通史編』三三四頁。八丈町教育委員会編『八丈島誌　3訂版』八丈島誌編纂委員会、［一九七三］二〇〇〇年、二五一―二五二頁。
（24）前掲「小笠原引揚島民援護について」。前掲『小笠原関係綴　第二』。
（25）前掲『東京都戦災史』二五三―二五六頁。前掲『都政十年史』一二四頁。

(26) 赤澤史郎「戦時災害保護法小論」(『立命館法学』第二二五号・二二六号、立命館大学法学会、一九九二年)は、六大都市で日額六〇銭としているが、一九四二年四月の厚生省令第二六号「戦時災害保護法施行規則」では、原則として日額三〇銭以内となっている(内閣印刷局編『昭和年間法令全書 16巻—11:省令』原書房、二〇〇三年、六九頁)。この点については、一ノ瀬俊也氏から懇切なご教示を受けた。深い謝意を表する。

(27) 同胞援護会「恩賜財団同胞援護会会史 上」加藤聖文監・編『海外引揚関係史料集成(国内編)13巻』ゆまに書房、[一九六〇]二〇〇二年、二—三頁。だが、同胞援護会は四五年三月、本土空襲の激化を受けて戦災援護会と改称し、戦災者援護を主務とするようになる。

(28) 石井通則『小笠原諸島概史——日米交渉を中心として その1』小笠原協会、一九六七年、三一—三三頁。

(29) 前掲『八丈島誌 3訂版』二五七—二六一頁。山田平右ヱ門『改訂版 八丈島の戦史』郁朋社、二〇一二年、三九—一二七頁。伊豆諸島東京移管百年史編さん委員会編『伊豆諸島東京移管百年史 上巻』東京都島嶼町村会、一九八一年、三四〇—三四三頁。

(30) 前掲『大島町史 通史編』三三四—三三八頁。前掲『新島村史 通史編』六二五—六二九頁。神津島村史編纂委員会編『神津島村史』神津島村、一九九八年、三六二—三八三頁。御蔵島村編『御蔵島島史』二〇〇六年、七四〇—七四七、一〇八七頁。利島村編『利島村史 通史編』一九九六年、六二〇—六二二頁。前掲『伊豆諸島東京移管百年史 上巻』三四〇—三四三、一〇一一—一〇二〇頁。

(31) 前掲『伊豆諸島東京移管百年史 上巻』三四三—三四五頁。

(32) 松本一『記録 戦場であった神津島』一九八二年、三三—三四頁。前掲『御蔵島島史』七六四頁。

(33) 防衛庁防衛研修所戦史室『戦史叢書 沖縄方面陸軍作戦』朝雲新聞社、一九六八年、三七—三八、五二—六〇頁。城間雨邨編『南大東島開拓百周年記念誌』南大東村役場、二〇〇一年、九三頁。北大東村誌編集委員会編『北大東村誌』北大東村役場、一九八六年、二八九頁。

(34) 沖縄県教育庁文化財課史料編集班編『沖縄県史 各論編6——沖縄戦』沖縄県教育委員会、二〇一七年、二六八—二七三頁。南大東村誌編集委員会編『南大東村誌 改訂』南大東村役場、一九九〇年、四〇三—四四八頁。前掲『南大東島開拓百周年記念誌』九三—一一〇頁。前掲『北大東村誌』二八二—二九二、六八五—六九八頁。北大東村開拓一〇〇周年事業実行委員会編『大東諸島史年表』北大東村役場、二〇〇〇年、九六—一〇一頁。なお、齋藤達志「南大東島の島嶼防衛——大東島守備隊長田村権一を中心に」(『軍事史学』第五五巻四号、軍事史学会、二〇二〇年)は、大東諸島を対象とする、ほぼ唯一の軍事史的モノグラフである。

(35) 前掲『沖縄県史 各論編6』三〇—四〇頁。

(36) 前掲『戦史叢書 沖縄方面陸軍作戦』五九—六一頁。沖縄県教育委員会編『沖縄県史 10巻 各論編9——沖縄戦記録2』一九七四年、九—一二、二三—二六、四三—七二頁。前掲『沖縄県史 各論編6』二五四—二五八、三四〇—三四六、三五三—三五五、五六九頁。大田静男『八重山の戦争』南山社、一九九六年、三七—三八、五八—五九、一八一、二一九—二二三頁。

(37)　内閣印刷局編『昭和年間法令全書　18巻―4：勅令』原書房、二〇〇五年、五六二―五六三頁。同『昭和年間法令全書　18巻―7：省令』原書房、二〇〇五年、九三―九四、一〇八頁。
(38)　林博史「鉄血勤王隊編成に関する日本軍と沖縄県の覚書ならびに軍命令」『戦争責任研究』第五四号、日本の戦争責任資料センター、二〇〇六年、七三―七七頁。同『沖縄戦が問うもの』大月書店、二〇一〇年、四三―四六頁。
(39)　前掲『沖縄県史　10巻　各論編9』二二四―二四三、二六三―二六五、二七一―二七三、二七九、二九〇―二九一、三〇一―三〇三、三四五―三五五、三六二―三六三、三七〇―三八六、三九五頁。前掲『沖縄県史　各論編6』二三七―二四二、三五三―三五五、五六九頁。宮古島市史編さん委員会編『宮古島市史　第1巻　通史編――みやこの歴史』宮古島市教育委員会、二〇一二年、三二四―三四〇、三四四―三四六頁。
(40)　原剛「沖縄戦における県民の県外疎開」『軍事史学』第一二一・一二二号、軍事史学会、一九九五年、一二五―一三四頁。馬淵新治『沖縄戦における島民の行動』防衛研修所戦史室、一九六一年、二四頁。
(41)　前掲『台湾疎開』四三―四五、四九―五三、六四―六五、九五―九六、九七―一三二頁。前掲『沖縄県史　各論編6』二四四―二四五、三九八―四〇六頁。
(42)　「昭和一九年度　総動員警備関係書類　閣議決定・陸・海・内務」一九四四年、防衛省防衛研究所蔵。
(43)　前掲『沖縄県史　各論編6』二五九―二六六、五三四―五四〇頁。前掲『八重山の戦争』三二―三三、一三九―一四七頁。石原昌家監／石原ゼミナール・戦争体験記録研究会『もうひとつの沖縄戦――マラリア地獄の波照間島』ひるぎ社、一九八三年。大矢英代『沖縄「戦争マラリア」――強制疎開死三六〇〇人の真相に迫る』あけび書房、二〇二〇年、一四六―一七六頁。
(44)　前掲『沖縄県史　各論編6』二四五―二四八頁。平良市史編さん委員会編『平良市史　第1巻　通史編1――先史～近代編』平良市役所、一九七九年、四七二―四七四、五〇四―五〇五、五〇九―五一六頁。
(45)　徳之島町誌編纂委員会編『徳之島町誌』徳之島町役場、一九七〇年、一八六―一九〇頁。伊仙町誌編さん委員会編『伊仙町誌』一九七八年、二五〇―二五四頁。天城町役場編『天城町誌』一九七八年、八五三―八五七頁。喜界町誌編纂委員会編『喜界町誌』喜界町、二〇〇〇年、四八五―四八六頁。
(46)　防衛庁防衛研修所戦史室『戦史叢書　本土決戦準備　2――九州の防衛』朝雲新聞社、一九七二年、七二―七四頁。
(47)　前掲『徳之島町誌』一九一―一九二頁。前掲『伊仙町誌』二五四―二五六頁。前掲『天城町誌』八五七―八五九頁。前掲『喜界町誌』四八六―四八七頁。知名町誌編纂委員会編『知名町誌』知名町役場、一九八二年、四〇六頁。
(48)　改訂名瀬市誌編纂委員会編『改訂　名瀬市誌　1巻――歴史編』名瀬市役所、一九九六年、六五六―六七九、八四五―八四六頁。瀬戸内町誌歴史編編纂委員会編『瀬戸内町誌　歴史編』瀬戸内町、二〇〇七年、四六〇―四六三、五二七頁。前掲『喜界町誌』四八九―四九一頁。

(49) 和泊町誌編集委員会編『和泊町誌 歴史編』一九八五年、七四八―七五〇、七九一頁。前掲『知名町誌』四〇九頁。与論町誌編集委員会編『与論町誌』与論町教育委員会、一九八八年、四〇九頁。
(50) 内閣印刷局編『昭和年間法令全書 19巻―1：法律』原書房、二〇〇六年、三頁。同『昭和年間法令全書 19巻―3：勅令』原書房、二〇〇六年、二八―二九頁。
(51) 前掲『改訂 名瀬市誌 1巻』六六四―六六五頁。

コラム❶ 内地・外地の疎開と家族主義

大石　茜

はじめに

疎開は英語の evacuation にあたり、ヨーロッパを含め第二次世界大戦期に使用された軍事用語であった。ただし、日本語の疎開は、逃避の意味を含む防衛用語ではなく、部隊が相互に距離をとった戦闘態勢を示す攻撃用語であった点が、ヨーロッパ諸国と異なっている。(1) 疎開は、防空体制の強化及び戦力資源の温存のための戦闘配備であるとされ、国民の戦意を挫くことを恐れ空襲被害の予防であることは公言されなかった。そして疎開にあたり、「家族主義ノ精神」の護持が絶対条件とされていたことが大きな特徴である。本コラムでは、家族主義という観点から疎開を考えてみる。

一　疎開と家族主義

内地における疎開は、一九三〇年代後半に皇室の美術品の移送が極秘に実施されたことに始まる。一九四一年第二次防空法に建物疎開が盛り込まれたものの、人員疎開は原則禁止であった。戦局が急速に悪化した一九四三年、政府は方針転換を図り、人員疎開を奨励したが、「家族主義ノ精神」を損なわない縁故疎開を原則とした。縁故疎開が進展しない一方で、戦局はますます悪化し本土空襲が現実的な問題となり、政府は一九四四年学童集団疎開の実施に踏み切った。一九四四年八月上野を出発した第一陣を皮切りに、四〇万人以上の子どもたちが集団疎開した[2]。

疎開において重要視された家族主義は、天皇と国民の関係を父子という家族関係として捉える「君臣一体」や、家の延長として国家を捉える家族国家観など、天皇制の重要なイデオロギーとして、たびたび議論されてきた。疎開においても、家族主義が政治的判断の軸となり、家族主義に固執したが為に、計画的で効果的な疎開は実現しなかった。縁故疎開が進展しなかったことから、政府が理想とした家族主義は、実際には機能していなかったとも言える。また実際に縁故疎開した子どもたちは、むしろ親族の言動に傷つき、様々な苦しみを経験することが珍しくなかった[3]。国体を支えるはずの「家族主義ノ精神」は、むしろ縁故疎開を通して、その虚構が暴かれた。家族主義は、実際の家族のあり方ではなく、家族国家観に代表されるような、政治や経済、社会関係を家族モデルで捉えるイデオロギーであった。

二　外地の疎開

内地の疎開は家族主義と密接な関係をもっていたが、外地はどうであろうか。外地に暮らす人々は、外地に頼れる親族がいない場合も多く、「家族主義ノ精神」を基軸とした戦争協力はスローガンとなりにくい。「満洲国」が五族協和を掲げたように、むしろ血縁によらない理念が掲げられた。疎開という現象からみても、大日本帝国は一枚岩ではなく、内地と外地でのイデオロギーの使い分けがなされていた。

内地から外地への疎開として著名であるのが、沖縄からの台湾疎開である。サイパン壊滅後の一九四四年七月、政府は奄美大島・沖縄島・宮古島・石垣島等から老幼婦女子を疎開させることを決定した[4]。台湾に身寄りのいない老幼婦女子の集団疎開は、県庁の職員を動揺させたが、反対する余地はなかったという。疎開者に約束されていたはずの公的支援は滞り、台湾での生活は困窮を極め、多くの命が奪われた。無縁故疎開ゆえの悲劇であった。

外地での集団疎開の事例はほとんど知られていないが、台北師範学校女子部の集団疎開の事実が確認されている。[5] また疎開という言葉の指す意味が異なる事例もある。疎開とは主に、内地における米軍による空襲の可能性の高い地域からの移動を指すと考えられていたが、本巻の第3章で検討されているように、南洋群島からの集団疎開や、内地から南方離島への集団疎開も存在した。さらに、例えば満洲では、八月九日のソ連侵攻に呼応し、日本方面へと移動することを疎開と称した。八月九日から敗戦までのあいだ、満洲公主嶺から朝鮮方面へ出た列車が「疎開列車」と呼ばれたことなどがあげられる。[6] またソ連進攻時に上海にいた日本人家族が、米軍の港からの上陸を想定し満洲へ「疎開」したという例もある。[7] 敗戦間際の根こそぎ動員により夫(父親)が不在の核家族が多く、母子のみでの逃避行となる事例が多くみられた。

内地のみでなく外地も射程に入れると、帝国の崩壊および冷戦のはじまりにおける人の移動が、「疎開」と称されたと言えるだろう。

三　疎開保育園と擬似家族

政府が家族主義に反するとして敗戦直前まで決行できなかったのが、集団疎開であったと先に述べた。小学生を対象とした学童集団疎開がよく知られているが、一部の保育所でも疎開が実施された。幼い子どもを家族から切り離し、集団で疎開させるという方法は、家族主義を破壊すると懸念されていたが、公的な決定を待たず、保姆たちの独自の判断により決行された。疎開保育園の事例からは、血縁に寄らない擬似家族が確認でき、そしてそこに、民主的な関係性が読みとれる。[8]

東京の戸越保育所と愛育隣保館は共に、独自の判断により、一九四四年一一月、恩賜財団母子愛育会の支援を受けて埼玉県に疎開した。未就学児を見放した政策に憤りを覚えた保姆たちが、子どもの命を守るべく実施した疎開であった。集団疎開と聞くと、政府の方針への迎合と思われがちである。しかし、集団疎開を未就学児まで引き下げることは、政府の意に反している。疎開の実施はむしろ、政府への不満が背景となっており、戦局を察した保姆たちによる、子どもの命を守るための手段であった。

疎開保育園では、当時二週間ほどの「転住保育」でとられていた方式を採用し、起床当番の保姆はすべての子どもを起こし、洗顔当番はすべての子どもを洗うといった「流れ作業方式保育」を実施したが、長期間に及ぶ疎開生活においては問題が生じた。子どもたちが「本当の自己を表わさず、本当に先生に馴染むことをせず、いわゆる施設にある子ども特有のぼんやりして人生を送っているような表情」がみられるようになったという。そこで「母親制度」という新しい保育を試みた。「母親制度」は、一人の保姆が数人ずつ担当の子どもを決め、疑似家族として生活する方法である。子どもたちは、母親的な存在である担当保姆と愛着関係を形成し始め、おねしょが減るなど、子どもたちは落ち着きをみせ始めた⑨。

この疎開保育園の事例では、未婚の若き保姆たちが、母子愛育会等に所属する上司である男性に直談判し、また保育所に子どもを預ける父母たちと議論を重ねて疎開を実現させている。また、環境の整わない疎開地で、保姆たちが日々試行錯誤し、よりよい保育を模索している。主任を任された畑谷光代は当時を振り返って「保育の小さい世界のわくの中では民主主義はあった」と語っている⑩。家父長的な上下関係ではなく、対等に議論をかわす人間関係や、課題に対して主体的に取り組む余地が、疎開保育園には残されていたのである。

疑似家族による保育と、民主的な保育実践を通して、保姆たちは家族主義を解体している。戦後、戦前の家族主義は非民主的であったとして糾弾されるが、戦中であっても、家族主義を逸脱したところに民主主義の余地があったことは、大変興味深い。家族主義というイデオロギーは、民主的な社会関係を抑制する機能をたしが開かれていた。

かにもっていたとも言えるだろう。家族主義を逸脱したとき、そこには民主的な関係性を構築していく可能性

おわりに

内地と外地では疎開の実態は異なっており、また疎開の基軸とされた家族主義のあり方にも差異がある。一枚岩ではなかった大日本帝国のありようが垣間見れよう。疎開とは、無批判な戦争協力や、反対の余地のない強制的な移動だけでない。むしろ政府の意に反した独自の疎開の実施という事例も確認できるのである。また、政府が固執した家族主義による疎開という観点から、疎開保育園の事例を検討することで、「家族主義ノ精神」が担っていた社会的機能がみえてくる。

（1）佐藤秀夫「総論　学童疎開」全国疎開学童連絡協議会編『学童疎開の研究』大空社、一九九四年、三一四頁。
（2）同前、逸見勝亮『学童集団疎開史――子どもたちの戦闘配置』大月書店、一九九八年。
（3）渡せつ子『せっちゃんの縁故疎開』（文芸社、二〇〇八年）など。
（4）松田良孝『台湾疎開――「琉球難民」の一年一一ヵ月』（南山舎、二〇一〇年）に詳しい。
（5）佐藤純子「戦時下台湾における集団疎開――台北師範学校女子部を事例に」『日本オーラル・ヒストリー研究』第一五号、二〇一九年。
（6）公主嶺小学校同窓会『公主嶺――過ぎし四〇年の記録』一九四八年、四四一―四四三頁。
（7）S・Yさん。二〇一八年一〇月一二日東京でのインタビュー。
（8）詳しくは、拙著「疎開保育園というアジール――戦時下における民主的保育の系譜」（『東京社会福祉史研究』第一一号、二〇一七年）を参照。疎開地での地域住民との関わりについては、西脇二葉「平野村における幼児集団疎開保育をめぐる人間関係――疎開受け入れ地での聞き取り調査より」（『東京福祉大学・大学院紀要』第一〇巻第一・二合併号、二〇二〇年）に詳しい。またこの疎開保育園の事例は、映画『あの日のオルガン』のモデルとなった。

(9)　森脇要「二四時間保育の研究」愛育研究会編『幼児保育の研究　児童研究叢書五』一九五六年。

(10)　松本園子『昭和戦中期の保育問題研究会——保育者と研究者の共同の軌跡　一九三六—一九四三年』新読書社、二〇〇三年、五七九頁。

第Ⅱ部

帝国崩壊と人の移動

第４章　戦後東アジア社会の再編と民族移動

蘭　信三

はじめに

「大日本帝国」崩壊に伴う戦後東アジア社会再編過程の最大の特徴は、その基調が脱植民地化の文脈にありながらも、戦後すぐに始まるグローバルな冷戦という文脈が絡んでいたことである。そしてそこには、それらに先行する第二次世界大戦という世界を巻き込んだ総力戦と、さらに先行する「大日本帝国」の膨張という文脈が圧縮され、複合的に絡みあっていた。その象徴的なものの一つが戦後の強制的民族移動、すなわち「引揚 repatriation」であった。[1]

本章の目的は、このいわゆる「引揚」を中心に、第一に、戦後東アジアにおける多様な民族移動とそこに集約される戦後民族政策の歴史的背景を、東アジアの文脈だけでなく、民族の〈追放と保護〉をめぐる二〇世紀の世界史の文脈に位置づけ直すことで、戦後民族政策のグローバルな連関と地域事情によって規定された状況を明らかにすることにある。ついで、上記の事情に規定されながらも、「引揚者」に代表されるそれぞれの帰還者、現地定着者、残留者が戦後社会にどのように「接続」されていったのかを、地域、民族に着目して、概観することにある。[2]

一　「連関する引揚」という視角

戦後東アジアにおける送還事業は、それに先行する二〇世紀前半の「大日本帝国」圏をめぐる人の移動を前提としていた。一八九五年の台湾の植民地化以降、およそ半世紀間に及ぶ「大日本帝国」の膨張は、帝国版図における経済圏、人の移動圏を形成した。その結果、内地から外地、外地から内地、そして外地間の人の移動が促進され、帝国圏人口約一億人の八%に当たる八〇〇万人をこえる大量の人の移動を生みだしていた。[3]

こうした移動は、その前半から中盤にかけては、帝国圏の形成に伴う植民地行政の拡大と経済活動の活性化に伴うチャンスを求めた積極的移動が主であったが、終盤にはアジア・太平洋戦争遂行のための総動員体制下での「動員」としての移動へとシフトしていった。後者の典型例としては、朝鮮から内地への労働動員、いわゆる徴用労働者（「移入朝鮮人」）の移動、[4]また内地から「満洲」（中国東北）への農業移民や青少年義勇軍の動員的送出等があげられる。その結果、帝国勢力圏における日本人は三六〇万人、満洲や内地の朝鮮人はピーク時には四五〇万人以上、台湾人も二万人以上と推計されている。そして「大日本帝国」が崩壊すると、このような「祖国」を離れて旧帝国勢力圏に移り住んでいた大量の旧帝国臣民たちは、いわば「国境外」に放り出されることになった。

本章では、戦後東アジアにおける帰還的民族移動の特徴とその歴史背景に関する比較と連関の視点から、またヨーロッパの場合を視野に入れたグローバルな文脈から、東アジアにおける「引揚」を捉えなおしていきたい。さらに、このような民族政策は、戦後の民族国家構築に伴う「国民の定義」、および外国人の在留資格問題と不可分である。したがって、旧帝国臣民であった人々が新たな国民国家にどのように包摂され、あるいは排除されたのか、そして戦後の長い歴史のなかでそれらはどのように今日に連なっているのかも含めて掘り下げていきたい。

具体的には、（一）戦後東アジアで展開された民族政策をとりあげ、その歴史背景を、東アジアの文脈／各地域の文脈に加え、一九世紀後半から二〇世紀前半のヨーロッパ等において展開された民族の〈追放と保護〉をめぐるグローバルな文脈、そして迫りくる冷戦の文脈に位置づけ直すことで、戦後民族政策が多様なレベルの要因によって規定されていたことを明らかとする。ついで、(二)引揚者に代表されるそれぞれの帰還者、現地定着者、残留者たちが、戦後の当該社会にどのように「接続」されていったのかを、その適応と再移動を長期的スパンから概観する。さらに、(三)日本内地(や沖縄)への引揚者を中心としながらも、南朝鮮(韓国)への朝鮮人の帰還や、満洲に現地定着したいわゆる「在満朝鮮人」や、結果として日本に残留した「在日朝鮮人」、そしていわゆる在満台湾人の帰還の事例を適宜比較したい。最後に、これら諸課題の考察から、戦後東アジアにおける引揚と引揚者を中心とする帰還的民族移動のもつ多様な意味合いを考察したい(5)。

二　引揚を問う、引揚から問う

1　引揚か現地定着か

敗戦後三一〇万人をこえる在外日本軍兵士の復員は、ポツダム宣言に明記されたもので、戦後アジアの安定に欠かせない戦後処理の第一歩であり、無条件降伏した日本政府にとってもそれは既定のことであった。しかし、外地に居留していた三六〇万人もの民間の日本人の引揚(帰還)に関しては、すでに敗戦を受諾する天皇の「玉音放送」前日の八月一四日に、政府は一連の終戦処理の一つとして、在外居留民は朝鮮や台湾などの「外地」にそのまま定着するようにという、いわゆる「現地定着方針」を打ち出していた。それは日本政府にとって、帝国崩壊後も、在外居留民の引揚か現地定着かは選択可能なものと想定されてのことだった(6)。

2 「半島居留」を目指す在朝日本人

在外居留民(日本人)たちも、引揚を敗戦後の唯一の選択肢とは思っていなかった。というのも、加藤聖文がつとに明らかにしているように、帝国崩壊後の在外の居留民の引揚の事情に関する状況は、米軍管理地域とソ連軍管理地域とでは基本的に異なり、それに各地の事情も強く影響していたからだ。たとえば、治安が確保され、安定していた台湾や朝鮮南部(南朝鮮)では、現地への定着を望む人たちが少なくなかった。台湾では、敗戦に伴う不安はあっても、台湾総督府から中国国民党へとガバナンスは移り、その台湾接収にともなう混乱もそれほど大きくなく、約半数とも推定される人々が台湾に定着することを希望していたという。引揚後の日本国内における食糧難をはじめとする混乱を恐れたこと、台湾の生活になじんでいたこと、台湾人からの報復もほぼなかったからだ。

しかしながら、インフレ等に起因する社会不安もあり、国民党政権は大量の日本人がそのまま台湾に残留することを望まなかった。一部の技術者や官僚など台湾社会に有用な人々の短期的な「留用」はあっても、一般の民間人は総引揚げとなった[7]。もっとも、沖縄出身者に関しては、沖縄を「琉球」として日本から切り離して軍事占領下に置きたい米国と、尖閣諸島のみならず琉球諸島の領有権に対しても納得しておらず、日本内地と琉球を分離したい中華民国の思惑が合致し、「琉球人」への対応は切り離して遂行された。それは一九七二年の沖縄の本土復帰に至るまで、「琉球人」漁民の一部が「留用」というかたちで台湾に残留していたことに象徴される[8]。

また、南朝鮮でも、朝鮮人と日本人(いわゆる「在朝日本人」)の力関係はもちろん逆転しており、日本人は窮地に立たされていた。だが、南朝鮮のガバナンスは九月初めに朝鮮総督府から米進駐軍に移管されており、個別的状況における報復的暴力はあったとしても、全般的な治安は維持されており、生命の危険も少なく、財産と居留(在留)権とが懸案となっていった。総督府に代わって在朝日本人の利害を代表する組織として「内地人世話人会(後に日本人世話人会)」[9]が各都市に組織されたが、世話人会は在朝日本人の「生命財産・将来の地位・政治性の排除」を原則とし、「半島居留」を目指し、在留権をめぐって米進駐軍と交渉していった。[10]

現在から見ると意外なことだろうが、在朝日本人の少なくない人々が植民地期の特権的地位を棄ててでも定着を望んだ。なかには朝鮮に帰化してでも戦後の新朝鮮社会の一員として「現地定着」を希望する人もおり、「朝鮮語学習ブーム」まで起きていた。[11]当初、「日本人世話人会」とせずに「内地人世話人会」と称したのも、朝鮮社会への受け入れられやすさを狙ってのことであった。[12]とりわけ、植民地や勢力圏で産業化を推進し産業設備や資本を蓄積していた人々、中小企業主として会社や商店を経営していた人々、一九世紀から半世紀以上も居留し本土と縁が薄くなっていた人々にとって、会社や商店を残したまま、縁者も知己も少ない「祖国」へ帰還することは唯一の選択肢ではなかった。植民地生まれの二世や三世にとっては、引揚は生まれ育った「故郷」を離れることになりなおさらだった。

3　なぜ日本人は「総引揚」となったのか

では、朝鮮社会は、このような日本人の動きに対してどのように対応したのだろうか。解放直後の南朝鮮社会をリードした独立運動家・安在鴻の一九四五年八月一六日のラジオ演説では、在朝日本人の「生命財産を保障」する必要があることを説き、それは日本にいる朝鮮人の安全のためにも必要であると述べていた。[13]

しかし、日本にいる朝鮮人のおかれた劣悪な状況がわかるにつれ、また帰国してきた朝鮮人徴用労働者への賃金未払や事故等への補償といった問題が判明してくるにつれ、解放当初の規範的見解は変化していった。こうした問題への不満や責任追及が在朝の日本人に突きつけられたり、補償の肩代わりを求められたりした。いわば、日本からの朝鮮人の大量帰国が朝鮮と内地とで行われた「植民地主義の暴力」に対する告発の契機となり、それが眼前の日本人へと向かっていったのである。[14]それに加えて、満洲や日本から帰還した「戦災者」や、朝鮮北部から越南してきた「越南者」などの膨大な帰還的流動人口、さらには農村から都市に流入してきた人々の人口圧により、日本人の住宅跡地への需要等が強かったことも、現実的理由の一つとなった[15]。

その結果、在朝日本人たちは次第に圧迫されていき、戦後復興に必要な技術者等の「留用者」と、戦前に朝鮮人男性と結婚していた日本人女性(「在韓日本人妻」)等を除き、朝鮮への現地定着は難しくなっていった。

むろんこの背景には、植民地支配という屈辱を経験し、植民地解放による朝鮮民族の独立(脱植民地化)過程にあった朝鮮社会の強い単一民族国家化への執着があった。その結果、新国家建設にあたり、他民族を排除するという傾向性が強くなっていった。日本人だけでなく、歴史的に様々な関係が絡み合った中国人(華僑)に対しても排除しようとする圧力は強かった。朝鮮華僑は最盛期には一〇万人に達し成功者も少なくなかったが、戦後かれらの韓国籍取得はほとんど許されなかっただけでなく、ひどい差別によって没落に追いこまれ、七〇年代中盤には二万人に激減させられた。いわんや、直接的な植民地支配者であった日本人の現地定着など受け入れ難かった[16]。

他方、戦後の送還政策に絶対的な影響力を持っていた米国にとっても、すべての日本人の「追放」が既定の方針ではなかった。米国は、自由主義陣営のリーダーとして、多くの被害を出してきた民族移動の悲惨な過去の歴史を繰り返さないために、民族移動政策における安全な送還事業の遂行と、当事者の「自由意思」を尊重すべきという「人道主義」にのっとった民族移動政策を旨としていた。そのため、終戦直前まで、外地に居留するすべての日本人の「追放」を目指していたわけではなかった。戦争に伴い移住した短期滞在者と、一〇年をこえて長期的に現地に居留していた長期滞在者とを区別し、短期滞在者の場合は強制移動(「追放」)を基調としていた。その一方で、戦争による移動とは関係のない長期滞在者(この場合も植民地的入植者 colonial settlers ではあったが)[17]で「現地定着」を希望する者にはその「自由意思」を尊重し、「現地定着」という選択肢もありうるとする方針を準備していた[18]。だが、帰還事業を実施する段階で、トルーマン大統領によって日本人の「追放」が宣言され、かつ朝鮮社会において厳しくなる日本人への批判を受け、技術者等の短期間の「留用」は別として、米進駐軍も「総引揚」へと舵を切り、同年一二月に日本人の送還

(追放)が決定され、「総引揚」となったわけである[19]。

4　引揚、絡み合う多様な文脈——脱出か、追放か、救出か、解放か

現地定着を望む人々がいた一方で、敗戦によって生じるであろう「混乱」を予測し、生命・財産を守るため、連合国による送還事業を待たずしていち早く「闇船」を仕立て、敗戦前後に朝鮮や台湾や樺太から自力で「脱出」した人々もいた。同様に、強制的に動員され内地に連れてこられたいわゆる「移入朝鮮人」の多くは、終戦直後から内地工事現場等から自力での帰還(「自力渡航」)を始め、日本およびGHQ／SCAPの送還政策による帰還も含めると、一九四五年内にじつに一四〇万人をこえる人々が帰国した[20]。これらの帰還は、植民地支配から解放され、動員現場からの「脱出」であり、「解放としての帰還」と表現できよう。

他方で、一九四五年八月九日のソ連軍侵攻後に無政府状態に陥った満洲では、とりわけソ満国境線沿いの開拓地に入植していた農業移民(いわゆる開拓民)たちは、まさに生きるか死ぬかという「死と生が隣り合わせ」の日々に喘いでいた。ソ連軍は、満洲を占領下におくと、様々な「戦利品」の奪取やシベリア開発のための労働力(シベリア抑留者)の大量確保を優先し、日本人の保護は二の次であった。その結果、満洲国崩壊後は長く無政府状態に陥り、ソ連兵をはじめ、現地の武装集団、満洲国期に開拓地創設に伴い追われた現地の人々からの略奪や暴行に晒された[21]。なかには集団自決に追いこまれたり、女性の「供出」を強いられたりと、凄惨な被害を受けた。多くの開拓団は、県公署・政府機関からの避難命令もあり、一歩でも祖国日本に近づくため、主要都市への「逃避行」(窮地からの「脱出」)を決行した。開拓地にいた約二二万人の団関係者は、「引揚」までの約一年間でおよそ三五％(約七万九〇〇〇人)もが亡くなるという犠牲を払わされた。逃避行の過程で、物も体も奪われたり、己が生きるがために友人も裏切ったり、我が子をも手にかけたり売ったりと、「極限を生きた」。在満日本人のなかで生き残った人たちは植民地での敗戦という絶体絶命の

状況からの「脱出」[22]と、当局による「救出」を渇望していた。

この満洲引揚の悲惨さは、意図せずして、引揚が帝国崩壊後の旧植民地からの日本民族の「追放」という本来の文脈を後景化し、敗戦後の外地で絶体絶命の窮地にあった在外日本人たちの「脱出」や「救出」という文脈を前景化しがちとなり、それが日本における引揚イメージを規定してきた[23]。

帰還的民族移動は、どの民族の、どこからの引揚かによって、「脱出」、「追放」、「救出」、そして「解放」という四つの側面のいずれかが前景化されることになる。もちろん、言うまでもなく、すべての帰還的民族移動には、その四つの側面が多かれ少なかれ含まれていた。なお、本章では、植民地支配者であった日本人の引揚は、基本的には「追放」された強制的民族移動と理解する。他方で、朝鮮人や台湾人などの旧植民地出身者で、植民地支配から解放されるべきと目された人たちの帰還的民族移動は、植民地支配からの「脱出」であり「救出」であるとともに、「解放」の側面が強かったことを確認しておきたい[24]。ただ、周知のように、朝鮮人も台湾人も解放民族であると同時に敵国人と見なされたり、以下に見るように、植民地支配の被害者であるとともに、その協力者 collaborator と見なされたりする場面もあり、個々の地域の状況や個々人の立場性等々によっても異なっており、単純に民族カテゴリーによって説明できるものではない。

三　戦後民族移動政策の系譜と現実

1　民族マイノリティ問題の系譜と民族の〈追放と保護〉

従来、戦後東アジアにおける民族送還事業、とくに日本人の植民地からの「追放」(引揚)は、米国による独特な東アジアでの戦後政策と見なされてきた。だが、ローリー・ワットが明らかにしたように、それは第二次世界大戦後の連合国による「戦後処理」として世界的に行われた政策の一環であった㉕。すなわち、ヨーロッパ戦線でのドイツの敗戦によって、その支配から解放された東中欧の各地域再編のリスク要因や新秩序形成の支障になりうる在外ドイツ人の「追放」が行われ、一二〇〇万人とも言われる人々が東中欧から東西ドイツに「追放」されていった。このドイツ人の「追放」を政策モデルとして、日本の植民地支配から解放された東アジア各地域での新秩序形成時の安定のため、日本人の送還事業（追放）が策定されたのであった㉖。

そもそも、第二次世界大戦後のドイツ人や日本人への民族強制移動政策は、多民族から成っていたハプスブルク帝国やオスマン帝国といった古い帝国から近代的な国民国家へと移行する一九世紀末以降の近代ヨーロッパという国際政治のなかで、経験的に蓄積されてきた民族的マイノリティ問題の系譜にあった。ヨーロッパ近代の国民国家化のなかで戦争や紛争によって生じた民族的マイノリティへの迫害（民族浄化／ジェノサイド）㉗を避けるために、民族マイノリティの権利を保護する人道主義が第一次世界大戦後の国際社会の主流となっていた㉘。おりしも、第一次世界大戦後の戦後処理を発端とするギリシャ・トルコ戦争（一九一九—二二年）後の双方の地における民族マイノリティ（ギリシャのムスリムとトルコのギリシャ人）の「住民交換」が、国際的な監視のもと、被害を最小に抑えて実施された。これは、従来の戦争や紛争後の民族紛争で生じやすかった民族虐殺や暴力的な追放というジェノサイドとは大きく異なり、大戦後の国際協調主義や人道主義の見地に即した模範的事例として高く評価され、繰り返しその後の政策の参照点となった㉙。

しかしながら、ナチ・ドイツによるチェコスロバキアのズデーテン地方併合に象徴されるような、一九三〇年代半ば以降の「民族自決権」を逆手に取った東中欧におけるドイツ系住民と連携したナチ・ドイツによる勢力の膨張がその流れを変えた。このようなドイツの一連の動きを容認した「ミュンヘン会談」（一九三八年）は、後に「ミュンヘンの反省」と言われるように、その後のヨーロッパ社会に深い悔いと反省をもたらした。そしてそれ以降は、東中欧のドイツ系住民のような戦争に伴う移住者や帝国勢力圏の拡大に協力した（現住地の国家を裏切った）民族マイノリティ（いわゆる「第五列」[30]に対しては追放政策をとるべき、というヨーロッパ社会の世論が形成されていった。

そしてそれが、在外ドイツ人の「追放」政策という戦後連合国による民族政策に反映され、東アジアにおける日本人の追放政策（日本はこれを「引揚」と称したが[31]）へと連関したのである。ただ、この場合も、ドイツ人の「追放」政策を単純に反映させただけでなく、その民族政策の実施にはそれぞれの事情があった。たとえば、先述したように米国側も朝鮮社会も当初から日本人の完全追放を目指していたのではなく、終戦後の状況から最終的に「総引揚」が選択されていった。この動きの背景には、多民族で構成された帝国崩壊後の各地での民族国家建設への動き、民族マイノリティの存在を極力なくすか同化させるかという新しい国際規範が反映されていた（本書第6章参照）。

2　民族保護の系譜と「中国朝鮮族の形成」

他方で、この民族追放政策の対極にある民族保護政策も東アジアで模索されていた。中国東北（旧満洲）には延辺を中心に二一五万人をこえる朝鮮人が居留していたが、このいわゆる「在満朝鮮人」（以下括弧を省く）に対しては二つの対立する民族政策がぶつかり合っていた。当時中国を代表していた国民党は、在満朝鮮人を日本人の協力者（いわゆる「二鬼子」[32]）として追放（送還）する方針をとっていた。住民からも「二鬼子」として迫害され、大きな被害を被っていた朝鮮人は、安全を求めて約一〇〇万人もが陸続きの故郷に自力で「脱出」（帰国）していた[33]。

その一方で、日本の植民地的侵略への独立運動や抗日闘争において朝鮮人と共闘した経験を有する中国共産党は、早くから朝鮮人の現地定着方針を構想していた。朝鮮における独立運動や反満抗日運動から日中戦争における中朝による抗日統一戦線の経験や、何よりも一九四六年から再開された国共内戦における延辺地区の戦略上の利点や、その周辺からの兵力確保の見地から、朝鮮人は必要勢力と判断された。その後、共産党の勢力圏となった東北地域では、朝鮮人も土地分配の対象となり、その定住権が認められていった。一九四九年の中華人民共和国成立後には、朝鮮との二重国籍が容認されたうえで市民権も付与され、公定少数民族として、一九五二年には延辺朝鮮人自治区（後に州）が設立されるという保護政策がとられた。ここに、いわゆる「中国朝鮮族」が構築されたわけである。[34]

この政策は、革命後のソ連が掲げた二大政策として社会主義的な階級政策とともに実施された少数民族政策に系譜をたどれる。社会主義革命は、「階級闘争とともに民族解放」が目指されていた。東中欧以上に多くの民族が住むロシアでは、階級支配とともにロシア民族を中心とする民族問題が内包されていたからだ。その問題を解決するため、ソ連という国家の統合を脅かさない限りにおいて、少数民族の保護や民族自決権が認められていた。他方で、国民国家の統合を乱したり、「第五列」になりうると想定されたりした場合は、たとえば第二次世界大戦時のドイツとの関連ではヴォルガ・ドイツ人を、日本との関連では極東沿海州に居住する朝鮮人を追放（強制移住）するという二つの対策が使いわけられていた。[35] この少数民族（民族マイノリティ）の〈追放と保護〉という二つの理念と対策は、ソ連共産党から中国共産党に継承され、先に述べたような理由から中国共産党は中国東北に居留する朝鮮人を少数民族と認め、保護政策をとったのである。[36]

この中国朝鮮族の現地定着という事例は、三つの文脈から重要であった。まず、国民党が在満朝鮮人に対して送還（追放）政策をとりながらも、共産党は少数民族として保護政策をとったという中国国内で二つの対立する政策がとられた点である。これは、在満朝鮮人の危うい存在を象徴している。前者は日本帝国の一翼としての朝鮮人の立場性を、後者は日本帝国の支配に抵抗する同志としてのその立場性を反映していた。国共内戦での決着によって共産党の保護政策が残り、「中国朝鮮族の構築」となったわけである。また、米国の民族政策によって在外日本人が追放されたのと対照的であり、戦後東アジアにおける民族政策は追放政策のみでなく保護政策とが同時に施行されたという点だ。そして、本書第6章の崔論文が詳述しているように、「内地」の朝鮮人が送還事業によって朝鮮半島に追放的送還の対象となり、残留した人々には外国人登録が課され、しまいには国籍が剝奪されるという抑圧的な政策に苦しめられながらも、結果として日本に「残留」したのと対照的であった点だ。この二つの対照的事例は、多民族帝国の伝統があり、社会主義的民族政策をもとに多民族による国民国家建設に挑む中華人民共和国のありようと、多民族帝国から「単一民族」による民族国家へと「折りたたまれる」戦後日本のありようとを象徴的に示している。

3　〈保護と追放〉のはざまで――在日朝鮮人の場合

日本の占領政策を統括したＧＨＱ／ＳＣＡＰは、当初から日本に滞在する朝鮮人を「解放民族」とともに「敵国人（帝国臣民）」ともみなすという矛盾を内包していた。当初、ＧＨＱ／ＳＣＡＰの方針は朝鮮人の送還には本人の「自由意思」を尊重し、定住性の高い長期滞在者には現地定着を認め、国籍選択権や市民権も保護するというものだった。同様に、日本政府もすべての朝鮮人の送還を目指していたわけではなかった。敗戦直後には、戦後復興を支える労働力確保のために朝鮮人労働者の残留が期待されており、とりわけその基盤となる炭鉱での労働力として不可欠とされていた㊲。そこで、「移入朝鮮人」の帰国希望者は送還し、定住性の高い「一般既往朝鮮人」の残留希望者には現地定着をすすめ、国籍選択権を与える可能性も検討されていた㊳。

一九四五年一二月の「帰還朝鮮人輸送計画概要」では、政府は朝鮮人の半数が帰国し半数が残留すると予想していたが、予想に反し「移入朝鮮人」を中心に約一四〇万人もが早々に帰還（帰国）した。朝鮮人の民族組織（在日本朝鮮人連盟いわゆる朝連）も、植民地からの解放を祝い、祖国の建国に参画するために帰国するのを当然とし、帰還を推進した。帰還事業が本格化するまでの朝鮮人のいわば「自力渡航期」において、朝連は当局（日本政府）に代わって帰還に関する事務作業を代行し、その自力帰還の主体ともいえる役割を果たした。大量の人々がいち早く帰国した後に残された一般の朝鮮人（推計約六〇万）も、翌年三月の帰還希望登録調査では七九％が帰国を希望した。だが、帰国の際の資産の持ち出し制限や、ガバナンスをめぐる朝鮮社会の混乱、帰国後の子どもたちの不適応、一九四七年以降の南北分断の動きや翌年の済州四・三事件に象徴される白色テロ、そしてそれらの混乱した状況を知らせる早期帰国者からの情報や噂がひろがり、すでに日本で根を張っていた長期滞在者たちに、祖国への帰国を躊躇させた。

４　在日朝鮮人の〈未完の引揚〉——北朝鮮帰国事業

南朝鮮（韓国）での政情不安がある一方で、日本国内での解放民族としての朝鮮人の活動が日本政府だけでなくＧＨＱ／ＳＣＡＰにも、次第に「治安を乱す」行為と捉えられ始めていった。敗戦後の混乱と窮乏に苦しみながらも朝鮮人への植民地主義的な優越意識が抜けきれない日本社会と、解放民族として「超法規的」に活動する在日の朝鮮人社会は、折に触れてぶつかりあった。なかでも、解放民族として民族自決権を盾に民族教育権を主張する朝鮮人社会に対して「朝鮮人学校閉鎖令」を出したことで、朝鮮人社会は強く反発し、大きな騒乱となった。その代表例である阪神教育事件（一九四八年四月）では、戦後初めて非常事態宣言が布告される事態となった。

一九四七年の二・一ゼネストと翌四八年の阪神教育事件は、民主化や労働運動を奨励していたＧＨＱ／ＳＣＡＰの占領政策を大きく転換させた。二・一ゼネストはＧＨＱ／ＳＣＡＰの期待した民主化をはるかに超えた労働運動の拡がりと日本共産党の影響力の強さを示していた。また、翌年の阪神教育事件は民族自決権を背景とする民族教育への闘争であり、朝鮮人共産主義者や日本共産党の影響力の拡がりを示していた。これらの動きに対して、ＧＨＱ／ＳＣＡＰは中止命令によってゼネストを阻止し、阪神教育事件での激化する争議では戦後初めての非常事態宣言を発した。

朝鮮半島でのガバナンスをめぐる共産主義勢力対保守主義勢力の対立激化、中国本土における国共内戦での共産党の優勢という周辺情勢から、東アジアにおける共産主義勢力拡大への不安と日本国内におけるその動きへの連携と影響力増大阻止のため、米国本土もＧＨＱ／ＳＣＡＰも「過度な民主化」を阻止する方針へと転換していった。いわゆる占領政策（対アジア戦略）の民主化政策から「反共」政策への転換であった。戦後東欧における急速な共産化の二の舞となりかねない、東アジアにおける共産化への不安は、GHQ／SCAPと日本政府の関係を強めていった。GHQ／SCAPにとって朝鮮人の「民族マイノリティとしての権利」を認め、保護的な対応をとるという選択肢が、次第に後退していった。

朝鮮半島では一九四八年八月、九月に南北別々の政権が樹立され、冷戦が現実味を帯びていく。翌一九四九年、吉田茂首相は限りなく「追放」に近い朝鮮人全員送還計画をGHQ／SCAPに申し出るが、[39] GHQ／SCAPは人道主義と、韓国での共産主義勢力の増大を嫌い、それを認めなかった。かといって残留する朝鮮人の人権は尊重・保障されず、むしろ戦前には日本在住の朝鮮人に認められていた選挙権が敗戦後に停止されただけでなく、新たに施行された四七年の外国人登録令によって外国人として管理され、五二年の講和条約発効にともなって国籍は剝奪され、「無権利の外国人」へと追い込まれた。[40]

本国に帰るに帰れない避難民的状況にありながら、日本国内では追放的な状況に追い込まれていったわけである。その折に始まった朝鮮戦争は朝鮮半島の南北両国家にも民衆にも甚大なダメージをもたらした。そして、南北分断の固定化、在日朝鮮人の多くの出身地である韓国の窮乏と反共化は、在日朝鮮人社会にも大きなインパクトをもたらした。皮肉なことに、朝鮮戦争を契機(踏み台)として日本社会は戦後復興、高度成長に邁進し多くの日本人が貧困から脱していくが、在日朝鮮人はその繁栄の分け前から排除されていた。

このような朝鮮人社会の五〇年代の苦境／閉塞感を切り拓こうとする選択肢のひとつとなったのが、一九五九年から始まる北朝鮮帰国事業であった。朝鮮戦争休戦翌年の一九五四年、北朝鮮政府は「在日朝鮮人は北朝鮮の海外公民」とし、北朝鮮への帰還を呼びかけた。それに呼応して翌五五年に在日朝鮮人総連合会(朝鮮総連)が結成され、その主要プロジェクトとして帰国事業が掲げられた。抑圧され苦境にある在日朝鮮人にとって、祖国(北朝鮮)の社会主義建設への参画という希望は若者たちをとらえ、[41] じつに当時の在日朝鮮人の一五%にも及ぶ九万人もが帰還していった。朝鮮戦争後の北朝鮮における労働力不足、朝鮮総連の祖国建設への参画という方針、日本政府の「完全なる追放」への願望、その抑圧に苦しむ在日朝鮮人青年の希望が相まって実現したわけである。[42] しかし、北朝鮮への帰国は在日朝鮮人の祖国をめぐる帰還を完了させたわけではなかった。それは、新たな離散家族を生み出しただけでなく、いまも北朝鮮からの「脱出」(「脱北」)は続いており、かれらの祖国をめぐる〈帰還は未完〉のままと言えよう。

四　民族国家の再建と帰還者、そして〈未完の引揚〉

1　民族国家への再編、帰還者・残留者と戦後社会の接続

戦後東アジアにおける民族送還の根底には、戦後の民族国家の構築や再編があった。ここで要約すると、帝国崩壊後の東アジア社会の再編は、①「国境線」の引き直しとガバナンスをめぐる争いや綱引きがその中核にあった。そして、同時に②当該民族の〈追放と保護〉という両極にある民族政策を同時にもたらし、それはとりもなおさず③「国民の再定義」が行われたことを意味する。多民族を構成員とした「大日本帝国」が崩壊し、それぞれの民族を中核とする民族国家へと再編される過程で、予定される新国家の国民と認められず「追放」された場合、国民として包摂され「現地定着」が許された場合があった。そして、それら二つの経緯とは異なるが、在日朝鮮人をはじめ、中国残留日本人、サハリン残留朝鮮人、サハリン残留日本人のような様々な経緯から旧来の居住地に「残留」した場合があった。しかも、この「残留」の経緯は、上記二つの民族政策と比較してもさらに複雑で、保護に近い「残留」から、国内追放に近いものまで幅があった。[43]

2　台湾人の帰還、その〈回帰と離散〉[44]

　では、ここで、従来の引揚研究では取り上げられることの少なかった、台湾人の帰還における複雑な文脈を見てみよう。そもそも、戦前期の内地と満洲への台湾人の移動は、労働移民としての移動よりも、植民地支配下の台湾における「ガラスの天井」を乗り越えるため機会を求めて行われたのが特徴的であった。在満の台湾人は三〇〇〇人ほどとその数は少なかったが、大半は高等教育機関を卒業し、満洲国の植民地官僚や大企業の専門職や医療従事者となっていた。とりわけ、満洲医科大学への進学者が目立っていた。ちなみに、朝鮮の京城帝国大学や台湾の台北帝国大学などの名門の帝国大学への進学でも、日本人が優先されていた。京城帝国大学入学者は日本人六割で朝鮮人四割、台北帝国大学は日本人七割で台湾人三割の割合で、内地人の人口比率が朝鮮では〇・〇三%、台湾では〇・〇八%という数字を考えると、圧倒的に内地人が有利であった。そのため、朝鮮人や台湾人にとって、日本内地や満洲国の方がよりチャンスに富むフロンティアだと考えられていた。とりわけ「五族協和」をうたい、初代外交部総長（外務大臣）が台湾人の謝介石ということが、チャンスを求めていた若くて野心のある台湾人の関心を満洲国に向かわせた。いわば「満洲ドリーム」とも言える状況を生んだという[45]。「五族協和」を理想としてうたう満洲国にとっても、台湾人は日本人とも中国人とも言える「便利な存在」であり、言語的文化的にも植民地支配においても中国人と日本人を媒介できる存在として、その役割が期待されていた。

　満洲国における台湾人の位置づけは、その基本的な存在にくわえ、各個人の活動によって左右されるデリケートなものであり、帝国崩壊後もその存在は危うかった。たとえば、満洲国の銀幕のスターであった日本人の李香蘭（山口淑子）が、中国人でありながら日本帝国に協力した「漢奸[46]」と見なされ危うく処刑されそうになったのを免れたように、台湾出身の中国人でありながら「偽満洲国」の協力者（＝コラボレーター）であったと見なされると、「漢奸」として極刑になりかねなかった。在満台湾人の帰還（あるいは「脱出」）は一歩間違えば「漢奸」と見なされかねない危険と背中合わせのものであった。そのため、台湾人のなかには「日本人として」内地への引揚を希望するものも一部いたが、その中心は「台湾人同郷会」を組織し、中国東北社会と交渉し、同郷会で支えあって生き延びた。台湾人は中国人として現地定着も可能だったが、満洲国を舞台として生きてきた行政官僚や専門職の人が多く、崩壊後の混乱のなかにある現地で生活を維持することは難しく、ほとんどが台湾への帰還を選択した。

台湾人同郷会は、その帰還に関して台湾の接収主体(国民党台湾省行政長官)が消極的なので、The United Nations Relief and Rehabilitation Administration(国際救済復興機関、UNRRA)という戦争に伴う難民や避難民の移動に関する国際機関と交渉し、集団での台湾への帰還を実現させた。台湾人の引揚を実質的に支えたのは、UNRRAと中国東北(旧満洲)の接収主体である中華民国政府とが設立した「善後救済総署」、そして現地の中国人有力者の様々な個人的な支援であった。こうした支えを得て、一九四六年春から順次台湾に帰還していった[47]。

3　満洲引揚者の戦後台湾社会への接合

帰還までの台湾人は生活を支えるのが一苦労であったが、日本人ほど苦しまなかった。ただ、その本当の苦しみは台湾への帰還後に始まった。「偽満」での学歴や行政経験はそのまま認められたわけではなく、その経歴や学歴がほぼそのまま認められた日本内地とは大きく異なった。ただ、本来優秀な若手が主であったためか、台湾での学歴や資格を再取得したり、紆余曲折を経て苦労したりしながらも、結局は多くが活躍の場を得ていった。

東北(満洲)からの帰還者たちの戦後台湾における接続には、いくつかのコースがあった。その中心は、意外なことに、(a)満洲での経歴を生かしたいわば「引揚エリート」とも言える行政官僚や医療従事者や大学教授などの専門職として活躍した人たちである。もうひとつは、(b)一九四七年の二・二八事件[48]やその後の白色テロで粛清されたり、粛清の対象になったりした人たちであり、最後は(c)その粛清を逃れたり、国民党政府の統治や長期の戒厳令に違和感を覚えて、日本や、アメリカ、カナダへ再移動していった人たちである。

野入直美は、台湾からの引揚者が戦後沖縄社会で台湾経験を生かし琉球政府の中枢で活躍していったことに着目し、「引揚エリート」という概念に象徴させ、川平朝申の事例からそれを刺激的に描きだした。(49) 許雪姫も、この概念を使ってはいないが、(a)の人たち、とりわけ台北市行政職では一時期「東北グループ」が大きな影響力を持ったことなど、東北(満洲)帰還者の戦後台湾社会での「復活」を、豊富なオーラルヒストリーから詳細に描き出している。(50) 他方で、戦後の国民党政権にイデオロギー的に適応できなかった人たちは、二・二八事件やその後の白色テロで粛清された人たちとその関係者であり、台湾社会ではかれらの満洲体験は隠され続けた。また、その難を逃れて日本へと移り住んだ人もおり、在満台湾人という経験は、戦前から戦後の日本帝国の矛盾が圧縮されたものだったと言えよう。

なお、内地へ進学していた台湾人エリートたちの戦後は、内地に残留した人たちもいたが、多くが台湾に帰還した。その内地から帰還した台湾人エリートたちも多くは活躍するが、一部は共産主義に共鳴して北京に渡ったり、台湾で国民党政権の弾圧に倒れたりしたことは楊威理『ある台湾知識人の悲劇』(一九九三年)に詳しい。

植民地解放後の台湾の在り方をめぐり、朝鮮人エリートたち同様に、若き台湾人エリートたちにとっても共産主義が強い影響を与えていたのであった。そして、それは在日華僑社会の左傾化においても同様であったことは本書の陳來幸のコラムに詳しい。このような東アジア社会、とりわけエリートたちの左傾化の連関と、それに対抗する米国を中心とする韓国、台湾、そして日本の「反共の連関」が生じたことは、戦後東アジアにとって大きな特徴となった。

結びにかえて

敗戦と脱植民地化の文脈で生じた民族送還事業、いわゆる引揚は日本社会にとって大きな出来事であった。韓国での帰還者は兵隊も民間人も戦争の被害によって生じたとしてより直接的に「戦災者」と表象されたが[51]、日本では、帰還した兵隊は復員者、民間人は引揚者、大空襲などの被害を受けた人々を戦災者として区別された。李淵植は、韓国社会にとっては、解放＝脱植民地化の文脈で生じた出来事よりも、〈冷戦と分断〉の文脈で生じた出来事の方がより重要であったという。この指摘は、日韓比較において明確に自覚すべき重要な点であろう。同様に、台湾社会にとっても、東北（満洲）や内地からの帰還よりも、国民党／外省人の来住とその四〇年に及ぶ統治の方がより重要であった。

しかしながら、戦後東アジアにおける送還事業にもとづく民族移動やそれに伴った人の移動には、それがそれぞれの国家／地域における戦前社会から戦後社会への変化を象徴的に表すだけでなく、新たに始まる冷戦を媒介にして、相互に強く連関していたという重要性がある。崔徳孝が指摘するように、朝鮮半島からの在朝日本人の引揚と、日本からの在日朝鮮人の帰還は相互規定的であった[52]。加えて、共産主義をめぐるポジショナリティが、韓国への帰還者、台湾への帰還者、日本への帰還者とホスト社会との関係性やそれぞれの状況を強く規定したという意味で、強く連関していた。

韓国での帰還者の日本における賃金未払い問題などへの申し立ては植民地収奪論の強い論拠となった。それに対して、日本での朝鮮からの引揚者を中心とする団体による「在外財産補償問題」への申し立て／運動は植民地近代化論の根拠の一端となったことで、双方の植民地をめぐる立場形成に少なからず影響を与えた。もちろん、朝鮮引揚者が在日朝鮮人の権利獲得運動に寄与するなど、相互の関係は日韓のナショナリスティックな反応が利害の対立を助長するだけではなく、相互理解や、協力関係もあり、そう単純でなかったことは言うまでもないが。

最後に、〈未完の引揚〉、繰り返される〈回帰と離散〉について確認しよう。帝国崩壊後の東アジアでの混乱と戦乱のなかで、送還事業に付随した様々な人の移動も生じた。日本の敗戦前後から戦後冷戦体制が構築されるまでの約一〇年間には、送還事業にもとづく民族移動を中心としながらも、それに先立つ人の移動や、送還事業に付随した人の移動や、その後の白色テロや戦争や社会不安や抑圧排除に伴う移動など、多様な人の移動があった。たとえば、本来樺太の先住民であった樺太アイヌの日本人化にともなう北海道への「引揚」である。また、在満台湾人や在日台湾人のなかには戦後の台湾への帰還後も、一九四七年の台湾での二・二八事件に伴い日本に再移動した人や、新中国建設のために中国に移動した人もいたし、そこから再移動した人たちもいた。[53] さらには、一九四八年の南朝鮮での済州四・三事件や一九五〇年から始まる朝鮮戦争に伴って、韓国とりわけ済州島に日本から帰還していた人々の一部が日本へ「脱出／避難」のために再渡航したり、新たに渡航したり(これらは当局によっていわゆる「密航」と呼ばれた)するなどの移動があった。そして、先に述べたように、戦後民族送還事業の際に残留したいわゆる中国残留日本人、サハリン残留日本人やサハリン残留朝鮮人の「祖国」への「遅れてきた帰国」と、その家族の帰還と、再帰還も見られた。

二〇世紀の「大日本帝国」の膨張と崩壊、戦後東アジア再編は〈回帰と離散〉を繰り返しもたらし、現在にまで続く〈未完の引揚〉とも言える現象を生みだしている。本章を終わるにあたって残された課題の一つは、〈未完の引揚〉という視角から再構成された引揚研究、残留研究であろう。今後に期したい。

(1)　従来、引揚研究では日本人が勢力圏から内地に帰還してきた第二次世界大戦後の事例を「引揚」の初めての事例と理解されがちであった。だが、井竿富雄がすでに明らかにしたように、日露戦争勃発に伴う極東や満洲や朝鮮北部からの民間人の帰還(引揚)と、シベリア出兵の際に極東に移住していた人々が日本軍の撤退に伴い、日本軍占領地域から内地に帰還してきたいわゆる「シベリア引揚」が先行する事例であった。一九二二年には、国会でその救済をめぐる法案が審議されており、その際に「引揚」や「残留」は公式用語として使用されていた(井竿富雄「ロシア革命・シベリア出兵被害者への「救恤」、一九二三年」『山口県立大学国際文化学部紀要』第一三号)。なお、「シベリア引揚」がシベリア撤兵という状況に強いられながらも「主体的に選択」された帰還だったのに対し、第二次世界大戦後の「引揚」は、戦勝国による戦後政策としての強制的な民族移動政策にもとづくものであり、「引揚」というよりは「追放」のほうがより適切な表現であったと言えよう(蘭信三・川喜田敦子・松浦雄介編『引揚・追放・残留——戦後国際民族移動の比較研究』名古屋大学出版会、二〇一九年)。

(2) 戦後東アジアにおける民族移動という経験は、民族、地域、階層、そしてジェンダーやその年齢層によって大きく異なる(坪田＝中西美貴「沖縄への引揚者による戦後沖縄社会への接続――台湾での公務経験者とその子女を中心に」『移民研究』第九号)。その違いを意識して、東アジア全地域におけるその相異を描きだすことが欠かせない課題だが、紙面の制限上ここでは十分展開できなかった。今後の課題としたい。たとえば、日本への引揚者の場合、教師や公務員や外郭団体職員などは内地の同様の職場に復帰することが多かった。また、本社が内地にある大企業の会社員はその系列会社に復帰した。それに対し、中小企業経営者や開拓農民たちは復帰する場がなく、母村に寄留したり、戦後開拓地や炭鉱で生活再編したり、(失業や)日雇いや闇市等々で生活再編を図ったりと、厳しかった。それに引揚過程で保護者をなくした引揚孤児や、性暴力をはじめ辛酸をなめつくした女性たちは戦後社会で厳しい現実が待っていた(本書コラム②の山本めゆ「引揚者の性暴力被害――集合的記憶の間隙から届いた声」を参照)。さらには、戦後沖縄における「引揚エリート」とも称された台湾からの引揚者が米軍政下で重要な役割を果たしたケース(野入直美「「引揚エリート」とは誰か――沖縄台湾引揚者の事例から」前掲『引揚・追放・残留』)や、その反面、戦後の沖縄での生活苦から再び海外移住を模索して南米に移住していったケースもあった(蘭信三「戦後日本をめぐる人の移動の特質――沖縄と本土の比較から」安田常雄編『シリーズ戦後日本社会の歴史4 社会の境界を生きる人々』岩波書店、二〇一三年)。それに、日韓交渉における朝鮮引揚者(朝鮮縁故者)の果たした役割(朴敬珉『朝鮮引揚げと日韓国交正常化交渉への道』慶應義塾大学出版会、二〇一八年)は、戦後社会における引揚者の果たしたもっとも注目すべきものの一つと言えよう。このように、日本のケースだけを見ても、その戦後社会への接続の仕方は多様だった。

(3) 蘭信三編『日本帝国をめぐる人口移動の国際社会学』不二出版、二〇〇八年。

(4) 宮本正明「在日朝鮮人の帰国――一九四五～四六年を中心として」今泉裕美子・柳沢遊・木村健二編『日本帝国崩壊期「引揚げ」の比較研究――国際関係と地域の視点から』日本経済評論社、二〇一六年。

(5) なお、本章では歴史的用語として「大日本帝国」、「満洲」、「南朝鮮」、「樺太」、「南洋」、「外地」、「内地」、「在満朝鮮人」、「在朝日本人」等を用いる。以下、「大日本帝国」を除き、原則として括弧を省く。

(6) 戦後引揚(追放)について、矢内原が第一次世界大戦以降の民族マイノリティ規範の後退だと批判しているが、本論で論じるように、必ずしも追放ありきではなかった(矢内原忠雄「民族の価値と平和の価値」『矢内原忠雄全集　第二〇巻』岩波書店、一九六四年)。

(7) 加藤聖文『「大日本帝国」崩壊――東アジアの一九四五年』中公新書、二〇〇九年。

(8) 台湾への「琉球人」の残留だけでなく、戦後の中華民国の琉球への労働者の派遣政策に関しては、八尾祥平「戦後における台湾から「琉球」への技術導入事業について」蘭信三編『帝国以後の人の移動――ポストコロニアリズムとグローバリズムの交錯点』(勉誠出版、二〇一三年)に詳しい。

(9) この内地人世話会は、引揚後には朝鮮からの引揚者支援の団体として「朝鮮引揚同胞世話会」にその活動を引き継いだ。そして、そのなかの一部は朝鮮縁故者として、朝鮮に残してきた在外資産の補償問題に取り組むことになった(前掲『朝鮮引揚げと日韓国交正常化交渉への道』)。

(10) 前掲『朝鮮引揚げと日韓国交正常化交渉への道』。
(11) 李炯喆「朝鮮における終戦と引揚げ」『長崎県立大学国際社会学部研究紀要』第二号、二〇一七年。
(12) 前掲『「大日本帝国」崩壊』。
(13) 崔徳孝「帝国後の人の移動と旧宗主国・植民地間の相互作用――日本とヨーロッパの事例の比較から」前掲『引揚・追放・残留』。
(14) 同前。
(15) 李淵植「韓国における戦後人口移動と引揚者の初期定着」前掲『引揚・追放・残留』。
(16) 文京洙「〈在日〉、〝国民〟の狭間を生きて」『立命館言語文化研究』第二〇巻第三号、二〇〇九年。
(17) 植民地的入植者 colonial settler は、典型的には帝国植民地へ入植した宗主国の人々をさす。しかし、たとえばハワイの先住民にとっては、米本土からやってきたヨーロッパ系の人々のみでなく、日本人／日系人もまた植民地的入植者として見なされていた。満洲における朝鮮人や台湾人への中国人のまなざしの複雑さを見るときに、settler colonialism の深い意味が理解されよう。
(18) 川喜田敦子「第二次世界大戦の人口移動――連合国の構想にみるヨーロッパとアジアの連関」前掲『引揚・追放・残留』。
(19) 前掲「朝鮮における終戦と引揚げ」。
(20) 前掲「韓国における朝鮮人帰還研究」。
(21) 蘭信三『「満州移民」の歴史社会学』行路社、一九九四年。
(22) 満洲や北朝鮮からの「脱出」に関する手記などは、藤原てい『流れる星は生きている』(一九四九年)以外にも多数ある。たとえば、満洲関係では「満洲叢書　祖国への道」シリーズの森文子『脱出行』(国書刊行会、一九八三年)等に、北朝鮮関係では高杉志緒監修『あれから七十年　博多港引揚を考える』(図書出版のぶ工房、二〇一七年)等に、脱出行への体験記が多く含まれている。
(23) 辛酸を極めた満洲「引揚」は、戦後日本社会における「引揚」の主要イメージとなった。それは、凄惨な引揚体験をリアルに描き広汎に流布した藤原てい(前掲『流れる星は生きている』)の影響を受けただけではない。それは、戦時下の動員、植民地での敗戦後に繰り広げられた様々な戦争被害と悲劇、そして「引揚」といった帝国日本の帝国主義や無謀な戦争に巻き込まれた庶民の被害体験をもっとも集約的、象徴的に表すものだった。入植歴の浅く、国境沿いの開拓団を中心に、集団自決や女性の「供出」、おびただしい性暴力被害、そして残留した一万人をはるかに超える女性や子どもたち等といった悲劇が生じた出来事だった。そして、それが敗戦後の日本社会における悲惨な社会状況、被害性を象徴するものとして受容されていったのは、植民地や戦争への加害、アジアへの加害を相殺するような働きがあったことも否定できない。川喜田は、ドイツにおける「追放」が、ナチ時代のドイツの加害を相殺するかのような語られ方があったことを指摘しているが(前掲「第二次世界大戦の人口移動」)、これは日本においても同様であったと言えよう。

(24) 前掲『引揚・追放・残留』。
(25) Watt, Lori, 2017, "The 'Disposition of Japanese Civilians': American Wartime Planning for the Colonial Japanese," *Diplomatic History*, Vol. 41, No. 2.
(26) 前掲「第二次世界大戦の人口移動」。
(27) 民族浄化とジェノサイドは同義で使われる場合もあるが、ナイマークによれば、民族浄化は民族や宗教的なマイノリティの追放・排除を指し、ジェノサイドは集団虐殺などによってマイノリティを意図的に絶滅させることであるとしている(ノーマン・M・ナイマーク／山本明代訳『民族浄化のヨーロッパ史——憎しみの連鎖の二〇世紀』刀水書房、二〇〇一＝二〇一四年)。
(28) 吉川元「戦争と民族強制移動——国際平和の処方としての民族移動の歴史」前掲『引揚・追放・残留』。
(29) 同前。
(30) 第五列とは、対敵協力者やスパイのことを指す(前掲「戦争と民族強制移動」)。
(31) このような「強いられた」民族移動を、「引揚」という主体的なニュアンスの強い用語で表現することも重要な意味をもつ。このような「主体性」を打ち出すような表現は、単に一九二〇年代の「シベリア引揚」という先行する事例を官僚主義的に踏襲したというだけではない。浅野豊美(「折りたたまれた帝国——戦後日本における「引揚」の記憶と戦後的価値」細谷千博・入江昭・大芝亮編『記憶としてのパールハーバー』ミネルヴァ書房、二〇〇四年)が喝破するように、「敗戦を主体的に受諾」したのと同様に、植民地からの追放を「自発的な撤収」として、帝国としての体裁を整えたいという心理を表すレトリカルな表現であった。つまり、「現地定着」という敗戦前と変わらぬ姿勢(方針)を打ち出した「帝国の体面」とも言うべき表現と言えようか。
(32) 中国を侵略した日本帝国主義の尖兵《エージェント》としての日本人を「日本鬼子」と呼び、それに協力した朝鮮人のことを「二鬼子」と呼んで敵視した。戦後の文化大革命時等で、残留日本人は「日本鬼子」として批判された(蘭信三編『中国残留日本人という経験』勉誠出版、二〇〇九年)。
(33) 李海燕「中華人民共和国の建国と「中国朝鮮族」の創出」前掲『帝国以後の人の移動』。
(34) 同前。
(35) 半谷史郎「ソ連の民族政策の多面性——「民族自決」から強制移住まで」宇山智彦ほか編著『ロシア革命とソ連の世紀 第五巻 越境する革命と民族』岩波書店、二〇一七年。
(36) 佐々木信彰『多民族国家中国の基礎構造——もうひとつの南北問題』世界思想社、一九八八年。
(37) 坂田勝彦「引揚者と炭鉱——移動と再移動、定着をめぐって」前掲『引揚・追放・残留』。
(38) 松本邦彦「在日朝鮮人の日本国籍剝奪——日本政府による平和条約対策研究の検討」『法学』第五二巻第四号、東北大学法学会、一九八八年。鄭栄桓「植民地の独立と人権——在日朝鮮人の「国籍選択権」をめぐって」『PRIME』第三六号、二〇一三年。

(39) 袖井林二郎編『吉田茂＝マッカーサー往復書簡集(一九四五―一九五一)』講談社、二〇一二年。
(40) 朴沙羅『外国人をつくりだす――戦後日本における「密航」と入国管理制度の運用』ナカニシヤ出版、二〇一七年。
(41) 前掲「〈在日〉、〝国民〟の狭間を生きて」。
(42) 菊池嘉晃『北朝鮮帰国事業――「壮大な拉致」か「追放」か』中央公論社、二〇〇九年。
(43) 中山大将『サハリン残留日本人と戦後日本――樺太住民の境界地域史』国際書院、二〇一九年。
(44) この〈回帰と離散〉という視角は、許雪姫／羽田朝子・殷晴・杉本史子訳『離散と回帰――「満洲国」の台湾人御記録』(東方書店、二〇二一年)における許の枠組みを参照にしている。許は在満台湾人の戦後台湾への回帰(帰還)とその後の離散(台湾からの再移動)を、その豊富なオーラルヒストリーにもとづいてディアスポラ研究の枠組みから読み解いている。本書は台湾における引揚研究の代表作となった。
(45) 同前。
(46) 日中戦争時に中国(民族)を裏切って日本に味方した中国人を指して漢奸という(王柯「「漢奸」考」『思想』第九八一号、二〇〇六年一月)。
(47) 前掲『離散と回帰』。
(48) 一九四七年の二・二八事件は、国民党の台湾接収に際して生じた白色テロである。それは、国民党独裁の下で長らく抑圧された記憶となっていたが、一九八七年以降の民主化のなかで語り直された。
(49) 前掲「「引揚エリート」とは誰か」。
(50) 前掲『離散と回帰』。
(51) 前掲「韓国における戦後人口移動と引揚者の初期定着」。
(52) 前掲「帝国後の人の移動と旧宗主国・植民地間の相互作用」。
(53) 前掲『離散と回帰』。

第５章

戦時体制から戦後社会の再編へ
――人口動態・社会移動データからの俯瞰

石田　淳

はじめに

二〇世紀前半の両大戦期である「破滅の時代(1)」では、圧倒的な人員と物量が戦争に動員され、人類がこれまで経験したことのない殺戮や破壊が繰り返された。日本もまた、一九三七年以降日中戦争から続くアジア・太平洋戦争において、総力戦へと突き進んでいくことになる。そして、戦争による動員は、社会・人口構造にも大きな「ひずみ」を与え、結果的に後の「戦後」を規定する基盤を形成することになった。

本章では、総力戦がとくに人口構造・人口の社会的配置に与えたショックを、量的データに刻まれた「痕跡」から確認し、それらが戦後社会に与えたインパクトを考察する。

総力戦においては、物と人の動員と管理、そしてその「生産」と「消費」において、文字通り「量の問題」が顕在化する。また、戦争による動員と敗戦による混乱と再調整は、人びとの移動と社会における配置に大きな影響を与える。こうした影響は、量的データにおいてこそ見えてくるものがある。もちろん、量の問題が否応なく「一人一人の生」を捨象し、そぎ落とすことには注意しなければならない。しかし他方で、量の問題として俯瞰することで初めて立ち現れる「リアリティ」があることも否定しがたい。本章では、量的データの可能な限りの視覚化をとおして、こうしたリアリティをつかむことを目指したい。

主に用いるデータは、人口動態データ、そして戦前戦後をまたぐ社会移動データ（一九五五年SSM調査データ）である。そこから見えてくるのは、総力戦と壊滅的な敗戦による急激な人口圧縮と人口圧力の高まり、特定の世代に集中する人口減耗とそれが社会配置に与えた影響、そして、蓄えられた「人口エネルギー」のポテンシャルが、のちの高度経済成長期を準備する様である。(2)

一　人口動態データ

1　人口増減

戦前の日本において、人口は主要な問題であり続けた。一九二〇年代には人口過剰が認識されるなか、一九二七年には政府機関として人口食糧問題調査会が設置される。その後、一九三六年の二・二六事件後の政治状況の中で、特に農村の過剰人口が社会政策上の問題として浮上し、満洲移民事業が事実上国策化する。こうした認識の背景には、「多産多死」から「少産少死」へと移行する近代的人口転換が、日本でも一九二〇年代から徐々に進行していたことがあった。(3)

しかしながら、日中戦争以降、兵力・労働力としての人口の重要性が高まるなか、人口政策の転換が図られる。具体的には、一九四一年一月に閣議決定された「人口政策確立要綱」において、昭和三五年の内地総人口一億人を目標とする、「東亜共栄圏」建設と日本民族の永続的発展のための人口増殖政策が掲げられた。この要綱で示されたのは、「農業政策や国土計画と連動した「高度国防国家」における民族＝人口政策の体系」(4)であった。

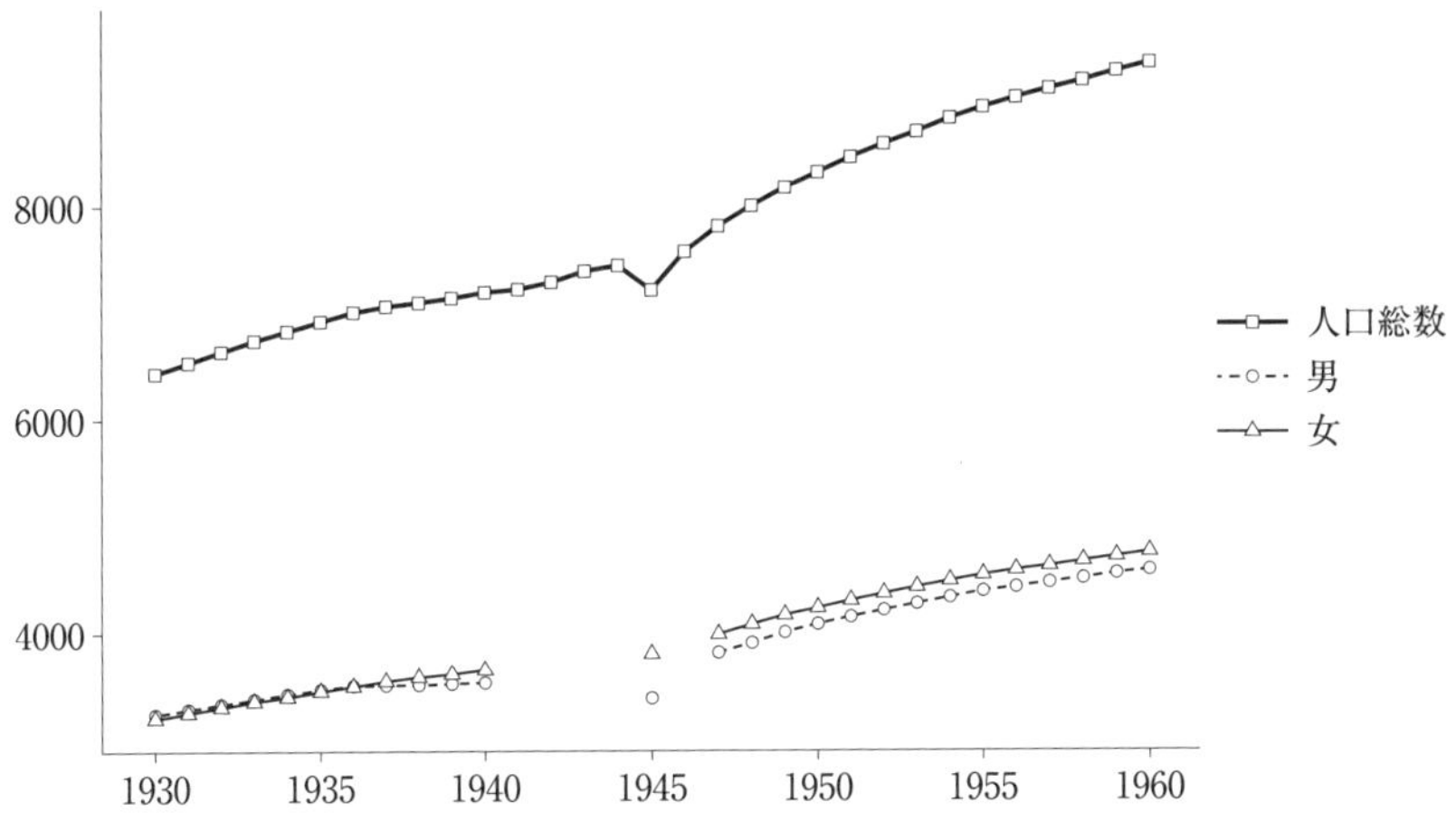

図1　人口数の推移(単位：万人)

出所：「我が国の推計人口　大正9年-平成12年」総務省統計局(国勢調査人口または国勢調査人口を基準とする全国推計人口．ただし，1945年以降は沖縄県を含まない．1941-46年の男女別人口の推計は行われていない．1945年男女人口は国勢調査データから代入した)．

では、人口動態データに基づき、戦争の人口への影響を確認しよう。まず、一九三〇年から一九六〇年までの人口の推移を確認する(図1)。人口総数は一九三〇年の六四四五万人から一九四五年を除いて一貫して増加している。人口増加のトレンドにおいて一九四五年だけが前年の七四四三万人から七二一五万人へと約二二八万人の人口減と推定される。男女別人口を見ると、特異的な減少の主要因は男性人口の減少にあることが確認される。

次に、人口増減をさらに詳細に確認しよう。図2は人口増減数、自然増減数、社会増減数、出生数、死亡数それぞれの推移である。自然増減数についていえば、一九三〇年以降、一九三九年前後の日中戦争による動員の影響[5]で出生数が低下した一時期を除いて、出生数、死亡数とも安定しており、おおむね年一〇〇万人前後の自然増加があった。それが終戦の年には特異的な自然減が推定される。これは、それまでの倍近くの二一五万人近い数となった死亡数の影響である。また、出生数も戦争末期と敗戦の混乱のなか激減し、一九四六年には底を打つ。しかし、四七年から四九年までは、反転し二六〇万人を超えるレベルで高止まりし、戦後の死亡数の急激な減少とあいまって、大

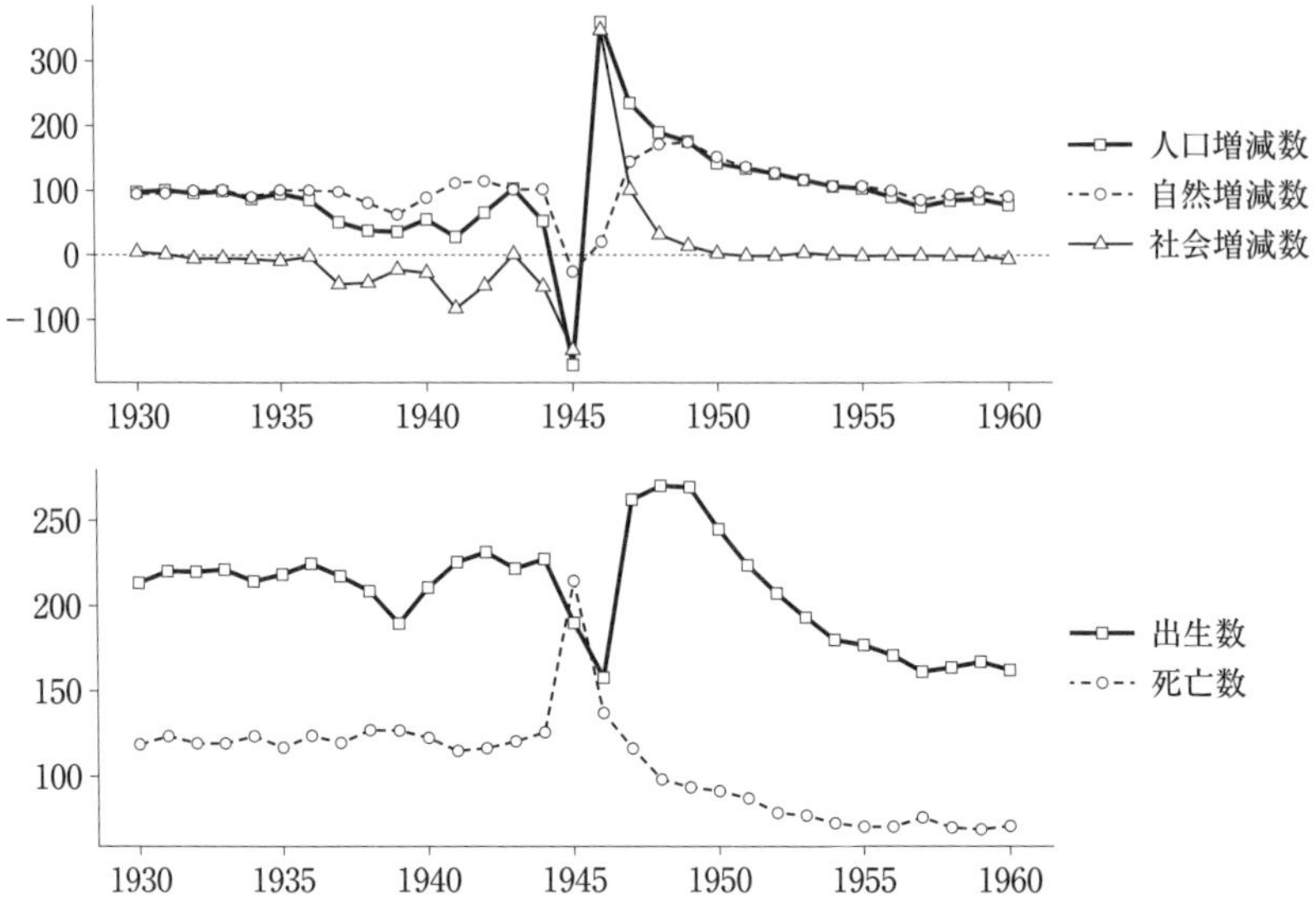

図2　人口増減数，出生数，死亡数の推移(単位：万人)

出所：総務省統計局監修『新版　日本長期統計総覧』日本統計協会，2006年(自然増減数は1947年9月までは，遅れて届け出られた数を含む日本人のみの出生数・死亡数．1947年10月以降は外国人を含む出生数・死亡数である．社会増減数は，1945年8月までは，内地外における一般日本人の当年の人口増減数から自然増減数を減じて得た数．1945年9月-50年9月は各年間の引揚者数から送還者数を差し引いた数．なお，1931-45年はさらに各年の軍人・軍属等の出国超過を加えている．1950年10月以降は，法務省の出入国管理統計による正規出入国者数)．

きな自然増加を得ることとなった。

戦時期に特異的な自然減をもたらした大きな要因は戦没である。政府によればアジア・太平洋戦争の日本人戦没者数は、「日中戦争も含めて、軍人・軍属が約二三〇万人、外地の一般邦人が約三〇万人、空襲などによる日本国内の戦災死没者が約五〇万人、合計約三一〇万人」とされ、この大部分が一九四四年七月のサイパン島陥落後の死没者だと考えられるという[6]。

一方、社会増減数は出兵の影響で一九三七年以降減少を続け、一九四五年には一五〇万人近い減少となる。そのなかには、終戦後の送還者数も含まれる。その後、一九四六年には三四七万人という急激な社会増加を記録し、翌四七年も一〇〇万人、さらに四八年三二万人、四九年一五万人と、一九四六—四九年の間で五〇〇万人近い社会増加となった。

こうした戦後の急激な社会増加は引揚・復員によるものである。一九四五年八月の戦争終結時、植民地ならびに勢力圏にあった軍人軍属および一般邦人の数は約六六〇万人とされており[7]、戦争終結時の内地総人口約七二一五万人の八％以上が、戦争による帝国勢力圏の拡大に伴って「内地」外へと「膨張」していたことになる。こうした帝国主義的人口膨張が、敗戦による帝国崩壊という外的ショックによって、人口還流という形で一挙に収縮を強いられることになる[8]。

引揚の対象の内訳は以下の通りであった[9]。満洲を除く中国、台湾、北緯一六度以北の仏領インドシナからなる中国軍管区からは、全海外邦人の四七％に当たる三一一万六〇〇〇人、満洲、北緯三八度線以北の朝鮮、樺太および千島諸島からなるソ連軍管区からは二四％に当たる一六一万四〇〇〇人、南朝鮮とフィリピンと太平洋諸島を含む米軍管区からは一五％に当たる九九万一〇〇〇人、東南アジア軍管区からは一一％に当たる七四万五〇〇〇人、豪軍管区からは二％に当たる一三万九〇〇〇人であった。こうして終戦時の海外邦人が引揚事業によって順次帰国し、一九五〇年までに六二四万人の帰国を果たした。これは、海外邦人数六六〇万人の九四％に上る。逆に、一九五〇年までの植民地出身者などの送出は約一三〇万人となっており、差し引き五〇〇万人近い人口の流入が敗戦後の短期間に起こったことになる。

結局、全体の人口増減でいえば、一九四五年の一六九万人の人口減のあと、四六年には主に社会増加によって、三六〇万人の増加、その後は主に自然増加の影響によって、四七年には二三五万人、そしてその後もしばらくは高水準の人口増加が続いた。結局、一九四五年の人口七二一五万人を基準とすると、一九四六年の一年だけで五％、さらに四六―四九年では実に一三・三％の人口純増となった。

2　性別・出生コーホート別人口増減

次に、戦争による人口増減の影響を性別と出生コーホート別に確認する。図3は、一九〇〇年生まれ（終戦時四五

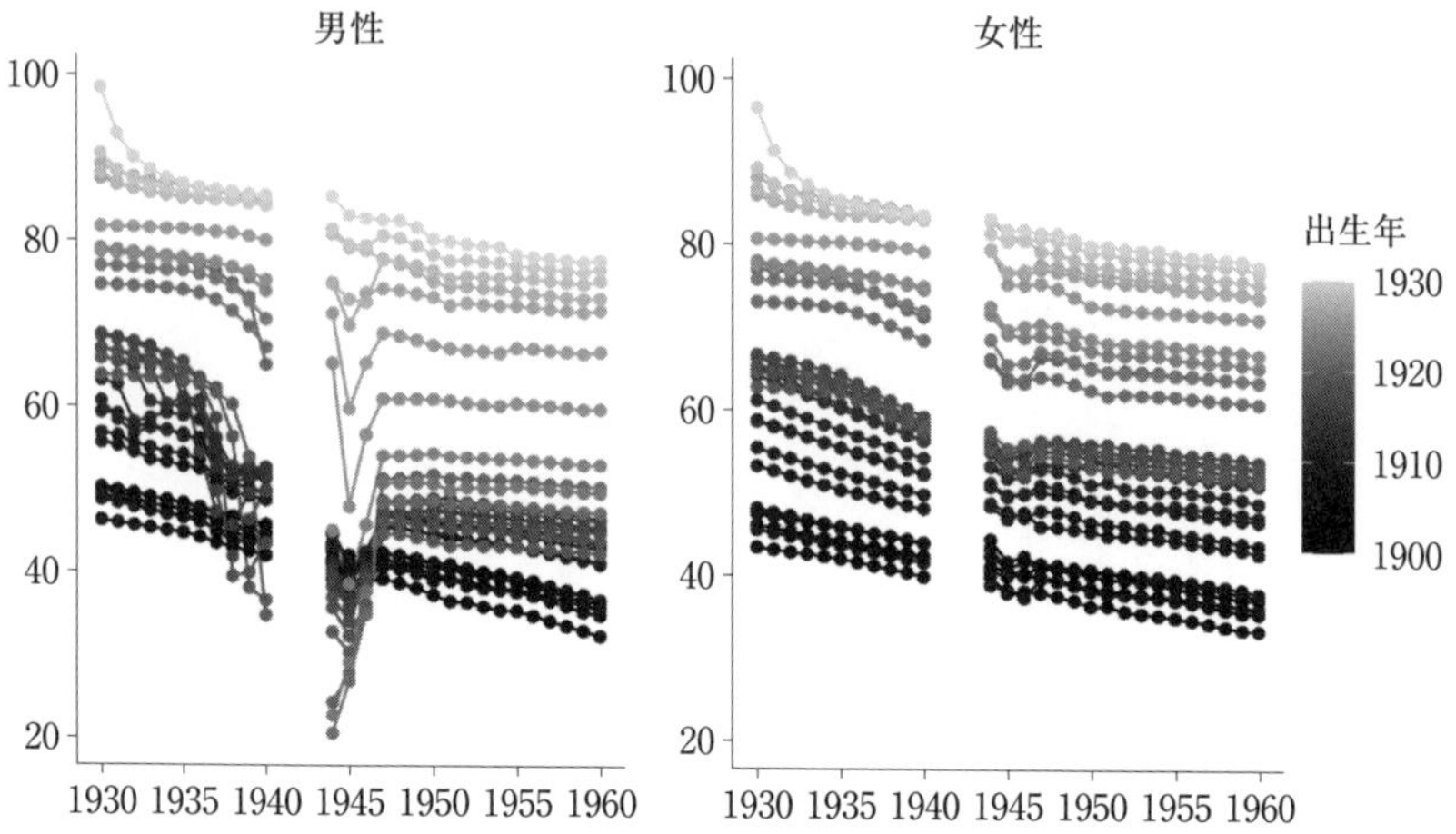

図3　出生年別の人口数の推移（単位：万人）

出所：「我が国の推計人口　大正9年-平成12年」総務省統計局（1941-43年の年齢別人口の推計は行われていない．1944-46年のみ数え年で集計されているので，便宜的に年齢プラス1歳を満年齢と見なしている．1945-54年は沖縄県を含まない）．

歳）から一九三〇年生まれ（終戦時一五歳）までの出生コーホート別の人口数の推移を示している。一般的に、出生コーホート別の人口数は時間の経過とともに、死亡による自然減によって徐々に減少していく。この基本的傾向に加えて、図からは、特に男性の特定のコーホートにおいて、一九三五年過ぎから一九四五年に向かっての急激な人口減、その後の一定の回復という、まるで地層に強い圧力を加えたかのような「ひずみ」が見られる。こうしたひずみの主たる原因は兵役による社会減であるが、特定の世代ではひずみが解消される一九四七年以降も、もとの基本的傾向のレベルには戻らず、戦死による「断層」が形成されている。一方、女性には一九四五年前後に若干のひずみは観察されるものの、その影響は男性のそれに比べると非常に小さいことがわかる[10]。

　人口層に対する戦争による「ひずみ」をさらに詳細に観察しよう。図4は、日中戦争以降の兵力の主要な供給源であり、とくにひずみが顕著な一九一五年生まれ（終戦時三〇歳）から一九二六年生まれ（終戦時一九歳）の出生コーホート別人口について、一九三五年を基準の一〇〇としたときの人口減少の程度を示している。細かく出生コーホート別に見ていくと、一九一五―一

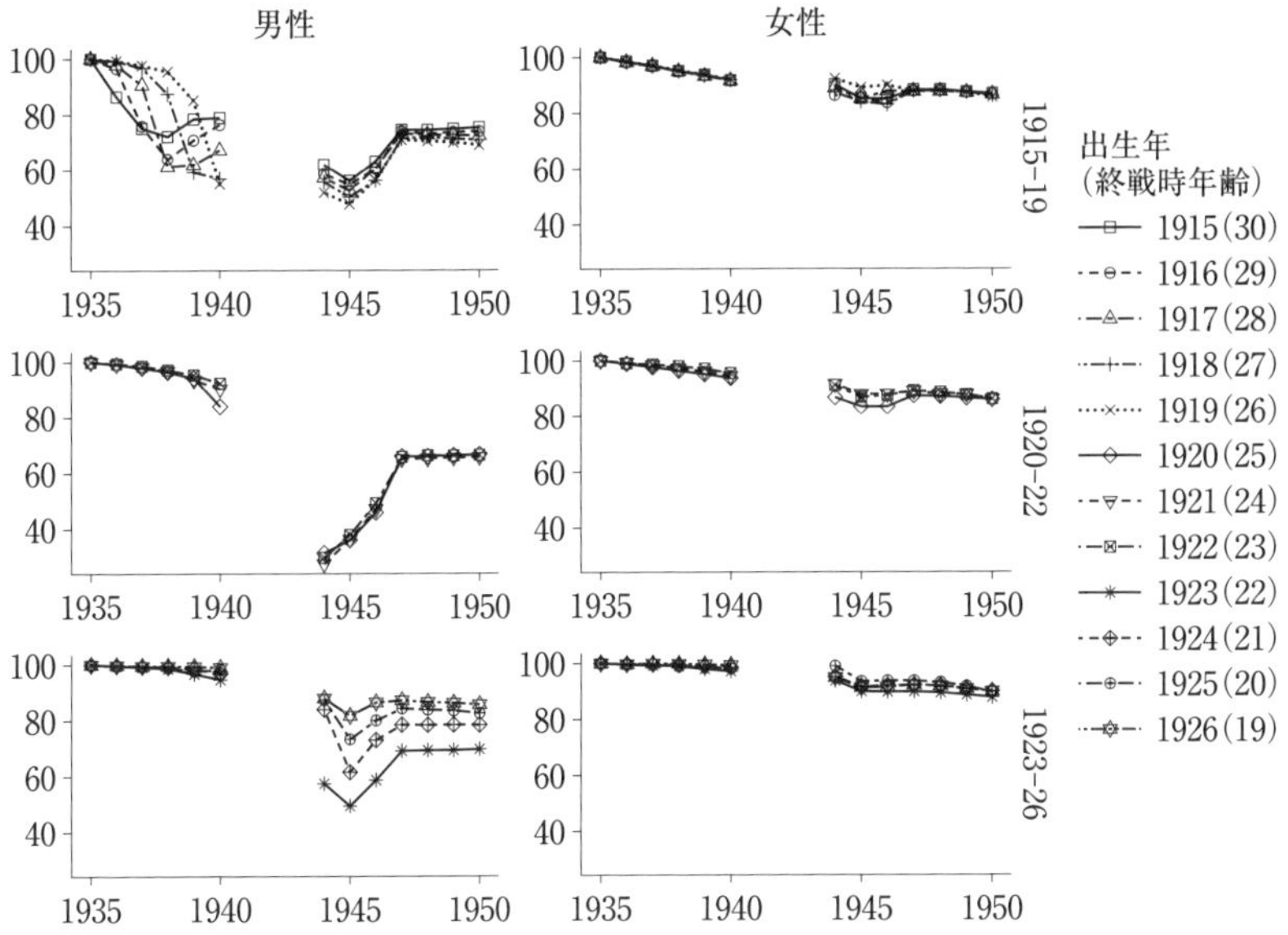

図 4　1935 年を 100 とした出生年別の人口減少の推移(単位：%)
出所：「我が国の推計人口　大正 9 年–平成 12 年」総務省統計局.

九年生まれは日中戦争前後から徴兵による人口減少が本格化し、終戦時は五割程度の減少率であるが、一九五〇年には七割程度まで回復する。一方、一九二〇—二二年生まれはアジア・太平洋戦争期から徴兵が本格化したと考えられる世代で、終戦時は三六—三八％まで人口が落ち込み、その後一九五〇年でも約六六％であり、特に他のコーホートと比べても減少幅が大きい。それより若いコーホートになればなるほど、終戦時も一九五〇年時点も減少幅は小さく、戦争の影響は小さくなっている。このように、出生年のわずかな違いによって戦争による人口の減耗が大きく異なる。(11)

二　社会移動データ

1　兵力・労働力への動員

次に本章では、人びとの社会的配置に戦争が与えた影響を検討する。総力戦の社会的配置への影響として、もっとも顕著で大規模な要因は、兵力・戦時労働力への動員である。

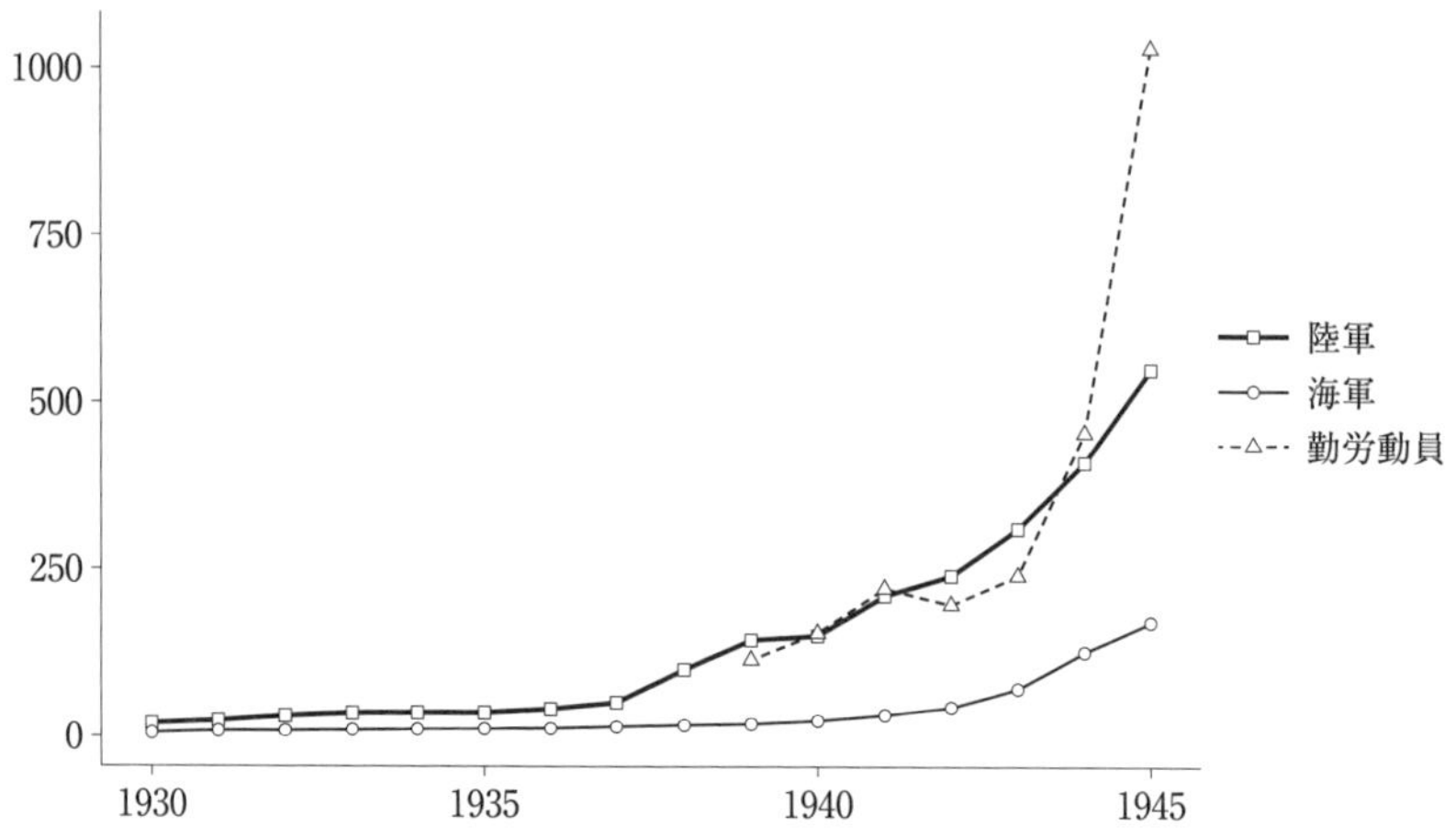

図5　陸海軍の兵力数と勤労動員供給数(単位：万人)

出所：東洋経済新報社編『完結昭和国勢総覧 第3巻』東洋経済新報社，1991年(陸海軍の兵力数はアメリカ合衆国戦略爆撃調査団の調査による．勤労動員供給数は厚生省の調査による．勤労動員供給数は国民動員計画に基づく需給状況を示し，外地労務者移入のほか，学徒動員によるものを含む．また，1945年は終戦時の勤労動員状況の総数(同編，277頁)より「その他一般従業員(鉱・工・交通業)」の3分の2を差し引いた数．西成田豊『近代日本労働史――労働力編成の論理と実証』有斐閣，2007年によれば，国民徴用令は女性には適用されなかったので，その他一般従業員の中には動員された女性労働者が含まれているが，その内訳は不明である．そのため，同書302頁を参考にその数を少なめに見積って全体の3分の1と推計した)．

図5は、一九三〇年から終戦までの陸海軍の兵力数と一九三九年以降の勤労動員の供給数の推移を示している。兵力数についていえば、一九三七年の日中戦争勃発以後陸軍を中心に徐々に増加し、アジア・太平洋戦争開戦後は飛躍的に増大していったことがわかる。一九四五年には、陸軍五五〇万人、海軍一六九万人、合わせて七一九万人となった。そのすべてが男性である。このうち、終戦段階で陸軍三〇八万五〇〇〇人、海軍四四万九〇〇〇人が内地外に配置されていた⑫。

一方、労働力動員については、需給調節による間接的な方法に加えて徴用による強制動員が拡大する形で展開していった⑬。経済計画の一環として一九三九年度から労務動員計画が作成され、算定された労働需要に応じるための労働力調達計画が立てられた。同時に、一九三九年には国家総動員法に基づく国民徴用令が発動される。そして最初は、軍需工場に在籍する労働者に対する現員徴用、次に他産業の労働者を徴用して軍需工場に配置換えする新規徴用が一

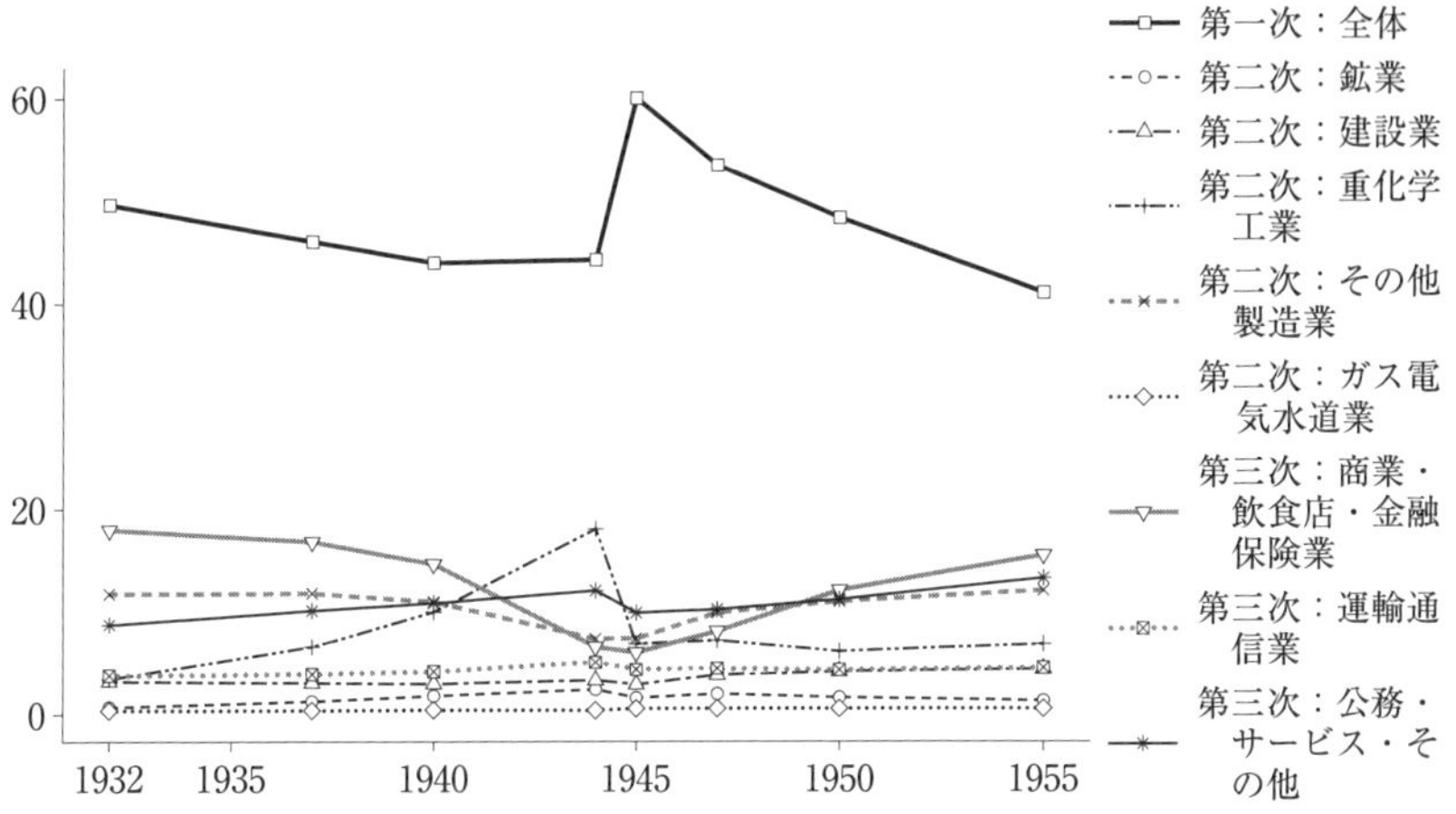

図6　産業別有業人口比の推移(単位：%)

出所：中村隆英「概説 1937-54 年」中村隆英編『日本経済史 7 「計画化」と「民主化」』岩波書店，1989 年，18-19 頁(1932 年，37 年，40 年は梅村又次・伊藤繁による新推計(梅村又次ほか『長期経済統計 2 労働力』東洋経済新報社，1988 年)，40 年，47 年，50 年，55 年(いずれも 10 月時点)は国勢調査，44 年 2 月，45 年 12 月は別の人口調査を国勢調査分類に組み替えたものである．なお，グラフを作成するにあたって，1940 年の値は梅村・伊藤推計と国勢調査の値の平均をとった)．

九四一年頃から開始され、四三年以降とくに強化された。さらに、兵力動員によって不足する労働力を補うために、朝鮮人・中国人の集団移入、そして学生や女性の動員も行われた[14]。こうした動員によって、動員数は徐々に増えていき、一九四四年の時点で四五四万人、四五年の終戦時には一〇〇〇万人を超える人びとが動員されていたと推定される。ただ、これらの動員が無制約に行われていたわけではなく、家父長的伝統からの既婚女性の除外と、食糧増産のための農業労働力の大量確保の要請という制約を受けつつ展開された[15]。

2　産業構成の変化

こうした大規模な兵力・労働力動員は、従来の産業構成を大きく変化させた。図6は、一九三二年からの産業別有業人口比の推移を表している。

戦前の変化として特に顕著なのが重化学工業の比率の増加であり、一九四四年までに一五％近くも増加している。これは、軍需産業による需要増の影響によるものであり、この増加を補ったのが、一九四〇年までは主に第一次産業からの流入、それ以降は繊維などその他製造業、そして商業・飲食業からの動員であり、戦時下において、非軍需産業から軍需産業への人員の急速な集中があったことがわかる。

一方、敗戦直後には重化学工業の比率が一一％あまり減少し、代わって第一次産業の比率が一五％以上増加する。この増加分には、軍需産業からの再配置だけではなく、復員・引揚による人口の社会的増加層の流入も多く含まれていたと推測される。

このように、総力戦体制の要請によって急激につくられた重化学工業への動員が、敗戦によって弾けたあとの一時的なショックを、農業セクターが吸収した様子を確認することができる⒃。

3　世代内社会移動

総力戦による強制的な社会的配置と敗戦後の再配置は、人びとの職業経歴のなかにどのような影響を刻み込んでいるのだろうか。戦前戦後の職歴を分析する際に有用なのが、一九五五年以降一〇年ごとに実施されている社会階層と社会移動全国調査（SSM調査）である。SSM調査では、回答者の回顧による詳細な職歴情報をとっている。ここでは、終戦からわずか一〇年後の調査であり、生存バイアスと回顧による情報欠損がもっとも少ないと考えられる一九五五年調査のデータを用いる⒄。調査対象者は調査時点で二〇―六九歳の男性であり、女性の動向はこのデータからは分からない。また、調査の性質上戦没者は対象に含まれず、生存者のみの分析であることに注意しておきたい⒅。

以下では、終戦時点において労働生産と出生力を中心的に担う世代であり、なおかつ戦争の影響をもっとも受けたと考えられる一八九六―一九二五年生まれ（終戦時二〇代から四〇代）に注目し分析を進める。

まず、最終学歴別（小学、高小、旧制中、旧制高専・大）⒆、出生コーホート別（一九一六―一九二五（終戦時二〇代）、一九〇六―一九一五（終戦時三〇代）、一八九六―一九〇五（終戦時四〇代））に一九三五年から一九五五年までの職業分布の推移をプロ

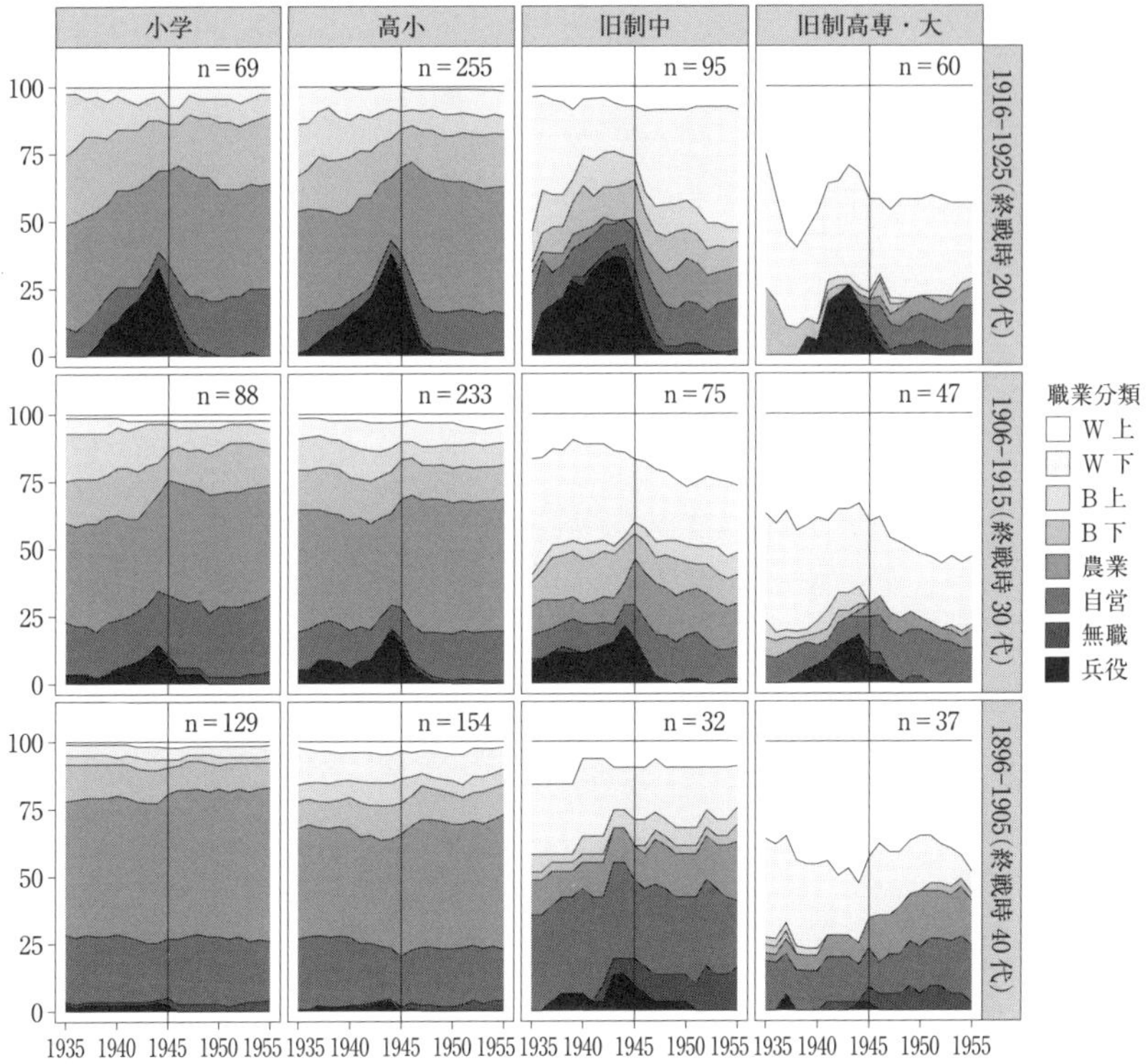

図7　職業分布の推移(単位：%)

出所：1955 年 SSM 調査(図中の各カテゴリーのサンプルサイズは，1955 年時点の職業についての有効サンプルである．職歴のコーディングでは，開始年，終了年のいずれかが不明の場合は，データのある開始年あるいは終了年単年のみの職歴として扱った．また，1 年のうち 1 回以上の転職が記録されている場合は，その年の最後(次の年の最初)の時点で就いていた職業を，その年を代表する職業と見なした．また，このデータでは学卒で直接兵役に就いた者は復員後の職業が初職となることに注意する(橋本健二『はじまりの戦後日本——激変期をさまよう人々』河出書房新社，2016 年，107-108 頁))．

ットする(図7)。職業分類としては、SSM調査で標準となっている職業大分類をもとに、専門職と管理職からなるホワイトカラー上層(W上)、事務職と販売職からなるホワイトカラー下層(W下)、熟練工からなるブルーカラー上層(B上)、半・非熟練工からなるブルーカラー下層(B下)、農業、自営、無職、兵役の八カテゴリーの分類を採用した[20]。

では、ここからどのような傾向を読み取ることができるだろうか。まず注目されるのは、兵役の「黒い波」が一九四五年の縦線に向かって立ち上がっていく様である。しかし、そこには出生コーホートによる大きな違いが見られる。すなわち、一九三五年以降は一九一六―二五年生まれ（終戦時二〇代）に兵役の高い波が襲っている。その波は古いコーホートになるほど小さくなる。一九一六―二五年生まれに限定してみると、学歴の違いは旧制高専・大で波が小さいものの、他の三カテゴリーでは大きな違いは見られない。渡邊勉が詳細な分析で見出した、徴兵の世代による不平等という一般的傾向、そして徴兵の学歴による不平等が、大卒エリート層を除いて、戦争の激化によって結果的に解消されていった傾向をここでも確認することができる[21]。

では、兵役の波が職業経歴にどのような影響を与えているだろうか。まずは、それぞれの学歴において兵役によって削られるメインの職業が異なることがわかる。小学・高小は主に農業とB下、旧制中ではW下、旧制高専・大はW上・W下からの動員がなされていることがうかがえる。兵役の波が去ったあとは、基本的にはいずれのカテゴリーももとの職業分布構成に戻っていくように見えるが、一方で農業・自営の割合が高くなっており、復員者が部分的に潜在的失業層として農業・自営セクターに吸収されていったことを示唆している。

兵役経験者の兵役前後の職業移動についてさらに詳細に確認しよう。図8は、一九〇五―二五年の出生コーホートについて、学歴ごとに兵役前後の職業移動を表したものである。比較として、兵役を経験したことがない者の一九四〇年と一九四八年の移動を示している。左から右へ伸びる帯の太さが兵役前の職業カテゴリーから兵役後のカテゴリーへの流出（流入）の大きさを表している。ただし、サンプルサイズの関係上、W上・W下はWに、B上・B下はBに統一している。

学歴別に傾向を見てみよう。小学では、兵役前Bのおおよそ半数が兵役後農業・自営へ流出していることが目立つ。また、高小でも同様にBのおおよそ半数が農業・自営へ、Wの半数がB・農業・自営へ流出していることが分かる。さらに、旧制中でもWの半数がW以外へと流出している。そして、こうした流出は非経験者と比べると相対的に大き

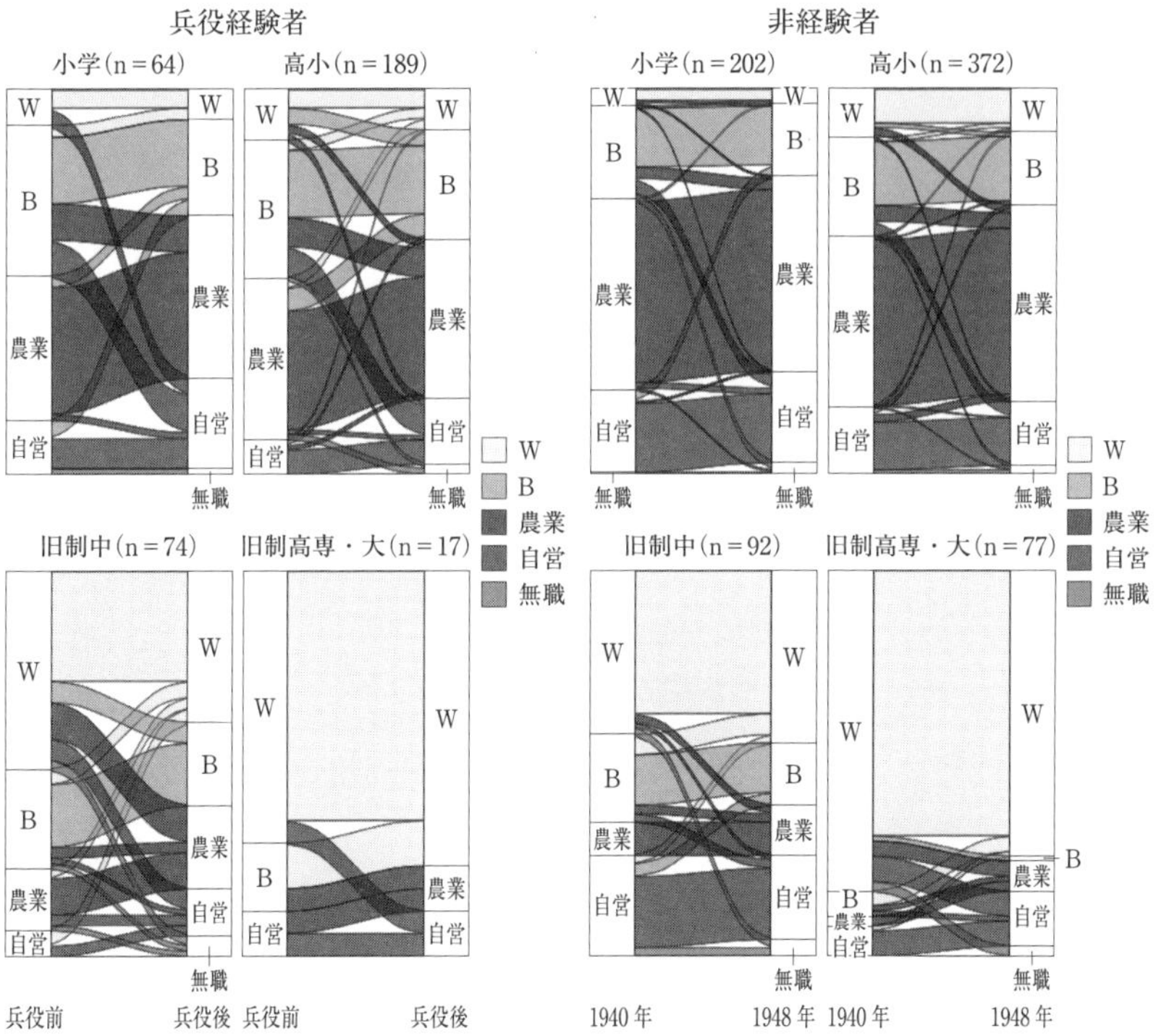

図8　1905-25年出生コーホートの兵役前後の職業移動
出所：1955年SSM調査.

いことがわかる。ここからも、特に農業と自営業セクターが兵役後の不安定就労層を吸収していったことが見えてくる(22)。

　さらに引揚者の就業状況について、引揚援護局が一九四九年に実施した一九四九年六―一〇月の新規引揚者五万三六二八人の就職状況を見ると、一般人の就職就業者のうち現職復帰したものが二一・一%、農漁業への就業は三九・三%、自営業に就いた者は一二・四%であった。同調査で復員者の就職就業者のうち現職復帰したものが二四・七%、農漁業への就業は四七・四%、自営業に就いた者は一五・六%であった(23)。一九四九年の段階でも、農業と自営業が引揚・復員者の有力な就業先となっていたことわかる。

　こうして、敗戦後の荒廃した国土に引揚・復員によって加えられた非常に強い人口圧力は、社会的配置という点では、農業

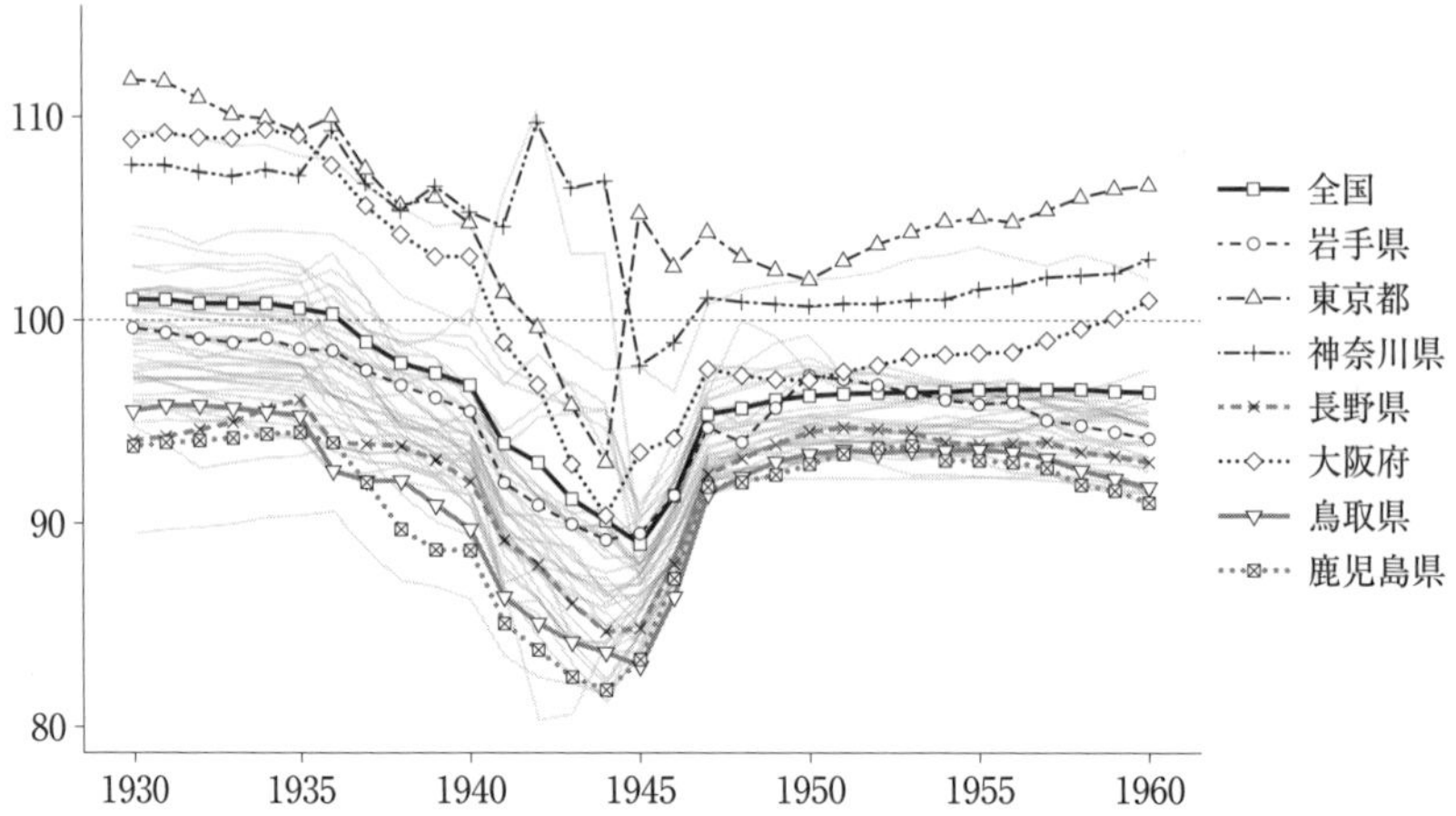

図9　男女性比の都道府県別推移(単位：男性人口／女性人口)
出所：「我が国の推計人口　大正9年-平成12年」総務省統計局(国勢調査人口または国勢調査人口を基準とする推計人口．ただし，1945年以降は沖縄県を含まない．1941-43年は銃後人口のみの推計である)．

層への一時的吸収、自営層への流入という形で「減圧」されることとなった。とくに、自営層への流入のうち少なくない数が、闇市や引揚者マーケットにおいて新しく商売を始めたものと考えられる。こうして、戦後庶民文化に欠くべからざる要素としての引揚者文化が、人口・社会変動の中で各地に根付いていった[24]。

三　戦後の人口圧力

1　ベビーブームの出現

図3、図4で示された、男性若年層に集中する人口の「ゆがみ」は、結果的に結婚・出産に大きなインパクトを与える。

図9は、男女性比の都道府県別推移より、いくつかの都府県をピックアップして示したものである。もともと男性労働者の都市部への流出によって男性性比が低い地方部でも、また男性労働力の流入で男性比率が高い都市部でも、一九三五年以降男性比率は大きく減少し、一九四四―四五年には底をつく。その後、一九四七年にはほぼ前の水準へと回復している。

このような男女性比のゆがみと、さらには戦争末期における

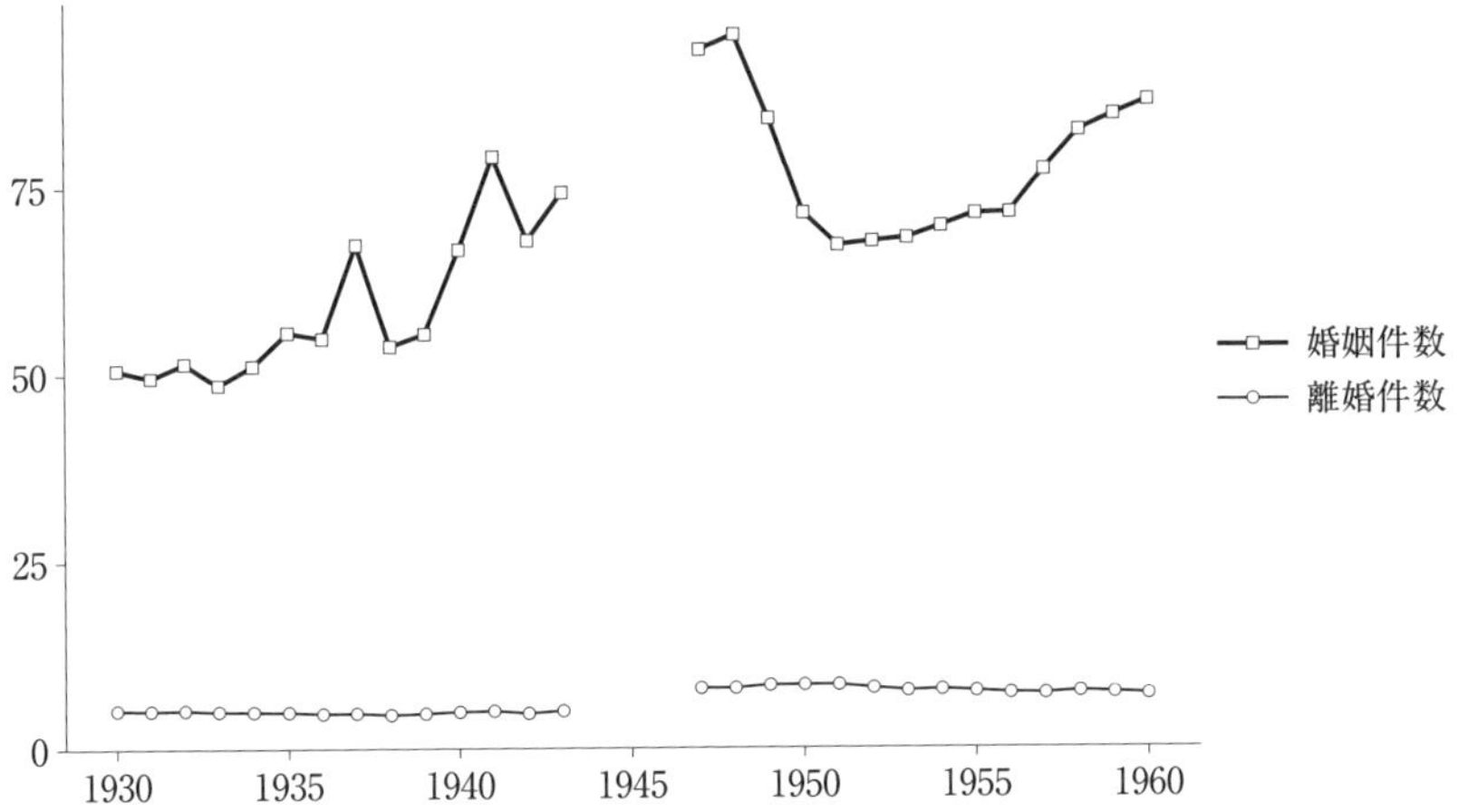

図10　婚姻・離婚件数の推移(単位：万件)

出所：「平成30年我が国の人口動態」厚生労働省(1944-46年は資料不備のため推計されていない. 1947年以降は沖縄県を含まない).

戦争被害の拡大によって、結婚や出産が先送りにされる。先送りにされた婚姻(図10)と出産(図2)が一気に高まるのが、一九四七年以降のベビーブームである。

2　人口問題審議会建議

戦後の社会増加、自然増加による急激な人口膨張は、当時の政府にとっても重大な問題として捉えられた。一九四九年に内閣に人口問題審議会が設置され、一一月には「人口収容力に関する建議」「人口調整に関する建議」二本立ての建議が内閣に提出される。

このうち、人口収容力に関する建議は、主に産業・経済政策による人口収容力増強についての建議であり、「海外移住とあわせて、国内産業および国際貿易の再建振興によって、人口の収容力、すなわち、生産力の回復発展に努めるとともに、国民生活の安定について、特に配慮する必要がある」と結論づける。ただし、終戦直後に潜在的失業層を吸収した農業については、「国土の開拓、食料の増産が人口収容力の回復のために最先の急務」ではあるが、「農業が一そう多くの人口を収容し得ることを期待すべきではなく」、重化学工業を中心とした工業化を促す建議となっている。

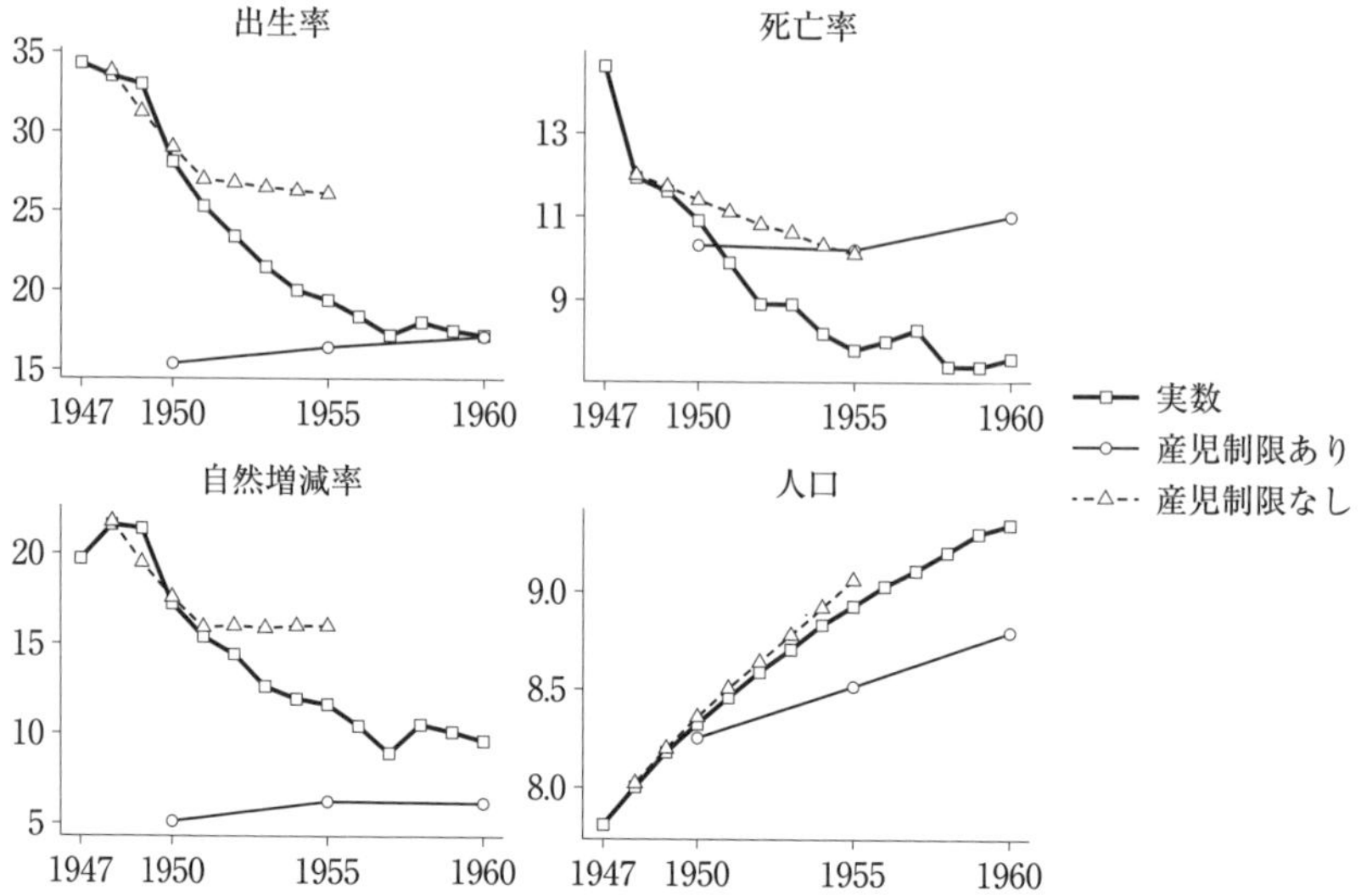

図 11　人口問題審議会建議による人口予測(単位：出生率，死亡率，自然増減率は人口1000 対，人口は 1000 万人)
出所：予測「人口問題審議会建議」(1949 年 11 月)，実数「平成 30 年我が国の人口動態」厚生労働省.

一方、「人口調整に関する建議」では、「わが国の経済再建と公衆衛生の向上に憂慮すべき影響を与える人口の激増を防止し、健康で文化的な生活の実現を期するため、各夫婦が受胎調整の方法によって、自由かつ自主的に産児数を調整しうるよう」に、産児制限についての知識や実施方法の普及を提言している。

そこには、戦後の死亡率の低下と急激な出生率の上昇による人口の自然増に対する危機感があった。人口調整に関する建議では、産児調整の措置を講じない場合の一九四八年から一九五五年までの人口推計を行っている。推計によれば、一九五一年頃には、戦後特有のベビーブームの影響を脱し、戦前からの緩やかな出生率減少の傾向に戻るとされた。一方、死亡率も医療・公衆衛生の改善によって低下する。その結果、自然増減率は五一年以降もほぼ横ばいとなり、人口増加に歯止めがかからず、五五年には九〇〇〇万人を超えると推計された(図11：産児制限なし)。

建議ではまた、純再生産率の低いイギリスやスウェーデンを目標として、一九五〇年から出生制限が行われた場合の推計も示されている。それによると、出生率が大幅に抑

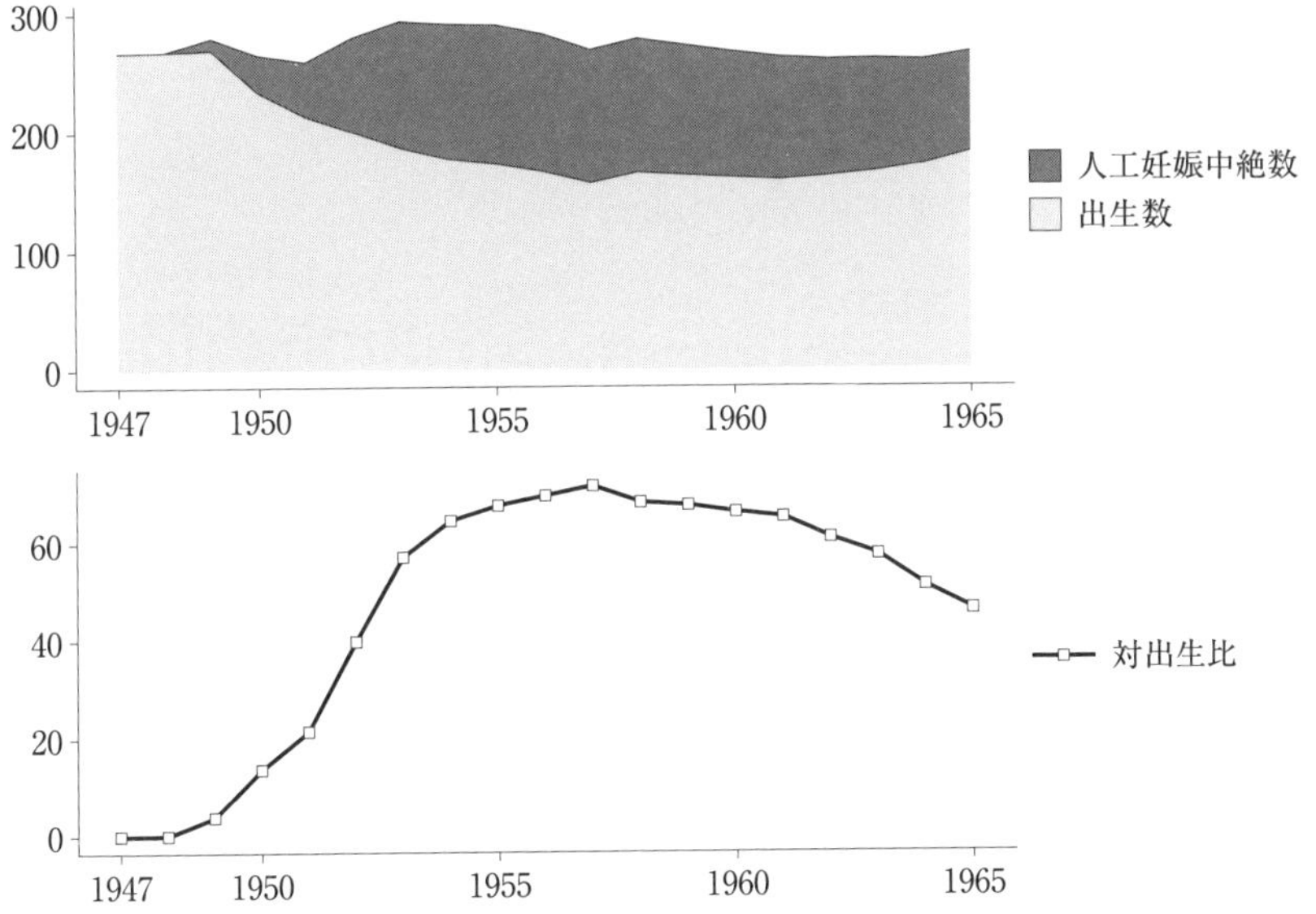

図 12　人工妊娠中絶数の推移(単位：万件，対出生比は出生 100 に対する中絶数)
出所：人工妊娠中絶数「人口統計資料集 2020 年度版」国立社会保障・人口問題研究所，出生数「平成 30 年我が国の人口動態」厚生労働省(人工妊娠中絶数は，厚生労働省「衛生行政報告例」による．沖縄県を含まない)．

えられることによって、自然増加率も低い水準に留まり、人口増加の伸びが抑制される(図11：産児制限あり)。

では、現実はどのように推移したのだろうか。第一節でも確認したとおり、出生率は産児制限がない場合の推定を大きく下回って急激に減少し、一九五〇年以降も下がり続け、一九六〇年には産児制限を行った場合の推計レベルに到達した。一方、死亡率についても急激な減少を見たために、自然増減率は産児制限を行った場合の推計通りには下がらず、結果として数字上は産児制限がない場合に近い推移を示すことになった(図11：実数)。

3　人工妊娠中絶による産児調整

人口調整に関する建議では、産児調節は受胎調節によって行われるべきで、人工妊娠中絶によるべきではないと主張している。しかし実態は、最初は非合法、その後は優生保護法によって実質合法化された人工中絶が広範に行われたことが、出生数の急激

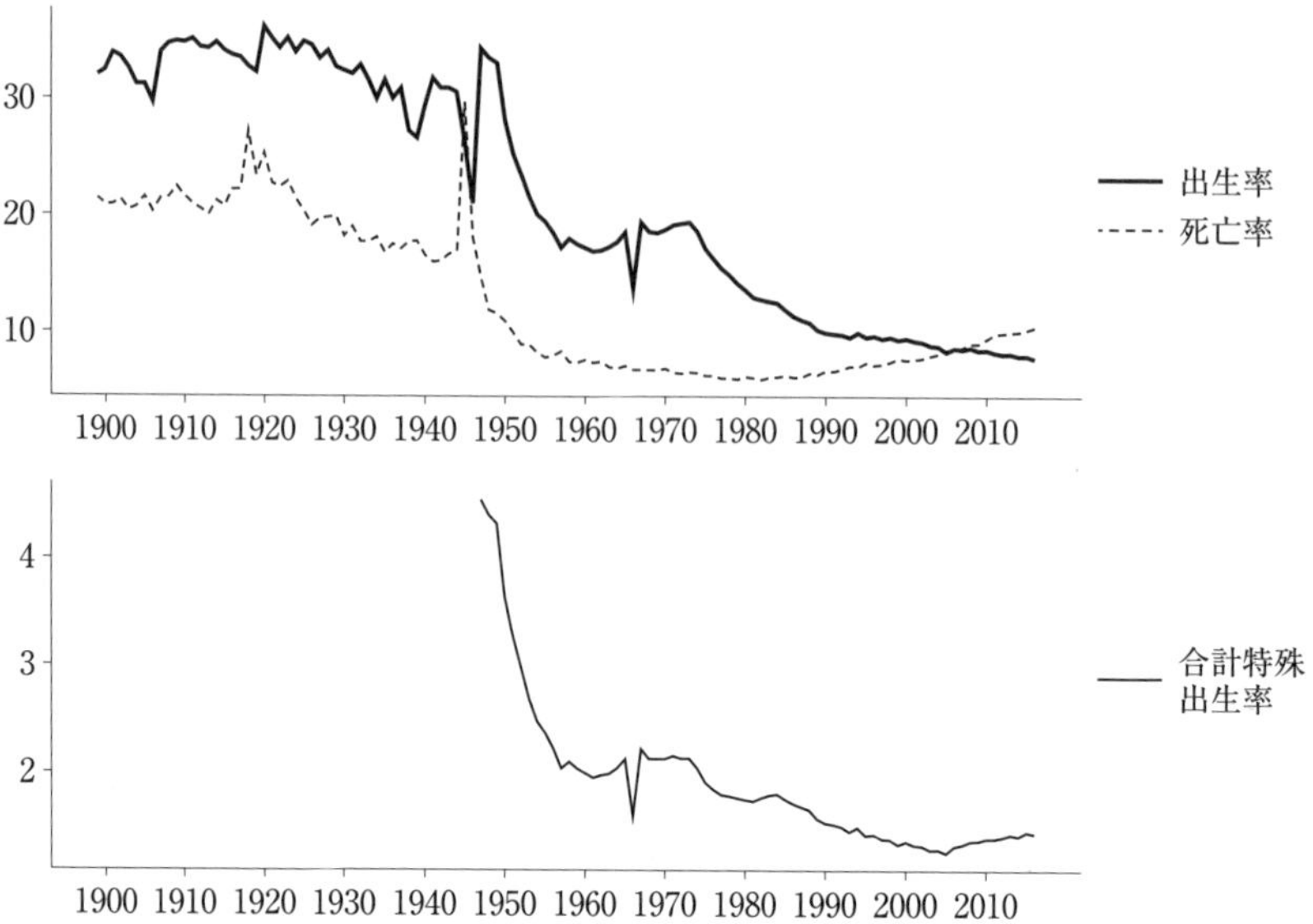

図 13　出生率・死亡率・合計特殊出生率の推移（単位：出生率・死亡率は人口 1000 対）
出所：「平成 30 年我が国の人口動態」厚生労働省（1944-46 年の出生率・死亡率については，総務省統計局監修『新版 日本長期統計総覧』日本統計協会，2006 年で示された総人口，出生数，死亡数から算出した．1947-72 年は沖縄県を含まない）．

な抑制につながった[25]。

一九四八年に国民優生法に代わって優生保護法が制定され、「母体保護」として制限付きの人工中絶が認められることになった。しかし、翌四九年には社会的要求の大きさから、第一次改訂として人工妊娠中絶の適用範囲に「経済的理由」が追加されたことで、「世界で初めて」経済的理由による中絶が公認される。さらに一九五二年の第二次改訂では手続きの簡素化が行われ、これによって中絶は事実上自由化されるに至った[26]。

図12は人工妊娠中絶数の推移である。出生数の上に中絶件数を重ねると、一九四七年以降のベビーブームの水準を人工妊娠中絶が置き換えることによって、出生数が急激に抑制されたことが明確になる。具体的な数字としては、中絶件数は一九五三年に一〇〇万件を超え、一九六一年まで一〇〇万件台で進んでおり、対出生比六〇―七〇という非常に高い数で推移した。さらに、未届けも多くあったと推測され、実態としては届出数の二倍前後の中絶が行われ

ていたと考えられる[27]。

その後、国が主導した受胎調節の普及事業によって避妊実行率が高まり、人工中絶は減少していくことになるが、出生の抑制は続いた。そして、合計特殊出生率は一九四九年の四・三二から八年後の一九五七年には二・〇四へと半減し、一九五六年には人口置き換え水準を下回り、以後二〇年間は人口が均衡する水準となった[28]。

こうして、出生率・死亡率ともに明確な低下傾向に入る一九二〇年前後から始まった日本の人口転換は、戦争という攪乱要因によって、最終局面において出生率・死亡率の急激な減少が起こり、転換が一気に進行した[29]。そして、戦後のベビーブームと直後の急激な出生抑制は、出生率が一気に滑り落ちる直前の「高い崖」を形成したのである（図13）。

おわりに

以上概観してきたように、敗戦・引揚による急激な人口圧縮と人口の自然増加によって日本の疲弊した国土に強い人口圧力がかかることになった。この圧力は、社会的増加に対応する社会的配置の点では、農業層への一時的吸収、自営層への流入という形で「減圧」されることとなった。また、自然増加の圧力に対しては、人工妊娠中絶による産児調整が急激な「減圧」をもたらした。これにより、人口のポテンシャル・エネルギーは主に農業セクターに蓄えられるとともに、人口抑制による急速な人口転換が促された。このことは結果的に、一九六〇年代以降の社会的扶養負担が必要な「従属人口」の比率が低い「人口ボーナス」期間をもたらすとともに[30]、農村・農業セクターから都市部・工業セクターに供給しうる潜在的過剰人口を生み出した。これらが、一九五〇年代半ばから七〇年代半ばまで続く「高度経済成長期」の人口的基盤となったのである[31]。

総力戦としてのアジア・太平洋戦争と敗戦は、マクロレベルで見ると人口構造・人口の社会的配置にショックを与え、戦後社会を規定する大きな影響をもたらしたといえる。しかし忘れてはならないのは、こうしたマクロレベルでの変動の背後には、困難な状況に直面した一人一人の自発的・非自発的な移動や選択の集積があったということである。

戦争と敗戦のショックが「結果的に」戦後の人口的条件を用意したことをもって、この戦争が「役に立った戦争」(32)であったと簡単に評価することはできない。しかしながら、苛烈な戦争の影響が戦後日本の経路依存的な展開を準備したことは間違いないだろう。

〔付記〕一九五五年ＳＳＭ調査データ使用にあたっては二〇一五年ＳＳＭ調査データ管理委員会の許可を得た。本研究はＪＳＰＳ科研費JP25000001、JP19K02123 の助成を受けた。

（1）　Hobsbawm, E., The Age of Extremes: The Short Twentieth Century, 1914-1991, Michael Joseph, 1994（大井由紀訳『二〇世紀の歴史（上・下）』筑摩書房、二〇一八年）。

（2）　本章では、終戦を挟んだ一九三〇―六〇年の間のいわゆる「内地」人口・社会の変動に焦点を当てて分析・考察を加えており、一部の内容は石田淳「戦争と人口構造――高度経済成長の基盤としてのアジア・太平洋戦争」荻野昌弘編『叢書　戦争が生み出す社会Ｉ　戦後社会の変動と記憶』新曜社、二〇一三年と重複する。なお、本章ではドメスティックな問題の焦点化に留まるものの、アジア・太平洋戦争の人口的・社会的影響は当然内地に留まることなく、旧植民地を含む帝国勢力圏全般に及び、それぞれのサブ領域間において複雑に相互作用していることに注意しておきたい（蘭信三編『日本帝国をめぐる人口移動の国際社会学』不二出版、二〇〇八年、蘭信三編『帝国以後の人の移動――ポストコロニアリズムとグローバリズムの交錯点』勉誠出版、二〇一三年、加藤聖文『海外引揚の研究――忘却された「大日本帝国」』岩波書店、二〇二〇年）。また、敗戦によって日本領土から切り離された沖縄や小笠原諸島が、ある期間計量外に置かれていることにも留意したい。

（3）　高岡裕之『総力戦体制と「福祉国家」――戦時期日本の「社会改革」構想』岩波書店、二〇一一年、一〇一―一〇五頁。

（4）　同前、二二三頁。

（5）岡崎陽一『日本人口論』古今書院、一九九九年、二六頁。
（6）吉田裕『日本軍兵士――アジア・太平洋戦争の現実』中公新書、二〇一七年、二三―二五頁。広田純「太平洋戦争におけるわが国の戦争被害」『立教経済学研究』第四五巻第四号、一九九二年はまた、さまざまな資料から戦没者数を推計し、軍人軍属二二〇万人、沖縄・満州・ソ連（シベリア）等の在外邦人四〇万人、内地戦災死亡者五二万人あまりとしている。
（7）引揚援護庁編『引揚援護の記録』引揚援護庁、一九五〇年。
（8）蘭信三「日本帝国をめぐる人口移動の国際社会学をめざして」前掲『日本帝国をめぐる人口移動の国際社会学』。
（9）前掲『引揚援護の記録』一三頁。
（10）一九四五年前後は、移動や戦災による集計もれなどデータのゆがみの影響も一部存在する可能性がある。
（11）こうした特定コーホートの男性における減耗は、同世代の女性側にとっては未婚・死別の問題として継続的な影響を残すことになる（塩沢美代子・島田とみ子『ひとり暮らしの戦後史――戦中世代の婦人たち』岩波新書、一九七五年）。
（12）厚生省・社会援護局援護五〇年史編集委員会監修『援護五〇年史』ぎょうせい、一九九七年、五―二七頁。
（13）佐々木啓「総力戦の遂行と日本社会の変容」『岩波講座　日本歴史　第一八巻　近現代四』岩波書店、二〇一五年、七六―七七頁。
（14）原朗「日本の戦時経済――国際比較の視点から」同編『日本の戦時経済――計画と市場』東京大学出版会、一九九五年、一六―一八頁。
（15）西成田豊『近代日本労働史――労働力編成の論理と実証』有斐閣、二〇〇七年、三〇四頁。
（16）このことは、国勢調査による市部・郡部別の人口推移においても、終戦後のみ都市化の長期トレンドに逆行する動きとして確認することができる（前掲「戦争と人口構造」）。
（17）ＳＳＭ調査では、たとえば、終戦時二〇代（一九一六―二五年生まれ）であれば、一九八五年調査まで情報を追うことは可能である。ただし、対象者の死亡による生存バイアス、回顧データの不確実性も大きくなる。ＳＳＭ調査データを用いた戦前・戦中期の社会移動研究としては、佐藤（粒来）香『社会移動の歴史社会学――生業／職業／学校』東洋館出版社、二〇〇四年、岩井八郎「戦時体制による経歴の流動化と戦後社会――ＳＳＭ調査の再分析」橋本健二編『戦後日本社会の誕生』弘文堂、二〇一五年、岩井八郎「戦時期から戦後における高学歴層の流動性と戦後階層システムの形成」『社会学評論』第六九巻第三号、二〇一八年、橋本健二『はじまりの戦後日本――激変期をさまよう人々』河出書房新社、二〇一六年、渡邊勉『戦争と社会的不平等――アジア・太平洋戦争の計量歴史社会学』ミネルヴァ書房、二〇二〇年がある。
（18）実際に用いるのは、一九八二年にＳＳＭトレンド分析研究会によって、再コーディングと再サンプリングされたデータ（n=2014）である。
（19）小学（尋常小学校、国民学校初等科）には「学歴なし」を含む。高小（高等小学校、国民学校高等科）には「新制中学」を含む。旧制中には「新制高校」を含む。旧制高専・大には「新制大学」を含む。

(20) 自営は、農業を除いて従業上の地位が業主、単独、家族従業のいずれかの者とした。また、兵役には軍属を含む。なお、橋本の『はじまりの戦後日本』は、生産手段の所有状況に注目した階級分類を用いて同じ期間の階級分布の推移を分析している。

(21) 前掲『戦争と社会的不平等』。

(22) 渡邊の『戦争と社会的不平等』によるさらに詳細な分析では、兵役経験者の除隊後の不安定・下方移動は、一時的なものに留まること、兵役の農業への就きやすさへの統計的影響は一九五一年以降なくなるものの、自営業については一九五五年まで継続することが示されている。

(23) 前掲『引揚援護の記録』資料一二三。

(24) 島村恭則「引揚者が生み出した社会空間と文化」同編『叢書 戦争が生み出す社会Ⅱ 引揚者の戦後』新曜社、二〇一三年、橋本健二・初田香成編『盛り場はヤミ市から生まれた 増補版』青弓社、二〇一六年。

(25) 厚生省『厚生白書(昭和三一年度版)』東洋経済新報社、一九五六年。

(26) 荻野美穂『「家族計画」への道――近代日本の生殖をめぐる政治』岩波書店、二〇〇八年、一五九―一七五頁。

(27) 同前、一七五頁。

(28) 金子隆一「人口統計の示す日本社会の歴史的転換」国友直人・山本拓編『二一世紀の統計科学Ⅰ 社会・経済の統計科学』東京大学出版会、二〇〇八年。

(29) 阿藤誠『現代人口学――少子高齢社会の基礎知識』日本評論社、二〇〇〇年、九六―一〇一頁、斎藤修「近代人口成長」速水融・鬼頭宏・友部謙一編『歴史人口学のフロンティア』東洋経済新報社、二〇〇一年、八一―八二頁。

(30) 前掲「人口統計の示す日本社会の歴史的転換」二五頁。

(31) 前掲「戦争と人口構造」。

(32) Dower, John W., *Japan in War & Peace: Selected Essays*, The New Press, 1993(明田川融監訳『昭和――戦争と平和の日本』みすず書房、二〇一〇年)。

第6章
占領と「在日」朝鮮人の形成
――アメリカによる戦後処理とグローバル冷戦のなかで

崔徳孝

はじめに

戦時中、日本には約二〇〇万人の朝鮮人が在住していたが、その大半が戦後まもなく朝鮮半島へ帰還し、五〇万以上が日本に「残留」することになった。いわゆる戦後の「在日」の誕生である。占領軍（GHQ／SCAP）の指令を受けて日本政府が一九四六年三月に実施した朝鮮人帰還希望者の登録では、六四万七〇〇六人の登録者のうち五一万四〇六〇人が帰還の意思を示していたが、占領軍と日本政府によるその後の「計画輸送」で実際に朝鮮へ帰還したのは八万二九〇〇人に過ぎなかった。興味深いことに、この「計画輸送」政策が不振に陥ると、占領軍の諜報当局は一〇〇〇人以上の朝鮮人を対象に面談調査を行い、「朝鮮人がなぜ朝鮮帰還への熱意を失い、日本残留を希望するようになったか」その理由を分析している(1)。

この面談調査によると、朝鮮人の本国帰還を妨げている最大の要因は、持ち帰り金・荷物に対する制限と朝鮮の政治・経済状況、そして「日本の生活様式への同化」であるという。占領軍の政策により、帰国者一人あたりが携行できる現金と荷物は一〇〇〇円及び重量二五〇ポンド（のちに緩和）に制限されており、こうした制約が日本で僅かながらも生活基盤を築いた者たちの帰還を困難にしていた。また、朝鮮の混乱した経済状況（インフレや失業者の急増）と政情不安も、帰国を見合わせる要因となっていた。調査によると、回答者一〇六一人のうち六一三人が政情不安を理由として挙げており、なかには、米ソの朝鮮分割占領と対立で「国が戦場になるかもしれない」と憂慮を示す者もいたという。さらに、他の理由として一三七人が「日本の生活様式への同化」を挙げた。

この面談調査が行われた時期（一九四六年七月前後）を考慮するとき、朝鮮人が戦後間もないこの時点で「日本残留を希望するようになった」と見なすのには無理があるだろう。この調査はむしろ、なぜ多くの朝鮮人が帰国を「見合わせる」ようになったのかを物語っていると言える。そしてその重要な要因として、占領政策（引揚政策）の問題と朝鮮半島の冷戦構造、さらに朝鮮人のポストコロニアルな問題性（日本への「同化」）という三つの要素が複合的に絡み合っている様相を見て取ることができる。戦前・戦中の在日朝鮮人の存在が日本の朝鮮植民地支配と総力戦体制下の労務動員の産物であった事実に鑑みるならば、戦後「在日」の誕生の背景には、本書の主眼である二〇世紀の総力戦と冷戦の「折り重なり」とともに、日本帝国の遺産が米国の「戦後処理」と国際秩序形成によっていかに規定されることになったのかという問題が、横たわっていると言えるだろう。

本章では、戦後「在日」の形成を米国の戦後処理政策と冷戦政治との関係から論じる。特に、朝鮮人の本国帰還と「残留」朝鮮人の民族教育問題を中心に、米国の在日朝鮮人政策を世界史の文脈に位置づけて鳥瞰的に考察してみる。

一　「戦後処理」と在日朝鮮人の帰還問題

日本帝国の解体が米国によるグローバルな次元での「戦後処理」の一環として展開されるなかで、在日朝鮮人の本国帰還の問題は、在外日本人の引揚問題と同様、ヨーロッパにおけるドイツ系住民の強制移住や少数民族の「住民移動(population transfer)」との関連で米国の戦後計画に位置づけられることになった。[2] 最近の代表的な研究成果では、ヨーロッパにおける戦前・戦中の「民族マイノリティ(national minorities)問題」と、東アジアにおける帝国崩壊後の人の移動・残留の問題を共通の地平で論じることの重要性が提起されたが、[3] 本章ではこうした問題意識を引き継ぎつつ、米国の在日朝鮮人政策をヨーロッパにおける戦後処理構想との関係から分析してみる。

周知のように、在日朝鮮人は米国の初期対日占領政策のなかで「解放民族」として扱われるとされた。一九四五年一一月一日に米国政府が作成した「日本占領及び管理のための連合国最高司令官に対する降伏後における初期の基本的指令」は、在日朝鮮人・台湾人の処遇に関して次のように規定している。

貴官は、軍事上の安全が許す限り中国人たる台湾人と朝鮮人を解放民族(liberated peoples)として処遇する。彼らは、この指令に使用されている「日本人」という用語には含まれないが、彼らはひきつづき日本臣民(Japanese subjects)であるから、必要の場合には貴官によって敵国人(enemy nationals)として処遇されてよい。[4]

では、この「解放民族」としての処遇とは何を意味したのであろうか。大沼保昭はこの規定を「基本的にリップ・サービス以上のものではなかった」とみなすが、[5] 事実、占領当局にとって「解放民族」の規定は、在日朝鮮人の本国帰還との関係のみで特別な意味を有するものであった。一九四八年五月に占領軍外交局が米国務省に送った「在日朝鮮人の地位」という報告書は、次のように説明している。

朝鮮人の「解放民族」としての地位は、本司令部による処遇において、朝鮮人の朝鮮への帰還を奨励し帰還のためのあらゆる機会を提供することに事実上限られてきた(強調筆者)。[6]

占領軍の当初の在日朝鮮人政策はもっぱら朝鮮人を「追い出す(get them out)」ことに重点がおかれており[7]、占領開始から約二カ月後の一一月一日には「日本からの非日本人の送還」という指令を発表して、日本政府に在日朝鮮人(および在日台湾人・中国人)の本国帰還のための措置を本格的に指示するようになる。さらに、翌年の二月一七日には、「朝鮮人、中国人、琉球人および台湾人の登録」という指令を発表し、日本政府に対してその者たちの登録と帰国の意思確認を命じた。この指令では、登録を怠った者や帰国の意思を示さなかった者、もしくは帰国の意思を示して登録しておきながら日本政府の指示に基づいて出発しなかった者は、政府の費用で帰国する「帰還の特権」を失うとされた[8]。

興味深いことに、この「帰還の特権」は在監者にまで適用された。三月一〇日付の占領軍部隊の報告書によると、千葉県では朝鮮人が収監されている県内すべての刑務所を米軍士官が訪れ、軽犯罪で起訴されていた者たちに「朝鮮への帰還希望の有無」を確認した。全員が帰還を希望したため、占領軍は千葉県の警察当局に四六人全員の釈放を指示した[9]。他の占領軍部隊では、二月中に合計八五人の朝鮮人未決囚を送還のため釈放したという[10]。九州の部隊はこうした措置を「無差別な送還の実施」として記録しているが[11]、まさに占領軍による初期の在日朝鮮人政策の核心をついた表現であると言える。その後、朝鮮人を「追い出す」政策が行き詰まりを迎えると、占領軍は一九四六年一一月一二日に声明を発表し、「帰還の特権」を拒否して日本に残る朝鮮人は将来樹立される朝鮮半島の政府が国民として認めるまで「日本国籍を保持しているものとみなされる」と宣言した[12]。

占領軍のこうした在日朝鮮人政策について、既存の研究では主に、「過剰人口を可及的に減少させることによって極度の不足に悩む日本の食糧事情の緩和に役立させる」という経済的観点と、「戦勝国人として日本の警察権力に服従しない中国人・朝鮮人を、治安対策として送還してしまう」という治安の観点から説明している[13]。しかし、こうした日本の国内問題との関係だけでなく、より広い世界史の趨勢の文脈のなかに占領軍の送還政策を位置づけて理解するとき、「解放民族」規定が何を意味したのか（もしくは意味しなかったのか）が見えてくる。占領軍の送還政策は、第二次世界大戦中より連合国の政策決定者たちが抱いていた「民族マイノリティ問題」に対するある共通の理念を反映したものであり、それは民族マイノリティの自発的および強制的な送還（population transfer）という物理的な排除でもってその「問題」を解決することであった。そしてこの理念は、戦間期における新たな国際秩序の崩壊という経験の産物であった。

第一次世界大戦後にヨーロッパで試みられた国際平和秩序の構築では、「民族自決」の原則に基づいて東中欧に新たな民族国家が樹立された。また、民族国家の誕生と国境線の変更によって生じる民族マイノリティ問題の紛争予防のために、国際連盟の関与による民族マイノリティの国際保護制度がつくられた。戦勝国は、ドイツを除く敗戦国と東中欧の新興国（ポーランド、チェコスロヴァキア、ユーゴスラビア）などに対して、その国の領土に存在する民族マイノリティの保護を義務づける条約を締結させるとともに、国際連盟が必要に応じて問題解決に関与する制度を導入した。条約は締結国に対して、その国に居住するすべての者たちの生命と自由の保護を義務づけるだけでなく、民族マイノリティに対する平等の権利と「母語」の自由な使用の保障、さらに宗教・教育施設設置の権利を認めさせた。また、チェコスロヴァキアやルーマニアなどの場合では、特定の民族マイノリティ集団に対する宗教・教育の「自治」の容認が義務づけられもした(14)。

しかし、主に中東欧の国家だけにこうした保護義務が適用されたためそれらの国々の不満が高まり、さらに「民族自決」および民族マイノリティに対する積極的保護の理念がナチスドイツに悪用されるなどしたため、この国際制度は第二次世界大戦前には機能不全に陥ることになる。一九三八年三月、ナチスドイツが「民族自決」を掲げてオーストリアを併合し、さらにドイツ系住民の保護を口実にチェコスロヴァキアのズデーテン地方の併合を推し進めた。この過程でズデーテンのドイツ系住民がナチスに呼応して民族紛争を煽り、チェコスロヴァキアの解体へとつながっていった。こうした経験から、連合国の政策決定者たちは民族マイノリティ問題に対して、それまでの積極的な保護政策（言語・文化・宗教の保護）ではなく同化と物理的な排除（自発的・強制的な移動）による解決を志向するようになった[15]。すなわち、一方で国内の民族マイノリティをできる限り「本国」へ送還し、他方で残った者たちには同化を強いることが、国内の民族問題を解決する有効な手段として認識されるようになったのである。

ドイツ降伏後の一九四五年七月に開かれた米英ソの指導者によるポツダム会談では、中東欧に残っていたドイツ系住民を「秩序だった人道的な方法」でドイツに移住させることが決められたのであるが、米国務省の記録によると、こうした無差別的な強制移住は「危険なマイノリティ問題の出現を回避するため」にやむなく是認された措置であった[16]。また、翌年の七月に開催されたパリ講和会議では、米英の代表団が中東欧の民族マイノリティ問題に対して、積極的な保護政策によるマイノリティの存続ではなく「同化」の必要性を唱えた[17]。

このように、民族マイノリティの存在に対する否定的な認識がヨーロッパの戦後処理構想の中で支配的になっていたのだが、こうした認識は米国の在日朝鮮人政策の立案過程にも反映された。例えば、一九四五年四月に国務省極東局のジョージ・マッキュンが作成した「在日朝鮮人の本国帰還」という政策提言文書は、終戦後に在日朝鮮人の大多数が自ら帰還する可能性とその必要性を論じるなかで、食糧不足や失業などの経済的問題とともに民族マイノリティ問題に対する憂慮を示している。マッキュンは、終戦時に存在する在日朝鮮人の数を一五〇万人と想定しながら、このうち一二〇万人が「日本人化のプロパガンダ」にそれほど感化されていないため「民族マイノリティ集団（racial minority bloc）」を形成することになり、日本人の「敵愾心」の標的となるであろうと主張する。また、残りの三〇万人に関しては、日本社会である程度の「経済的安定」を成し遂げたかもしれないので「深刻なマイノリティ問題」をもたらさない可能性もあるが、その者たちの多くもやはり「日本人化」されていないため日本人による「相当な民族憎悪」の標的になるであろうと指摘し、「真に同化された朝鮮人」の数は五万人にも至らないと分析する。[18] 在日朝鮮人の本国送還を主張する背景に、民族葛藤に対する憂慮と日本経済の問題があったことがわかる。

さらに、国務・陸軍・海軍調整委員会（ＳＷＮＣＣ）での最終的な政策立案過程でも、民族問題と経済問題が在日朝鮮人政策の議論の基底をなした。戦争難民局のジェーン・ケアリーが八月八日にＳＷＮＣＣの極東小委員会に提出した政策起草案「日本におけるディスプレイスト・パーソンズ」では、朝鮮人（および台湾人）の存在が「日本の物資と経済を消耗させるだけでなく社会混乱の種になる」から、その者たちを「可能な限り速やかに帰還させる」ことが提案された。また、日本に長年在住している朝鮮人に関しても、「残留を望むかもしれないが日本経済の状況からすると好ましくない」とし、残留の許可は「日本人が許容できる者たちだけ」に限るとされた。[19] この「日本人が許容できる者たち」とは、マッキュンの言う「真に同化された朝鮮人」を言い換えたものにすぎないであろう。重要なのは、こうした「同化朝鮮人」のみに残留を認め、それ以外は帰還させることが在日朝鮮人政策の基本理念となっていた点である。

同時に、在日朝鮮人政策は在朝日本人の本国帰還の問題とも密接に結びついていた。在朝日本人の帰還が日本の失業・食料問題に及ぼす影響について分析した別の政策起草案には、「日本にいる朝鮮人労働者の朝鮮への帰還が在朝日本人の帰還を相殺する役割を果たすであろう」とある。[20] 当時、米国の政策決定者がヨーロッパおよびアジアにおける戦後の住民移動を構想するにあたり、一九二〇年代のギリシア＝トルコ住民交換の前例をモデルとしていた事実に鑑みれば、[21] 在日朝鮮人と在朝日本人の本国帰還が相互規定的な問題として位置づけられていた点は重要である。

最終的にケアリーの起草案はいくつかの修正を経るなかで、在日朝鮮人の残留許可の制限に関する文言が削除された。[22] さらに、一〇月五日に極東小委員会がＳＷＮＣＣに提出した政策案では、「台湾系中国人と朝鮮人を含む非日本人のうち、帰還可能な者はすべて（all repatriable persons）できるだけ早い時期に帰還させる」という文言が修正され、

「もし本人が希望するならば（if they so desire）できるだけ早い時期に帰還させる」となった[23]。この修正過程を詳細に分析した金太基は、「帰還の条件に「もし本人が希望するならば」という本人の意思がつけ加えられることによって、米国の基本的な在日外国人政策〔在日朝鮮人政策〕が変わった」と解釈し、政策基調の変化を強調している[24]。しかし、これまで論じてきたように、米国の在日朝鮮人政策をより広い世界史の趨勢の文脈のなかで捉えるならば、民族マイノリティ問題一般に対する米国（そして連合国）の政策決定者たちのアプローチ（物理的な排除と同化）と軌を一にしたものであり、在日朝鮮人に対してもこうした解決手段を決して放棄したものではない。すなわち、文言の変化が示しているのは、在日朝鮮人問題を民族マイノリティ問題として扱うなかで、その物理的な排除の手段として重点が「強制的」な送還から「自発的」な本国帰還（「もし本人が希望するならば」）へとシフトしたに過ぎないのである。後述するように、物理的な排除と同化を両軸とするアプローチは、いわゆる戦後「国際人権レジーム」の形成に支えられながら、その後の在日朝鮮人政策にも反映されたのであった。

二　在日朝鮮人の民族教育問題

一九四八年四月二四日、占領軍が占領後初となる「非常事態宣言」を発布して在日朝鮮人の民族教育擁護闘争を弾圧した事件（「神戸事件」）は有名である。後述するように、米国のグローバル冷戦戦略が日本の民族問題に暴力的にのしかかったのであった。

在日朝鮮人の民族教育問題の発端は、一九四八年一月二四日に日本政府の文部省が発した「朝鮮人設立学校の取扱いについて」という通達（いわゆる「一・二四通達」）にある。朝鮮人学校は、戦後直後から在日朝鮮人有志と在日本朝鮮人連盟（朝連）によって全国各地でつくられ、一九四六年一〇月までに初等学院五二五校、中学校四校、青年学院一二校が運営され、四万五〇〇〇人近くの朝鮮人生徒が就学していた。校舎などの教育設備や教員、教科書すべてを在日朝鮮人自身の手で準備し、まさに自主的・自律的な教育をつくりあげたのである。だが、文部省の通達はこれを真っ向から否定するものであった。朝鮮人は「日本の法令」に従って「日本人と同様に」子供たちに日本の義務教育を受けさせなければならないとし、朝鮮学校に関しては、私立学校として地方政府機関の認可を得て教育内容も日本の学校教育法に従わなければならないと規定した点で、「実質的には在日朝鮮人の教育の自主権をはく奪するもの」であった。[25]占領軍は在日朝鮮人に対する日本の義務教育を「平等の機会」の提供として擁護した。[26]

朝連は文部省の通達を「日本の法令への服従を口実に再び奴隷教育を強要するもの」であるとみなした。[27]すなわち、自主的な民族教育の否定は植民地時代の「奴隷教育」(同化教育)の延長を意味するものとして、まさに朝鮮人の「解放」に対する否定として受け止めたのであった。フランツ・ファノンが言うように、脱植民地化とは「新たな人間の創造」であるとき、[28]在日朝鮮人による朝鮮(語)教育は人間性の回復に向けた脱植民地化の実践に他ならなかった。

文部省は指示に従わない朝鮮人学校を閉鎖すると通告し、実際に東京、岡山、兵庫、山口などで閉鎖を命じた。こうした強硬措置の背景には、占領軍の全面的な後押しと指示がある。金太基の研究が明らかにしたように、特に地方の占領軍が朝鮮人学校に対して日本の法律に従っていないと否定的な認識を示し、日本の地方行政機関に強い姿勢で臨むよう指示した。また占領軍は、朝連が大阪で運営する「八・一五政治学院」という青年学校で「共産主義教育」が行われていると問題視し、朝鮮人教育全体に対する管理の強化を唱えるようになった。[29]すなわち、在日朝鮮人を「日本国民」として日本の法令でがんじがらめにしようとする占領軍および日本政府の支配の論理が、在日朝鮮人による民族自決の実践と真っ向から対立するなかで、新たに「冷戦」という国際環境の変化がこれに作用している構図を教育問題の背景に見て取ることができる。ある意味、戦後の「第三世界」に特徴的に表れた脱植民地化と冷戦の「交差」の問題がここにあると言えよう。[30]そして、冷戦の始まりとともに重要なのは、戦後世界秩序の形成におけるもう一つの国際政治過程として登場した「国際人権レジーム」の誕生である。戦中から戦後にかけて国際舞台の場で「人権」擁護の政治言説がつくられていくなかで、逆説的にも、在日朝鮮人による自律的・自主的な民族教育の実践は困難に直面せざるを得なくなっていた。

前述のように、第二次世界大戦中より連合国の政策決定者たちの間では、国際連盟時代の民族マイノリティ国際保護制度に対する否定的な認識が支配的になっていた。「民族自決」および民族マイノリティに対する積極的保護の理念がナチスドイツの膨張政策に悪用されたこともあり、民族マイノリティの権利は国際平和や安全保障と相いれないものとしてみなされるようになった[31]。それに代わり唱えられたのが「人権」の保護である。例えば、チェコスロヴァキアの大統領エドヴァルド・ベネシュは、一九四二年一月に『フォーリン・アフェアーズ』誌に寄せた文章のなかでヨーロッパ戦後秩序の展望を論じながら、将来におけるマイノリティの保護は「民族の権利」ではなく「人間の民主的権利(human democratic rights)」の保護によってなされるべきと強調した[32]。そして、国際連盟時代の民族マイノリティ保護制度からの「撤退」を象徴的に示しているのが、一九四五年六月に調印された国際連合憲章である。国連憲章では、戦後の国際人権レジームの基礎となる「基本的人権の尊重」が謳われた反面、国際連盟時代とは異なり、民族マイノリティの積極的保護と特別な措置に関する言及はなく、代わりに「人種、性、言語または宗教」による「差別の防止」が強調された。すなわち、国際法学者J・モーシンクの言葉を借りれば、国際連盟時代の失敗への反動から国連憲章は民族マイノリティの問題を「完全に黙殺」し、代わりに「より一般的な原則」である差別防止を前面に掲げたのであった[33]。

さらに、国連におけるジェノサイド条約と世界人権宣言の採択過程では、民族マイノリティに対する特別な保護政策が「同化」の理念とのせめぎあいの末に葬り去られることになった。一九四八年五月にジェノサイド特別委員会が起草した草案では、当初、ジェノサイドの概念としてある集団(特に民族集団)に対する「肉体の破壊」にとどまらず、言語や芸術などの「文化」の破壊を意味する「文化的ジェノサイド」の領域も含んでいた。この文化的ジェノサイドの概念は主に共産圏とアラブ諸国が支持するものであったが、同化政策を支持する米国や西欧諸国の反対により、最終的に条約案から削除されることになった。また、ジェノサイド条約の翌日に採択された世界人権宣言（一九四八年一二月一〇日）も、民族マイノリティの権利に関して同じ運命を辿っている。宣言文の最初の草案では、マイノリティに対する保護として、差別防止とは区別される積極的な保護措置（公的資金による文化・宗教施設および学校の設立と維持）を謳う条項が含まれていたが、国内に人種問題を抱える米国などの反対により国連人権委員会における起草過程で削除された[34]。すなわち、本来「差別からの保護」と「同化からの保護」を両軸とする民族マイノリティの権利は、「人権」言説に回収されるなかで後者の軸がはずされるとともに、より一般的な個人の権利と平等（「人権」）の問題に溶解されたのである。そして、この転換の背後にあったのがマイノリティの「同化」という理念であった[35]。

このように、戦後の国際人権レジームの基盤は民族マイノリティに対する特別な保護政策の否定によって成立したのであり、まさに「人権の奇妙な勝利[36]」であった。そして重要なのは、在日朝鮮人の民族教育問題が、冷戦構造の形成とともにこうした国際人権レジームの幕開けと同時進行で浮上し、東アジアで新世界秩序の創出を体現する米国の占領政策と真っ向から衝突することになった点である。占領軍は当初から在日朝鮮人の民族教育問題を「同化」の観点から扱っていた。一九四六年八月末に作成された内部報告書によると、占領軍の民間情報教育局は朝鮮人学校の設立と運営に関して、次のような理由から否定的な見解を示した。

（1）独自の学校が、大きな紛争の種となるマイノリティ集団を育成する危険性。
（2）朝鮮人の本国帰還は現在も進行中であり、このマイノリティ集団の数の減少は数年か近い将来にわたり期待できるという事実。

(3)日本での独自の朝鮮学校〔の設立・運営〕を要求するのは、民族独立や祖国再建を求める朝鮮人の主張と矛盾する。[37]

この内容からは明らかに、戦中から支配的になっていた民族マイノリティ対策、すなわち、一方で民族マイノリティをできる限り本国へ送還して数を減らし、他方で同化を推進して「問題」を解消しようとする対処法を見て取ることができる。そして、こうした占領軍の否定的な姿勢に新たに冷戦思考が加わりながら、在日朝鮮人の民族教育に対する強硬な方針が形成されていったのである。前述のように、一九四七年中盤になると、占領軍は朝鮮学校を「共産主義教育」と結びつけて警戒するようになった。さらに、歴史学者の荒敬が明らかにしたように、在日朝鮮人の民族教育擁護闘争が朝鮮半島での反米運動と連動して拡大する可能性も憂慮された。一九四八年四月一〇日付の占領軍の文書では、五月一〇日に予定されている南朝鮮での総選挙の前に朝鮮半島で大規模な反対闘争が起こり、これと連動して在日朝鮮人が「暴動」を起こすかもしれないという懸念が示されたのであるが、こうした占領当局の情勢認識が後述する「神戸事件」における「非常事態宣言」の発動という超強硬措置の背景にあったのである。[38]

三　「神戸事件」

日本政府による朝鮮学校閉鎖令は在日朝鮮人のあいだに大きな反発を呼び起こし、閉鎖を実行した地方当局に対する直接的な抗議運動が各地で大規模に展開された。山口県では一九四八年三月三一日に約一万人の朝鮮人が県庁前で抗議を行い、閉鎖延期の約束を勝ち取った。四月二三日には大阪府庁前で約一万五〇〇〇人の朝鮮人が抗議運動を行い、翌日には近隣の神戸市でも約五〇〇〇人が県庁前に集まり抗議を行った。この神戸市での抗議運動では、朝連の代表団が知事と直接交渉するなかで知事を軟禁状態において要求を受け入れさせたため、占領軍内で大きな問題となった。アイケルバーガー第八軍司令官の指令を受けた神戸基地司令官は、その日の夜に神戸市一帯に「非常事態」を宣言し、日本警察を直接指揮下におくだけでなく、米軍部隊も動員して朝鮮人の大規模な検挙を行った。占領軍の報告書によると、四月二四日夜から二七日にかけて約二〇〇〇人の朝鮮人が検挙されたのであるが、その者たちの多くが抗議集会への関与とは関係なく単に日本警察が朝鮮人であると識別したために検挙されたという。[39]「朝鮮人狩り」として記憶されたこの無差別検挙では、[40]朝連と敵対関係にあった右派系在日朝鮮人組織の朝鮮建国促進青年同盟の兵庫県本部が日本警察に協力を行い、朝連関係者を摘発するお先棒を担いだ。[41]

占領軍と日本警察当局はすぐに、神戸の抗議運動が南朝鮮の反米デモと連動した「共産党が扇動した暴動」であると宣言した。四月二六日の記者会見でアイケルバーガーは、「今回の大阪―神戸地区における暴動は明らかに日本共産党の扇動によるものである」と主張し、その根拠として、「三十名の朝鮮人と八名の日本人が検挙されたが、この八名の日本人は共産党の正式党員」であると述べた。[42]また、占領軍諜報局の関係者は、「南朝鮮の場合と同様に、今回の騒擾事件の背後には共産主義者がいると確信している。学校問題は口実に過ぎない」と主張し、国際共産主義陰謀として説明した。[43]さらに日本警察当局も、「共産主義者たちが日本でのデモを仕組み、五月一〇日の〔南〕朝鮮での選挙に合わせて東京での大集会でクライマックスに達するように指示していた」と発表した。[44]

この神戸事件に関してこれまで着目されてこなかった重要な事実がある。「非常事態」で動員され「朝鮮人狩り」を担った米軍部隊は、いわゆる「黒人部隊」と呼ばれる第二四歩兵連隊であった。黒人兵士のみで構成された第二四歩兵連隊は、米極東軍の中で唯一、三つの大隊を有する大規模な連隊で、まさに米軍内における「人種隔離」を象徴していた。終戦後、沖縄に駐屯していた第二四歩兵連隊は一九四七年一月に岐阜県の米軍キャンプに移り、その一部は翌年一月より哨兵として神戸基地の警備に配置された。[45]非常事態宣言を発布した神戸基地司令部は、白人の憲兵部隊ではなくこの黒人哨兵たちの部隊を現場へ派遣し、日本警察とともに朝鮮人に対する一斉検挙を敢行させたのであった。すなわち、「非常事態」の敷かれた神戸では、「白人」の米軍司令官の指揮下で「有色人種」集団（黒人部隊・日本警察・朝鮮建国促進青年同盟）の共同作業が展開されたのである。この構図はまさに、世界的なヘゲモニーの確立を追求する米国の新たな人種主義統治および「非公式の帝国」の縮図とも言えるものである。[46]

占領下で初となる黒人部隊の大々的な動員に関して、アイケルバーガーは記者会見で、「本当に素晴らしい部隊だ。みんな素晴らしい兵士たちで誇りに思う」と褒めたたえ、「日本にはカラーライン（人種の境界線）が存在しないので黒人部隊の使用が憎悪されることはなかった」と述べた。[47] 米国内の主要メディアは主にAP通信の記事に基づいてこの事件を一面で報道したのであるが、その見出しと内容では一様に、在日朝鮮人の抗議運動を「アカの暴動（red riot）」として取り上げ、これを「アメリカの黒人兵」が「無力な日本警察」に代わり鎮圧したと紹介した。[48] また、アフリカ系アメリカ人が発行する新聞でも同様な形で神戸事件は報道された。[49]

神戸事件は在日朝鮮人問題の「冷戦政治化」（Cold War politicization）を二重の意味で体現している点で重要である。第一に、前述のように神戸事件の背景として、占領軍が在日朝鮮人の民族教育擁護闘争を朝鮮半島での反米運動と結びついたものとして認識するようになった。すなわち、民族教育問題は「冷戦のレンズ」を通じて認識され扱われるようになったのである。第二に、神戸事件に対する占領軍の声明と新聞報道を通じて、在日朝鮮人の民族教育問題が冷戦の問題として公式的に定義づけられ、米国の冷戦言説に絡み取られることになった。占領軍諜報局の関係者が「学校問題は口実に過ぎない」と主張して国際共産主義の陰謀を強調したように、占領軍は神戸事件を「アカの暴動」との対決の問題として提示した。そして、こうした見方がメディアを通じて喧伝されながら、日本国内の民族問題が国際冷戦の問題とされる言説の配置換えが展開されたのである。

同時に、黒人部隊の「活躍」が米国メディアによる神戸事件の表象において重要な位置を占めることで、日本国内の民族問題が米国内の人種問題と「交差」することにもなった。黒人メディアの有力紙である『ニューヨーク・アムステルダム』には、黒人部隊を用いた占領軍の在日朝鮮人弾圧を痛烈に批判する投書が掲載されたのであるが、投書者は、米国社会の人種差別と闘う全米黒人地位向上協会（ＮＡＡＣＰ）のニューヨーク支部で顧問を務めるトマス・ジョーンズという人物であった。[50] 投書の中でジョーンズは、「朝鮮人弾圧」に黒人部隊を使用したのは「計画的な挑発行為」であり、「抑圧されている朝鮮人（oppressed Koreans）」と「抑圧されている黒人（oppressed Negro people）」のあいだに「反目と憎悪」を煽ることで「自らの解放のために闘う」両民族の「連帯」を阻むことにその目的があると主張する。ジョーンズは、在日朝鮮人による今回の抗議運動が「朝鮮人学童に日本語での教育を強要すること」に対する抵抗であると理解し、米軍による弾圧は「最近まで日本の軍閥と資本家たちによって奴隷状態におかれていた民族の文化と言語を踏みにじる試み」であり「ファシストの手口」であると非難する。さらに、在日朝鮮人弾圧は米国内のマイノリティ弾圧の延長として、すなわち、「黒人、インディアン〔ネイティブ・アメリカン〕、プエルトリコ人、メキシコ人、そして中国人に向けられた我が国の非米〔活動委員会〕政策の延長（an extension of the un-American policy）」として理解されなければならないと結論づける。こうした主張は、黒人運動がそれまで有していた反帝国主義および「被抑圧民族との国際的連帯」の思想の流れをくむものであった。[51] 重要なのは、ジョーンズが神戸事件の黒人部隊使用の問題を通じて在日朝鮮人問題をある意味で「発見」し、米国内のマイノリティ問題と共通の地平で理解して連帯の言葉を投げかけている点である。すなわち、神戸事件が米国のメディアを通じて黒人部隊による「アカの暴動」の鎮圧として表象され、在日朝鮮人問題が米国の冷戦言説に絡み取られることになりながらも、逆説的に、ある種の国境を越えた対抗言説を生み出す可能性が存在していたと言えるであろう。

　ジョーンズは黒人部隊の使用を被抑圧民族に対するある種の離間政策として見ているが、そもそも占領軍はなぜ朝鮮人の一斉検挙に黒人部隊を動員したのであろうか。また、それが当時どのような意味と効果を持ったのであろうか。

神戸事件のいきさつを詳細に報告した占領軍の文書には、黒人部隊使用の意図について何も記されていない。しかし、この問題に関してアイケルバーガーが記者会見で「日本にはカラーラインが存在しない」と言及したことに表されているように、そこには明らかに「人種問題」が意識されていたことがわかる。では、米国の人種問題と神戸事件における在日朝鮮人問題の「冷戦政治化」はどのような関係にあったのだろうか。最後にこの点について論じてみる。

黒人部隊の使用の意味は、米国のグローバル冷戦戦略における米国内の人種問題の重要性というより広い文脈から理解する必要がある。国際舞台でソ連が米国内の黒人差別・リンチの問題を積極的に取り上げて冷戦のプロパガンダ合戦を繰り広げるなかで、人種問題は、自由と民主主義の守護者を謳う米国の冷戦戦略にとってまさに「アキレス腱」となっていた。米国政府は、ソ連をはじめ国際社会が米国の黒人差別問題をどのように報道しているかに神経をとがらせるとともに、国際人権レジームの幕開けを迎える国連の場で、この問題が米国の国際的威信を傷つけていることを痛感していた。一九四七年一〇月にＮＡＡＣＰが米国の黒人差別を糾弾する嘆願書「世界へ訴える」を国連に提出し、国際的な注目を浴びたのであるが、ＮＡＡＣＰは米国南部の黒人抑圧を取り上げながら、「米国への脅威となっているのはロシアよりもむしろミシシッピ州であり」「外国からの侵入者による攻撃よりも、国内でわれわれ黒人兄弟になされている不正行為のほうがはるかに危険である」と国際社会に訴えた。ソ連の国連代表はこれを米国の威信を失墜させる機会として積極的に利用しようとし、ＮＡＡＣＰの嘆願書が国連総会で正式に議論されるよう働きかけた。また、当時米国を訪れた非白人国家の国連代表が皮膚の色を理由に宿泊施設やレストランで差別的な扱いを受ける事件が多発したのであるが、国務省の政策決定者たちは、国内の人種差別が対外関係を損ねるだけでなく、共産主義国家による「米国に害を及ぼす巧妙なプロパガンダ」の材料になっていることを憂慮していた[52]。

このように、人種問題は米ソの冷戦プロパガンダ合戦のなかで重要な位置を占めるようになったのだが、神戸事件をめぐる占領軍内部の議論にもこうした国際情勢が反映されていた。外交局のシーボルトは、占領軍関係者が朝鮮人の民族教育擁護闘争と共産党のつながりを前面に押し出すことに異議を唱え、「ソ連が朝鮮だけでなく朝鮮人マイノリティ集団の保護にいかに関心をもっているかを宣伝する」格好の材料になると憂慮を示した[53]。

すなわち、人種問題が米国の冷戦戦略における「アキレス腱」となるなかで、神戸事件における黒人部隊の使用は、占領下日本の「白人支配者」による「有色」民族マイノリティ抑圧という構図を回避する意味があったと解釈できる。そして、アイケルバーガーをはじめとする軍（第八軍）参謀本部が神戸事件を民族問題ではなく「アカの暴動」として「共産主義者」との対峙を強調したのに対し、外交局のシーボルトは外交官らしく、こうした主張が逆に民族マイノリティ問題を利用しようとする「ソ連の術中に陥る[54]」ことになると警戒したのであった。

おわりに

本章では、戦後「在日」の形成を米国の戦後処理政策とグローバルな国際政治過程との関係から考察した。米国の対日占領政策の中で提示された在日朝鮮人の処遇に関する「解放民族」規定は、在日朝鮮人の「本国帰還」を前提としてのみ意味を持つ「解放」であったのであり、日本に留まる者たちに対する特別な地位を認めるものではなかった。米国と占領軍の政策決定者たちは、在日朝鮮人の存在を民族マイノリティ問題の一環として扱い、本国帰還を奨励して可能な限り「追い出す」ことで「問題」の解決を試みた。こうした政策は、当時ヨーロッパの戦後処理で民族マイノリティ問題の解決のために取られた「住民移動（population transfer）」政策と軌を一にするものであった。連合国の政策決定者たちは、民族マイノリティに対する国際連盟時代の積極的な保護政策が民族葛藤の解消に成功せず、逆に民族紛争の火種を生み出したという反省から、民族マイノリティの存在を物理的な排除（自発的・強制的な移動）と同化によって除去する必要性を強調するようになった。そして、こうした反省に基づいて新たに登場したのが「人権」保護の理念である。戦後、国際人権レジームが形成される初期の過程では、マイノリティ集団に対する「差別からの保護」(差別防止)のみが国際的な規範理念となり、「同化からの保護」という国際連盟時代の規範理念は米国などの抵抗に遭遇するなかで葬り去られることになった。

在日朝鮮人の民族教育問題は、まさにこうした国際規範理念の転換期に浮上したのであるが、民族マイノリティ問題に対する米国の同化主義アプローチは、占領軍の在日朝鮮人政策にも反映された。すなわち、在日朝鮮人が民族自決の実践として自主的な朝鮮(語)教育を追求したのに対し、占領軍は日本に残留する朝鮮人を「日本国籍保持者」として扱いながら日本社会への同化を迫り、朝鮮人に対する日本の義務教育の強要を「平等の機会」の提供の問題として正当化した。さらに、神戸事件に象徴されるように、在日朝鮮人による民族自決の実践はグローバル冷戦というもう一つの国際政治過程に直面することになった。戦後「在日」の形成は、こうした複合的な世界秩序形成の過程が占領軍の政策と日本政府を通じて集約的にのしかかる「場」として規定されたのである。

(1)　"Investigation of Korean Societies" (September 3, 1946), GHQ/SCAP Records, G-3 00046, 国立国会図書館。

(2)　詳細は拙稿「帝国後の人の移動と旧宗主国・植民地間の相互作用」蘭信三・川喜田敦子・松浦雄介編『引揚・追放・残留——戦後国際民族移動の比較研究』名古屋大学出版会、二〇一九年。

(3)　蘭信三「引揚・追放・残留と民族マイノリティ問題」前掲『引揚・追放・残留』。

(4)　『在日朝鮮人管理重要文書集　一九四五〜一九五〇』湖北社、一九七八年。

(5)　大沼保昭『単一民族社会の神話を超えて』東信堂、一九八六年、三五頁。

(6)　"Status of Koreans in Japan" (May 6, 1948), Records of the U. S. Department of State Relating to the Internal Affairs of Korea, 1945–1949, reel 5.

(7)　William J. Gane, *Foreign Affairs of South Korea: August 1945 to August 1950* (PhD thesis, Northwestern University, 1951), p. 152.

(8)　前掲『在日朝鮮人管理重要文書集　一九四五〜一九五〇』一九—二〇頁。

（9） 82nd Military Government Company, "Unit Occupational History Report"(March 10, 1946), folder: MGCO-82-0. 2, box 17439, RG 407, National Archives and Records Administration, College Park, MD.(NARA).
（10） "Historical Events; Military Government Section for the Month of February 1946", 大矢一人編『軍政（ナンバーＭＧ）レポート』第三巻、現代史料出版、二〇〇七年、八頁。
（11） 92nd Military Government HQ & HQ Company, "Unit Occupational Historical Report"(March 1946), 前掲書、第九巻、一二七頁。
（12） 前掲『在日朝鮮人管理重要文書集　一九四五〜一九五〇』一五頁。
（13） 大沼保昭「出入国管理法制の成立過程2」『法律時報』五〇巻五号、一九七八年、七八―七九頁、宮崎章「占領初期における米国の在日朝鮮人政策」『思想』七三四号、一九八五年、一三二頁。
（14） Helmer Rosting, "Protection of Minorities by the League of Nations", *American Journal of International Law* 17, no. 3 (1923); Carole Fink, "The League of Nations and the Minorities Question", *World Affairs* 157, no. 4 (1995); Thomas D. Musgrave *Self-Determination and National Minorities*, Oxford University Press, 1997; 吉川元「戦争と民族強制移動」前掲『引揚・追放・残留』。
（15） Inis L. Claude, *National Minorities: An International Problem*, Harvard University Press, 1955, p. 80.
（16） US State Department, *Occupation of Germany: Policy and Progress*, US Government Printing Office, 1947, p. 25.
（17） Joseph B. Schechtman, *Postwar Population Transfers in Europe, 1945–1955*, University of Pennsylvania Press, 1962, p. 17.
（18） "Repatriation of Koreans in Japan"(April 25, 1945), box 12, Records of the Office of Assistant Secretary and under Secretary of State Dean Acheson, 1941–1948, 1950, RG 59, NARA.
（19） "Politico-Military Problems in the Far East: The Post-Surrender Military Government of the Japanese Empire: Displaced Persons in Japan"(August 6, 1945), Records of Subcommittee for the Far East, 1945–1948, reel 6.
（20） "Politico-Military Problems in the Far East: The Post-Surrender Military Government of the Japanese Empire: Displaced Persons in Korea"(August 7, 1945), Records of Subcommittee for the Far East, 1945–1948, reel 6.
（21） Lori Watt, "The Disposition of Japanese Civilians: American Wartime Planning for the Colonial Japanese", *Diplomatic History* 41, no. 2(2017); 川喜田敦子「第二次世界大戦後の人口移動」前掲『引揚・追放・残留』。
（22） State-War-Navy Coordinating Committee for the Far East, "Displaced Persons in Japan"(September 26, 1945), Records of Subcommittee for the Far East, 1945–1948, reel 6.
（23） State-War-Navy Coordinating Committee for the Far East, "Displaced Persons in Japan"(October 5, 1945), Records of Subcommittee for the Far East, 1945–1948, reel 6.
（24） 金太基『戦後日本政治と在日朝鮮人問題』勁草書房、一九九七年、六八―六九頁。

(25) 朴慶植『解放後在日朝鮮人運動史』三一書房、一九八九年、一八六頁。
(26) 前掲『在日朝鮮人管理重要文書集 一九四五〜一九五〇』一二四—一二六頁。
(27)『解放新聞』一九四八年三月一日。
(28) フランツ・ファノン『地に呪われたる者』みすず書房、一九九六年、三七頁。
(29) 前掲『戦後日本政治と在日朝鮮人問題』三八八—四〇四頁。
(30) この問題に関しては、O・A・ウェスタッド『冷戦——ワールド・ヒストリー』(岩波書店、二〇二〇年)を参照。ウェスタッドは、「第三世界」で展開された米ソの「冷戦介入主義」をある種のヨーロッパ植民地主義の延長として捉える興味深い議論を提示している。在日朝鮮人教育問題に引きつけて言うならば、ヨーロッパ植民地主義の延長(米国の冷戦介入主義)と日本植民地主義の延長の問題が「交差」をなして在日朝鮮人の「脱植民地化」の文脈に作用したと言えるだろう。
(31) Jennifer J. Preece, *National Minorities and the European Nation-States System*, Clarendon Press, 1998, p. 96.
(32) Eduard Beneš, “The Organization of Postwar Europe”, *Foreign Affairs* 20, no. 2(1942), p. 239.
(33) Johannes Morsink, *The Universal Declaration of Human Rights: Origins, Drafting, and Intent*, University of Pennsylvania Press, 2000, p. 271.
(34) Roger Norman and Sarah Zaidi, *Human Rights at the UN: The Political History of Universal Justice*, Indiana University Press, 2008, pp. 250–255.
(35) 後に国際人権レジームは、冷戦終結後に噴出した民族紛争などを契機にマイノリティの権利の積極的な保護へと転換していく。Jennifer Jackson Preece, “Minority Rights in Europe: From Westphalia to Helsinki”, *Review of International Studies* 23(1997).
(36) Mark Mazower, “The Strange Triumph of Human Rights, 1933–1950”, *Historical Journal* 47, no. 2(2004).
(37) Edwin F. Wigglesworth to Colonel Orr, “Separate Korean Schools in Gifu Prefecture”(August 28, 1946), GHQ/SCAP Records, CIE 04145, 国立国会図書館。
(38) 荒敬『日本占領史研究序説』柏書房、一九九四年、七六頁。
(39) “Korean Demonstrations in Kobe, Japan”(May 11, 1948), Records of the U. S. Department of State Relating to the Internal Affairs of Japan, 1945–1949, reel 15.
(40)「4・24を記録する会」編『4・24阪神教育闘争』ブレーンセンター、一九八八年。
(41) 鄭栄桓『朝鮮独立への隘路』法政大学出版局、二〇一三年、二一七—二二〇頁。
(42)『朝日新聞』一九四八年四月二七日。
(43) *New York Times*, April 26, 1948.

（44） *New York Times*, April 27, 1948.

（45） 第二四歩兵連隊の歴史に関しては、William T. Bowers, William M. Hammond, and George L. MacGarrigle, *Black Soldier, White Army: The 24th Infantry Regiment in Korea*, Center of Military History, U. S. Army, 1996.

（46） 戦時・戦後における米国の人種主義と「非公式の帝国」に関する優れた研究として、タカシ・フジタニ『共振する帝国——朝鮮人皇軍兵士と日系人米軍兵士』岩波書店、二〇二一年、および Simeon Man, *Soldiering through Empire: Race and the Making of the Decolonizing Pacific*, University of California Press, 2018.

（47） *New York Times*, April 26, 1948.

（48） *New York Times*, April 26, 27, and 28, 1948; *Washington Post*, April 26, 1948; *Los Angeles Times*, April 26 and 27, 1948; *Chicago Daily Tribune*, April 26 and 27, 1946.

（49） *Afro American*, May 1, 1948; *Journal and Guide*, May 1, 1948; *New York Amsterdam News*, May 1, 1948.

（50） *New York Amsterdam News*, May 8, 1948. トマス・ジョーンズに関する情報は次のものを参照にした。"Thomas R. Jones, 93, a Judge Who Agitated for Urban Revival, Dies", *New York Times*, November 1, 2006.

（51） 第二次世界大戦から戦後にかけての黒人運動の流れとその変化については、Penny M. Von Eschen, *Race against Empire: Black Americans and Anticolonialism, 1937-1957*, Cornell University Press, 1997.

（52） Mary L. Dudziak, "Desegregation as a Cold War Imperative", *Stanford Law Review* no. 41, no. 1 (1988), pp. 94-95; Paul Gordon Lauren, *Power and Prejudice: The Politics and Diplomacy of Racial Discrimination*, Westview Press, 1988, pp. 197-209; Carol Anderson, *Eyes off the Prize: The United Nations and the African American Struggle for Human Rights, 1944-1955*, Cambridge University Press, 2003, pp. 108-112.

（53） "Korean Disturbances in Kobe and Other Places" (April 27, 1948), Records of the U. S. Department of State Relating to the Internal Affairs of Korea, 1945-1949, reel 2.

（54） Ibid.

コラム❷

引揚者の性暴力被害
――集合的記憶の間隙から届いた声

山本めゆ

日本の戦時性暴力被害者が初めて一般聴衆の前に立ったのは二〇一三年、満蒙開拓平和記念館で開催された安江善子さんと佐藤ハルエさんによる講演だった。すでに知られている通り、岐阜県から渡満した黒川開拓団は敗戦直後に眼前の危機から逃れるため未婚女性をソ連兵に差し出した過去があり、お二人はその被害者だった。善子さんはこの記念碑的な講演において、X開拓団の慰霊祭に参列したときのことを回想している。

黒川開拓団と隣接していたX開拓団は一九四五年八月に集団自決に至ったが、応召されていた男性の一部は黒川開拓団に寄留し、ともに引揚げてきた。そうした縁で足を運んだ慰霊祭で、善子さんはわら半紙の冊子を渡される。そこにはX開拓団の女性たちについて「大和撫子として辱めを受けることなく清らかに戦死してくれたことを誇りに思いたい」等と記されてあった。彼らの心情は承知しつつも、事情をよく知る人までもがそのように回想していることに善子さんは混乱した。「一生懸命、何べんも読んでいくうちに、私は頭の中がんとたたかれたような思いがしたんですの。〔中略〕こちらは生きるために犠牲になって汚れて帰って〔中略〕私は大和撫子ではなかったんだなってふうに思ってね。でも、どちらが正しいんだろうと」〔二〇一三年一一月〕。

家父長制のもとで女性は性を差し出すことを要求されながら貞操義務を課されること、またその言説空間では聖母か娼婦かに二分されるものの両者が表裏一体であることなどは、すでにフェミニズムが繰り返し告発してきた通りである。本コラムではそれを踏まえつつ、善子さんを責め苛めてきたこの二重拘束的なメッセージが、いかに戦後日本における引揚げや引揚者をめぐる集合的記憶の形成と不可分であったかを示したい。

英霊化される被害者

「文明から野蛮へ、秩序から混乱へ、光明から暗黒へ――〔中略〕それは檻を放たれた狂犬のように掠奪暴行をほしいままにしたのだった」[1]。満洲や朝鮮半島、樺太等から帰還した民間人による報告や体験記が発表されるようになるのは、一九四〇年代後半以降である。ソ連軍の占領下に入った地域については、ほぼ例外なく「ロスケ」による蛮行と非道、そして性暴力が強調された。

同時に目を引くのは、無垢の婦女子を護るべく力を尽くしたという男性たちの雄弁さである。とりわけ市街地では、接客業の女性たちに「防波堤」の役を依頼したとの記述も頻出する。大連の赤十字病院で副院長を務めていた人物は、衆議院海外同胞引揚に関する特別委員会で、遊郭の女性を看護婦に仕立てて差し出したことを報告している。「私が副院長として残った最大の責任は、看護婦を無難に返すことでありました。〔中略〕あなた方にこういうことをお願いするのははなはだ相済まぬが、私のところにいる百六十名の看護婦はみんな無垢の人間で親から預かつているんだ、しかも赤十字の看護婦がひどい目にあわされることは忍びないから、何とかして身がわりになつて彼女らを助けてもらえないかと、畳に手をついてお願いしたのです。〔中略〕人身御供に出たのは快楽亭というところにおりました公娼の方にお願いしました。一六八名の看護婦は第二回の引揚げまでに全部帰しまして、一名もソ連の悪牙にかかった者はございません」[2]。こうした記述では、彼女たちのその後を案ずる言葉さえ見当たらない。

これに対し、自死に至った女性たちはしばしば神聖化される。新京の赤十字病院では、看護師として従軍していた女性たち二二名がソ連兵の暴虐に抗議して集団自決の道を選択したとされる。一九五一年に埼玉県大宮市の公園墓地に地蔵尊が建立されているが、そこには「凛烈なる自決の死によってソ連軍の暴戻に抗議し日本女性の誇りと純潔を守り抜いた白衣の天使たちの芳魂とこしなえに此処に眠る」と刻まれている。また、吉林省敦化の日満パルプ製造敦化工場では、一九四五年八月下旬にソ連軍が進駐、女性社員や家族が連日強姦され集団自決に至った。③この集団自決について、引揚研究で知られる若槻泰雄は、「もとより日本女性のすべてが易々諾々とソ連兵の毒牙に身を任せたわけではない」④と説明している。このように、ときに非命に倒れた女性たちを悼む言葉によって生き延びた被害者は貶められた。

集合的記憶の塑形

旧植民地や占領地で敗戦を迎えた引揚者は、帝国の拡張と崩壊に伴う被害と加害の双方を刻印された存在である。それゆえ戦後日本において共有されてきた引揚者像については、そこに戦後日本の自画像がいかに投影されたのかという歴史的・社会的文脈を踏まえて慎重に検討する必要がある。

成田龍一は、藤原ていによる二作品『流れる星は生きている』(一九四九年)と『灰色の丘』(一九五〇年)を対比させながら、前者が引揚文学の代表作となるほど広く読まれた理由として、ソ連軍の悪虐とそれに翻弄される無辜の母子の物語が一九五〇年代の冷戦期の緊張と共振するうえ、引揚げによって脆くも崩れ落ちたナショナルな共同性や家族の絆といった神話を回復させる効果があったと論じる。⑤母子を象徴とするような引揚者像の形成は入植という契機や朝鮮人・中国人との関係への関心を後景化させ、また植民地主義やそれにかかる責任論からも切り離されることになった。

性暴力被害の描写にみられる一定の型も、それらと同期しながら塑形されていったといってよいだろう。野卑なソ連兵とその手に落ちることを拒んで毒をあおる女性、そうした危機の最前線に身を投じた男性たちの英雄譚は、日本人としての同一性を回復し、毀損された男性性を修復しうる物語としておおいに歓迎された。「満妻」「パンパン」のように外国人男性と関係を持つことも、「混血児」[6]を出産して日本人の境界を混乱させることもない被害者だけが、引揚げをめぐる悲劇の象徴としてフレームアップされ、その枠組みに沿って記録や証言が再生産されていった。そして生き延びた性暴力被害者は集合的記憶からこぼれ落ちたまま、七〇年もの年月が流れた。

女性たちの声が切り拓くもの

冷戦体制終結に伴う戦争責任論の国際化、人権論の浸透、植民地主義にかかる損傷の重視といった地殻変動に揺れた一九九〇年代[7]、その奔流のなかで慰安婦問題は公論化を果たした。対して、植民者としての責任を負った引揚者の性暴力被害はこれらのベクトルの交点に位置していたことから、フェミニストからの反応も単純ではなかった。紆余曲折を経て、あらためて世の耳目を集める契機のひとつとなったのが冒頭の講演である。

ここまで確認してきたように、善子さんに長年の苦悶を強いた戦時性暴力被害者の英霊化については、帝国の崩壊と引揚げがもたらした痛みへの対処や、集合的記憶の形成過程とともに再考する必要がある。また、歴史修正主義的な論者たちがしばしば積極的に引揚女性の被害に言及してきたことについても[8]、慰安婦問題の矮小化・陳腐化を目論む目的合理的な行為としてだけでなく、先述のような引揚者の物語が再び訴求力を増している可能性にも留意すべきだろう。そうだとすれば、黒川開拓団の女性たちの声は、従来型の集合的記憶の限界をあらわにし、それを通して引揚げと性暴力に関するわれわれの理解を脱冷戦体制化・脱植民地主義化させる導きの糸として、今後も繰り返し参照されることになるはずだ。

（1）満蒙同胞援護会編『満蒙終戦史』河出書房新社、一九六二年、五五二頁。
（2）同前、五四九頁。南条正一「朔州における終戦から引揚まで」森田芳夫・長田かな子編『朝鮮終戦の記録〈資料篇 第三巻〉——北朝鮮地域日本人の引揚』巌南堂書店、一九八〇年、二二二—二二三頁。金子麟、衆議院海外同胞引揚に関する特別委員会、一九五〇年三月三一日。
（3）吉岡幾三「救いなき敦化」『秘録大東亜戦史 満洲編下』富士書苑、一九五三年、八五頁。
（4）若槻泰雄『戦後引揚げの記録 新版』時事通信社、一九九五年、一二五頁。
（5）成田龍一「忘れられた小説『灰色の丘』のこと——「引揚げ」体験とジェンダー」岩崎稔・大川正彦・中野敏男・李孝徳編『継続する植民地主義——ジェンダー／民族／人種／階級』青弓社、二〇〇五年。
（6）山本めゆ「性暴力被害者《サヴァイヴァー》の帰還——「婦女子医療救護」と海港検疫のジェンダー化」蘭信三・川喜田敦子・松浦雄介編『引揚・追放・残留——戦後国際民族移動の比較研究』名古屋大学出版会、二〇一九年。
（7）赤澤史朗「戦後日本の戦争責任論の動向」『立命館法学』第二七四号、二〇〇〇年。
（8）小林よしのり『新・ゴーマニズム宣言三』小学館、一九九七年、百田尚樹『日本国紀』幻冬舎、二〇一八年など。

コラム❸　台湾二二八事件と在日華僑社会

陳來幸

一　台湾にとっての二二八事件

日本の敗戦によって、植民地であった台湾は中国に返還された。終戦のわずか一年半後の、一九四七年二月二八日から三月中旬にかけて台湾人と台湾に拠点を移した中華民国政府との間で衝突事件が発生した。世にいう二二八事件である。二月二七日にヤミ煙草の取り締まりをめぐっておきた発砲事件をきっかけに台湾全島に反政府の暴動が広がっていった。命を落とした犠牲者の数は、当時の本土日本人や沖縄人などを含み一万八〇〇〇人から二万八〇〇〇人のあいだと見られている。中国大陸からやってきた外省人と台湾人との間の省籍矛盾がこれ以後の台湾社会を分断してきたとされる根源的事件である。そして、この事件に続く白色テロの時代を経て、長きにわたる中国国民党による権威主義的党国体制下で事件を語ることはタブー視されてきた。戦後台湾の中国への復帰は「光復」と称され、「訓政」段階にある国民党政権が、台湾住民の「中国国民化」を試みた。一方で、日本統治期に近代的自治思想を吸収した台湾人は政治参加を求めて政府と衝突した。つまり、ナショナル・アイデンティティの形成を目指した上からの国民統合政策が、「脱植民地化」を目指した台湾人から予想外の抵抗を受け、それを封じ込めようとして発生した事件と見られている。「台湾人」形成というエスノポリティックスの視点に基づき、二二八事件を「エシニシティの政治化過程」として捉える研究は(1)、日本に残る資料をも丹念に検証しつつ台湾知識人の組織や運動の系譜と戦後台湾との連続性に着目する。この点で、本コラムのテーマ「二二八事件」と「在日華僑社会」は深く結びつく。戦後の台湾をより立体的に捉えるためには、外来の国民党政権の強力な統合エネルギーによって台湾島外、ことに日本へと排除されていった人々や、戦前から日本に在住していたが、帰ろうにも帰ることができなくなった台湾人をも視野に入れての再解釈が必要となろう。(2)

二　移行期正義と現在の台湾

一九四九年五月から三八年間台湾本島に継続した戒厳令は一九八七年七月に解除され、台湾社会は民主化へと舵を切った。その象徴となったのが、一九九五年二月に台北の現二二八紀念平和公園で行われた、二二八事件紀念碑除幕式での李登輝総統の被害者家族に対する謝罪であった。同年「二二八事件処理補償条例」の制定によって事件に関する政治的決着がつけられると、中国を含む二二八関連の档案の公開と研究が大きく進んだ。そして、李登輝総統のもとで公式に『行政院「二二八事件」研究報告』(一九九二年二月)が完成し、初の民進党陳水扁総統の時代には二二八事件紀念基金会の下で『二二八事件責任帰属研究報告』(二〇〇六年)が出版され、蔣介石が最大の責任を負うべきことが確認された。二二八事件は国家暴力による「虐殺」の特徴をもち、それに続く白色テロとともに、二二八事件の人権侵害行為の主体は統治者であったと認識されている。二〇〇〇年から二〇〇八年の陳総統に続き、社会の各方面で本土(台湾)化が浸透した台湾で二〇一六年に就任した民進党蔡英文総統下では、政権成立時のマニフェストの一つである「移行期正義」実現のために「移行期正義促進条例」(二〇一七年一二月)が可決された。移行期正義とは、民主主義体制に移行した政権が、過去の人権侵害や大規模な虐殺について真相を明らかにした上で、社会の再建と和解を試みることをいう。つまり、民進党政府によって、不正に取得された国民党の一部資産の回収などと並行し、二二八事件と白色テロに関し、より多くの真相解明が現在進められている。二二八事件に関してはその研究の一部が日本語訳され出版されるに至った。[3]ただし、台湾の移行期正義の実践は、対立を助長するのではなく和解を図ることがとくに重視されていることが重要である。二二八事件を省籍矛盾、つまり台湾本省人と外省人の対立という単純な構図で捉えるだけでなく、現在に至る台湾住民の共有体験を重視する。背景には外省人二世などを含む「新台湾人」意識の高まりが存在する。つまり、移行期正義という名のもとで、歴史事件の政治化が進められているのである。「自由・民主・人権」を尊重する現在の台湾における移行期正義の実践は、元来型のポスト独裁の顔を持つとともに、ポスト植民地、ポスト紛争、ポスト冷戦など多面的様相を呈す。このような進んだ政治文化が、台湾の国際的地位向上に寄与するソフトパワーとして機能しているのである。

三　戦後日本華僑の特殊性

戦後直後の在日華僑社会は様々な点で特殊である。帝国内移動の結果朝鮮人同様日本に在住していた台湾人が戦勝国の中華民国人としての身分を与えられ、華僑社会の新たな一角を形成した点。日本帝国時代の残滓として日本にとどまった台湾人と朝鮮人、さらに旅券なしで渡航が可能であった中国大陸出身者が、旅券を持つことなく日本に在住を続ける外国人コミュニティを形成した点。また、日本と友好関係にあった傀儡政権が派遣した多民族構成の中国人留学生が華僑として残留したという点でも、他地域の華僑社会に類をみない珍奇な構造をもつ。その日本は戦後七年にわたり、GHQの占領下におかれ、ある意味統治の真空地帯であったことで、密航者や非合法貿易に従事する者が暗躍し、帰郷を目指すも、去就を決められない人々が港町に集まり、闇市でその日の糧を得て生存を図った点も特異である。そのうち、統計上在日中国人（華僑）に計上された台湾省出身者（台湾人）の数は一九八〇年代半ばまで一貫して在日華僑の四〇—五〇％を占めてきたことも重要な特色である。

日中戦争のさなかに、敵国の党組織として壊滅状態となった日本国内の国民党支部は戦後に復興を果たすが、これらの拠点の再興を支援したのは戦前から在住する大陸出身の華僑であった。台湾に移った中国国民党や中華民国政府に彼らがその後も忠実であったとしても何ら不思議ではない。逆に、戦前の中国政治にほぼ無関係であった台湾人が知識人を中心に、三反(反帝・反封建・反官僚)主義を掲げて華僑運動を率い、むしろ植民地時代の反抗精神を継承しつつ、北京に成立した社会主義新政府にシンパシーを持つという錯綜した状態が出現した[4]。端的にいうと、かつての華僑が台湾政府を、旧植民地人の台湾人が北京政府を、という一般的には理解し難い政治的帰属意識が芽生えたのである。

このことをもっとも如実に示すのが、一九四八年一〇月に母体が発足した留日華僑民主促進会(民促)役員の省籍構成であり、北京政府の成立と朝鮮戦争の勃発によって日本国内でレッドパージ旋風が巻き起こった一九五〇年の九月、連合国国民の発行物でありながら、GHQによって初めてその機関誌『華僑民報』が発禁処分に遭った事件である。民促は北京政府と密接に繋がり、日中友好協会や日本共産党などを通じ、日本の左派グループとも密接な関係にあった。この左派華僑組織は楊春松、劉明電、甘文芳、陳承家を中心とする在日台湾人インテリによって担われていた。民促役員二〇名のうち、出身地がわかる一四人中一二人、なかでも主席、副主席と顧問二名が台湾人で占められていた[5]。

四　戦後華僑運動の系譜

二二八事件は、多くの在日台湾人にとって大きな衝撃であった。事件直後の三月一七日、留日華僑総会内に「二・二八事件対策委員会」が組織された。そして、翌年以降二月二八日には記念行事が行われ、その都度民衆に対する国民党政府の武力鎮圧を強く非難した。つまり、在日華僑運動は、台湾で起こったこの二二八事件を契機に中国国内の政治状況と密接に結びつき、国民党の独裁政治と国内の内戦に反対し、民主と平和を求める方向性を明確にした。発足後の民促は華僑団体の先頭に立ってリーダーシップを発揮したが、弾圧を受けた後の一九五一年以降、二二八の記念行事の主催は民促から(二派に分裂した)北京系東京華僑総会に移り、やがて二二八起義記念大会と称されるようになった。台湾人がもっとも集中していた神戸では初期には関帝廟で犠牲者慰霊祭が行われたが、一九五七年以降、記念行事の主催団体は北京政府と繋がる神戸華僑聯誼会に移り、毎年「二二八起義〇周年記念宣言」という形式で「反米・反蔣」を強調して盛大に行われた[6]。

　GHQの統治が終了し、「出入国管理令」(一九五一年)の発布とともに外国人管理は日本政府の管理下に置かれたが、従前からの在日華僑が無旅券状態による在留を認められたことで、旅券に代わり在外公館が発行する「華僑登記証」が実質身分を証明するものとなる。冷戦期に華僑社会が北京・台湾両政府支持へと分かれていく両極化現象が顕著となるなか、登記証の発行停止や反体制派の入国禁止権限が政府の華僑統制への道具と化していった。そして、台湾の民主化後、これら制度の壁も瓦解した。海外台湾人が構成要素であった華僑運動の系譜の一つに、二二八事件を契機に故郷台湾を去らざるをえなくなったかつての独立派の人々があったということも忘れてはならない。

(1) 何義麟『二・二八事件――「台湾人」形成のエスノポリティクス』東京大学出版会、二〇〇三年、七―一〇頁。
(2) 何義麟『戦後在日台灣人的處境與認同』五南圖書出版、二〇一五年。
(3) 陳儀深・薛化元編、財団法人二二八事件紀念基金会『二二八事件の真相と移行期正義』風媒社、二〇二一年。
(4) 陳來幸「在日台湾人と戦後日本における華僑社会の左傾化現象」陳來幸・北波道子・岡野翔太編『交錯する台湾認識――見え隠れする「国家」と「人びと」』勉誠出版、二〇一六年。

（5）　陳來幸「戦後日本における華僑社会の再建と構造変化——台湾人の台頭と錯綜する東アジアの政治的帰属意識」小林道彦・中西寛編著『歴史の桎梏を越えて——20世紀日中関係への新視点』千倉書房、二〇一〇年。
（6）　許瓊丰『戦後日本における華僑社会の再編過程に関する研究』兵庫県立大学博士論文、二〇一〇年。

第III部

占領と社会再編

第7章　占領をかみしめて
——暁テル子が歌った「アメリカ」と「解放」

青木　深

はじめに

戦後五〇年を迎えた一九九五年、音楽評論家の北中正和は著書『にほんのうた——戦後歌謡曲史』のなかで、占領期には「女性歌手の活躍」が際立ったと指摘した。並木路子の「リンゴの唄」、二葉あき子の「夜のプラットホーム」、菊池章子の「星の流れに」、笠置シヅ子の一連の「ブギ」歌謡など、「ボーカルのスタイルも、歌詞のテーマもさまざま」だが、「どの曲からも、戦争中に抑えられていた感情が噴き出てくるよう」だと北中は述べる。占領期にはまた「異国情緒のある歌」も目立ち、岡晴夫の「憧れのハワイ航路」、灰田勝彦の「アルプスの牧場」、松田トシの「ブンガワン・ソロ」、津村謙の「上海帰りのリル」など、敗戦後の現実からは遊離した行楽地を夢見る歌や、帝国日本の植民地の記憶をにじませた曲が多く吹き込まれた。(1)

占領期にレコード歌手としてデビューし、「異国情緒のある歌」を録音した女性の一人に、「ミネソタの卵売り」や「東京シューシャインボーイ」のヒット(一九五一年)で知られる暁テル子がいる。一九三〇年代に松竹少女歌劇団で芸歴を開始した暁テル子は、戦後、占領の最初期に米軍人たちの前で歌い、一九四八年には日系二世の米軍将校、原田恒雄と結婚した。レコード歌手としての全盛期は朝鮮戦争にも重なる一九五〇—五三年頃であり、アメリカ風やハワイ風、またラテン風の曲をよく歌った。暁テル子の歌が醸し出したのは、帝国日本の植民地という意味での「異国」の残像ではなく、米西戦争を皮切りに拡大を続けてきた、「アメリカ帝国」という「異国」の幻像だった。

一九五七年のある取材記事は、暁テル子という女性歌手の雰囲気を次のように形容している。「舞台一ぱい暴れまわる陽気な暁さん」、「ノドの奥まで、すっかり見えるように大きく口を開いて怒鳴るように唄う飾り気のない暁さん」（強調は引用者）[2]と。飾り気なく口を大胆に「開放」して陽気に歌うという暁テル子の印象は、戦後に「解放」された日本女性の表象と容易に結びつく。しかし、占領改革をへて女性が「解放」され「社会進出」を果たしたとする従来の解釈は、占領期における日米「合作」の性暴力に関する実証研究が進み、女性の「主婦化」は戦後に進行したとする知見が根付くなかで再考を迫られてきている[3]。そうした近年の研究動向をふまえてみれば、占領期に暁テル子のような女性歌手が活躍したという事実も、戦後の「女性解放」の物語と滑らかに重なり合うとはかぎらない。

暁テル子は、占領下の東京で暮らしながら、どのような「アメリカ」とどのように出会い、それとどのように交わったのか。本章では、敗戦直後における暁と米兵との交流、「帝国」アメリカの異国情緒と結び付くような歌の系譜、また、レコードに刻み込まれた彼女の「声」の表現を記述しながら、一人の女性歌手にとっての「解放」の意味を考えたい。

一　モダニズムとミリタリズム

暁テル子（本名・関根久子）は、「浅草オペラ」が全盛期を迎えていた頃、一九二一（大正一〇）年一月二一日に東京の浅草で生まれた[4]。二年後の関東大震災で浅草の興行街はいったん壊滅するが、昭和初期には、アメリカ映画の影響を受けながらエノケン（榎本健一）らが喜劇をはじめ、また松竹楽劇団が大阪から進出し、浅草は再び活気を取り戻していた。このように大衆的なモダニズム文化が息づく浅草で育った暁テル子は、一九三三（昭和八）年に松竹少女歌劇学校に進み、満一三歳となる一九三四年に松竹少女歌劇団に入団した。[5] 満洲事変を皮切りに、帝国日本が軍国化と中国侵略へと突き進みだしていた時期だった。

欧米の舞台を視察してきた男性の演出家らが作り上げた松竹少女歌劇団のレビューは、舞台の上で踊り歌う「若い女性」の大群を消費するスペクタクルだった。[6] 暁テル子もその一人として舞台に立ったが、日米開戦から約一年をへた一九四二年末には同歌劇団を退団し、コメディアン古川ロッパの一座に参加した。「アメリカ映画の申し子」を自任したロッパは、その頃、「国策的な戦意昂揚劇と欧米的な小市民喜劇や音楽ショウを並行して上演」していた。[7]

ロッパの日記によれば、「前々から狙ってゐた歌手」、「松竹少女の暁照子」に彼が会って「入座させたく話」をしたのは、一九四二年一一月二五日のことだった。翌年の一月には彼女はすでにロッパの一座と行動をともにしていた。[8] こうして少女歌劇団員から抜け出した彼女は、軍需工場の慰問などで国内各地へ赴いた。一九四五年には空襲で焼け出されたが、疎開はしなかったようであり、東京に残って一座での慰問を続けた。七月一六日には渋谷駅前の「街頭演奏」で、一九日には川崎の軍需工場で、翌二〇日には新橋駅前の「街頭演奏」で歌った。ロッパによれば、渋谷の街頭演奏は「バンドが揃はず、音は碌に出ないわ、マイクの調子は悪いわで、ひどく景気が悪」かった。だが「駅頭人の海」となった新橋は、「実に壮観」で、「歌ってゝも気持ちよく、何だか馬鹿に愉快」だった。[9] 暁テル子も「馬鹿に愉快」に歌えたのかどうかわからないが、この日の街頭演奏が、「戦中」のロッパ日記に出てくる彼女の最後の記録である。

二　占領下に出会う

1　敗戦二カ月後のGIショー

古川ロッパ日記の「戦後」は一九四五年九月四日にはじまる。すでに占領軍は東京に進駐しており、九月二〇日、ロッパは新橋付近で「アメリカ水兵の氾濫」に遭遇した。ロッパはまもなく、高峰秀子や童謡歌手の川田正子らとともに、東京宝塚劇場で戦後最初の公演をすることになった⑩。

九月二五日に初日を迎えたその公演では客席に米兵の姿も見えた。九月二七—二八日には、「歌を教へて呉れる」米軍人を紹介してほしいと事前に通訳(日本人)に頼んでいたことが功を奏し、「アメリカのショウに出て歌ったことがあると言ふ」イタリア系の米兵「ピエガリ氏(Vincent D. Piegari)」と、その友人「シャール氏(Robert A. Shearl)」が来訪した。二人とも好感のもてる人物で、ロッパは、「細君の写真を見せ」て「ニコニコしてゐる」ピエガリの「無邪気さ」に感心している。ピエガリは一〇月一日にも再訪し、ロッパや暁テル子に「ヒット・キット」(米軍が兵士向けに用意していた簡易楽譜集)の歌を教え、さらに、「GIの慰問演芸会」での客演を求めた⑪。管見のかぎり、これが、占領期に日米の歌い手が直接に交流したことを伝える最初の記録である。

ピエガリは一〇月四日にも来訪し、ロッパは、「G・Iショウに出る話」に「段々本気にな」った。暁テル子は「片仮名の英語を覚え、ピエガリ氏に一生懸命習ってゐ」た。ピエガリは、翌五日にも「暁をつかまへて、英語の歌を教え出」した。一〇月八日、彼女はとうとう「片仮名の英語で、一つ覚えた」。「中々双方(ピエガリと暁)熱心である」。淡々と書かれてはいるが、自分たちに関心を示してくる占領軍の歌い手と出会い、彼らがもたらしたアメリカの歌を吸収していく暁テル子の活発さがうかがえる。一〇月一〇日、ピエガリはピアノを弾く「ディットオ(DIT-TO)」(やはりイタリア系と思われる)を同伴し、彼の伴奏で「G・Iショウの稽古」をした。ロッパは「スターダスト」

を歌うように求められていたが、レコードを聞くとあまりにも「むずかしひ」ためその習得を諦め、ほかの歌に代えることにした⑫。

一九四五年の九月末に東京宝塚劇場に出ていた者のうち、このように、古川ロッパと暁テル子だけがGIショーに客演することになった。場所は米空軍が使用していた丸の内の明治生命ビルで、一〇月一二日にはリハーサルに赴いた。入館には「入場証明」が必要で、「物々しく、こはい」思いをした。だが舞台の進行については「教へられること」が多かった。照明などの技術的な点はもちろんだが、ロッパはあらためて発見した。なによりも、「リハーサルをエンジョイする精神」を「学ばなくてはならない」と。リハ中の米兵たちは、「皆実に、楽しさう」に見えた。夜中の一二時までかかったリハーサルの後ロッパと暁テル子と通訳の三名は、「ディレクター兼マスター・オブ・セレモニーのポフ」がみずから運転するジープに乗り込み、浅草に住む暁から順に自宅まで送り届けられた⑬。

翌一〇月一三―一四日（土日）がGIショーの本番だった。初日、明治生命ビルに入った古川ロッパは、「エレベーターの前に行列」する米兵に「じろ〳〵見られて、不気味な思ひ」をする。「口笛をピイ〳〵吹いて珍しがる」彼らの前を通って楽屋まで行くと、リハーサルをともにした「顔馴染み連中」に「愛想よく」出迎えられた。第一部は米兵だけのショーで、ピエガリは四人組のコーラスで歌った。出番が近づいてくる。ロッパは「まるで初舞台の気持」になり、「びく〳〵どき〳〵」しはじめた。「多寡が兵隊の慰問ぢゃないか、ニューヨークへ出るんじゃないし、みっともねえぞ」と強がってみても、緊張して「水が飲みたくなる、一方小便も出たい」。MCの「ポフ」が「ミスター・ロッパ」とやり出した」。「テルコ・アカツキ」は発音しにくく、「アコツキだったりアクツキだったり、結局テリー」になってしまった（日記ではこの部分がノートの欄外に書かれており、後記かもしれない）。スポットがあたり、「レディ・ファーストのこと〳〵と、暁を先に立てゝ、舞台へ上る」。前日にもらった挨拶文が「いきなりつかへて、「えーっと」と言ふようなことを言ったので、ワッと受けた」。ロッパはこれで落ち着きを取り戻した。「手真似を入れ」ながらしゃべり、第一次世界大戦時に流行したイギリスの曲「ティッペラリーの歌」などを歌う。終わると「盛なる拍手」を受け、「ぼうっとするやうな心持」になった。続いて、個別に楽屋をあてがわれていた暁テル子が二曲を歌った。

> 暁照子が、ちゃんと衣裳のドレスを着込み、マイクの前へ立つ。〔中略〕暁は、度胸だ。片仮名で覚えた英語で“You always hurt the one you love”を歌ふ。二度目は、兵隊の一人がハーモニーをつける。その若い兵隊が、暁の肩へ手をかけて歌ふのだが、その手が震へてゐる。後方から見てゝ、「アメリカ人でもやっぱりアガるのか」と思ふ（強調は引用者）。

このあと、古川ロッパと暁テル子は日本語で「すみれの花咲く頃」を歌い、お笑いの場面を挿入してフィナーレとなった。終わると、「出演者の一人〳〵が、くどい程、おめでたう、大変なヒットだ、成功だと握手」を求めてきた。帰途につく米兵たちは、「ニッコリ愛嬌笑ひをして呉れ」た[14]。

二日目には、「出演者たちの気分すっかり打ちとけ」、ロッパも緊張せずに演じとおせた。終演後はショーに関わった米兵たちのパーティーに同席した。「アメリカの薄いビール」、チョコレート、クッキー、「白いパン」のサンドウィッチに囲まれる。ピエガリやシャールがずっとロッパの近くにいて、「サーヴして呉れ」た。「アメリカの何とか新聞」に写真を撮られ、「何十人」からサインをねだられ、最後には、ピエガリが運転するジープでやはり暁から順に送られた。二日間を振り返り、ロッパは日記の最後にこう書き留めた。「あゝ然し、面白い世の中ではないか[15]」。

終戦から約二カ月後のこの「日米共演」は、日本の資料にはまったく出てこないのだが、アメリカ人向けの新聞には取り上げられている。創刊後まもない在アジア米軍人向けの日刊紙『パシフィック・スターズ・アンド・ストライプス』が記事にしたほか、米本土ではショーや終演後の様子を伝える記事が配信された。日本人の客演者は二人とも英語を話せないが、古川ロッパは「ティッペラリー」を、暁テル子は“Love is Lost”と“You always hurt the one you love”を暗記し、「脈動的ながらも感傷的な声で優しく歌った」。暁は、物おじをしない快活な若い女性、といった印象をアメリカ人の特派員に与えた。「黒くて綺麗な髪を最新のアメリカン・スタイルにまとめ、ほっそりした足を絹の衣装にぴたりと覆ってアメリカのタバコをふかし、アメリカ人のファンも口笛で囃し立てる」ような舞台スターだと評された。米兵たちからサインを求められながら、彼女はこう語ったようである。戦中には、サインは『憎むべきアメリカの慣習』として禁止されていた、と。[16]

GIショーへの日本人の客演は占領期をとおして少ないが、その第一号となった暁テル子も、ロッパと同じように「びく〳〵どき〳〵」したのだろうか。もちろん、客も共演者も米軍人ばかりという前例のない舞台を前にして、まったく緊張しなかったと考えるのは不自然だ。だが暁は、ロッパ一座に参加した初期から「人をくつた舞台度胸」を見せ、「心臓のつよい持味」があったといわれる。[17]くわえて、アメリカ人特派員の印象や、また「暁は、度胸だ」とロッパが日記に書きつけた一言もふまえると、彼女は、案外にも初日から堂々と立ち回っていたようにも思われる。

先述のように、「スターダスト」は難しすぎると尻込みしたロッパは、以前からの持ち歌「ティッペラリー」などを歌い、「まるで初舞台」のような初日のショーをなんとか切り抜けた。これに対し、暁テル子が「片仮名」で覚えた“You always hurt the one you love”は一九四四年のヒット曲であり、敗戦から約二カ月後の日本ではまったく知られていなかった。暁テル子は、ピエガリから教わったその新しい歌を数日間の練習で身に付けた。GIショーの初日を迎え、客席を埋め尽くす米軍人たちを前に彼女はこれをまずソロで歌い、さらに、ハーモニーをつける米兵と一緒に歌った。ロッパ一座の「座員」にすぎなかった暁テル子は、戦後まもないこの二週間の交流のうちに、歌い手としての自信を高めていたはずだ。彼女は、男性の米軍人だけで構成されたショーに客演する唯一の女性として、着替えの一室を用意された。毎晩の終演後には、女性であるがゆえに、最初に自宅へ送り届けられた。こうした経験をふむ過程で、ロッパだけでなく暁テル子も、「面白い世の中」の胎動を予感していたと思われる。

ＧＩショー客演の五日後、ロッパの一座は、焼け野原にかろうじて残っていた横浜宝塚劇場での公演に赴いた。だが停電のためにショーはなかなかはじめられず、「客は大行列」していた。ロッパは、「楽士は寄せ集め」で「悲惨な音」を出すと不満をこぼしながら、暁テル子の出番を次のように描写している。

楽団演奏てものが又初めにあるのだが、大変な音を出すので呆れ返った。暁の歌が始まる、と、マイクが入ってゐない、声通らず。〔中略〕舞台の電線が接続してないので、あはてゝ電気屋が舞台へ上って、つなぐ。それ迄に、二つ歌っちまった暁、落ち着いたもので「マイクが直りましたから、もう一度初めっからやります」と、ぬけ〳〵やってのけた度胸には呆れた。[18]

数日前には米軍人と声をつきあわせて新しい文化を身に付けはじめていた暁テル子は、自分の歌を披露するにあたって、遠慮などはしなかった。ピエガリたちとの交流はしばらく続き、一〇月二八日には通訳者の自宅で会食があった。ロッパはそのときの一場面を取り上げ、「ディトーのピアノが始まる。きれいである。暁が歌ふ」と記している。

一一月三〇日、彼らはＮＨＫの第二放送スタジオで再会した。「ピエガリ等第五空軍のショウ連中が、ＧＩ向け放送をやる。それに暁も出るので、久々皆に逢へる」（強調は引用者）とロッパは書く。この日には、ロッパと暁がそろって米軍放送に出たのではなく、「ミス・アクーツキ」を「売り出す」番組が録音された。[19] ＧＩショーから二カ月弱の間に、暁テル子は、ピエガリたちとの音楽的な交流を深めていた。

2　アーニー・パイル劇場から日本人向けの舞台へ

暁テル子はこの一週間後（一九四五年一二月七日）にも米軍放送に出演したというが、その前後にかけて、彼女はロッパの一座を去っていった。この頃には日本のバンドや芸人による「進駐軍慰問」がはじまっていたこともあって、暁はそうした慰問ショーに引き抜かれたのだ。[20]ロッパは、予定されていた仕事を「スッポかし」たまま一座を抜けた暁に対する怒りを日記に書きつけ、「家庭の事情」を述べた彼女の手紙も「弁解」にすぎないと断じている。[21]暁テル子の父は戦中に亡くなっており、また兄は戦地から帰国しておらず、当時の彼女は、病身の弟や妹や母を抱えて「孤軍奮闘」していた。[22]戦後まもない日本社会は戦争によって男性人口が減少していた。暁は、敗者の男たちにかわって家計を支えはじめた、数多くいたであろう二四歳の「娘」の一人だった。[23]「歌う米兵」ピエガリたちと知り合って英語の歌を覚え、まったく新しい舞台で一時の成功を経験した彼女はこのとき、一家の稼ぎ手として、たとえ不義理をしてでも占領軍慰問の舞台にかけたにちがいない。

彼女たちがピエガリらと出会った東京宝塚劇場はやがて米軍に接収され、一九四六年二月二四日にアーニー・パイル劇場として開場した。[24]同劇場では三月末に日本人の「歌手・踊子」を新規募集しており、これに応募したのかどうかは不明だが、一九四六年の暁テル子はアーニー・パイル劇場で歌っていた。その年の九月には、同劇場の訪問記事で「歌手の暁照子さんが仲々人気があった」と報じられている。興行の関係者を集めた翌一九四七年のある座談会では、「アニー《ママ》パイルの専属」の暁は「一つの歌のスタイルを作る子」で、「歌うセンス」と「面白い音色を持つて」いる、と話題になった。[25]

都心部に坐したアーニー・パイル劇場は、日本人の困窮を横目に占領軍専用の娯楽が華やかに繰り広げられた場としてよく知られる。松竹少女歌劇団で暁テル子と同期生だった並木路子も、ヒット曲「リンゴの唄」をこのアーニー・パイル劇場で歌ったことを自伝に記している。当時を思い返す並木によれば、アーニー・パイル劇場の「スターとして活躍」していた暁は「歌もスケールが大きく、外国人にはとても人気があった」という。並木はまた、同劇場での次のようなエピソードも書き留めている。トイレへ行こうとしたとき、表示が英語だけのため女性用がどこにあるのかわからず、劇場内に「個室を持っている暁さん」にその場所を聞きに行った、というものだ[26]。それがどのような「個室」だったのかはわからないが、暁テル子が同劇場の社会に入り込んでいた様子がうかがえる回想である。一九五〇年には、「アーニー・パイルの専属」だった数年前を振り返り、暁はこう語っている。

私は英語のAの字も知らないんです。〔占領軍を前に英語の〕歌を唄うときは全部仮名をふつてしまうんです。それを憶えて唄うのでしよう。でもわかるんですね、大体勘で[27]。

歌詞はカナで覚えても曲のフィーリングは「勘で」つかめた、という意味であろう。一九四七年二月には、このような暁が歌う姿に魅了された米軍人の東京便りがカリフォルニア州の地方紙で紹介されている。その人物「キャプ」ハラダ（"Cap" Harada）は、「ここ数ヶ月」の東京の変化を語りながら日本人の「素晴らしいショー」に触れ、とくに「私のガール・フレンド、テルコ・アカツキ」の歌は「最高で、何時間でも座って聴いていられる」と述べている[28]。この男性が、翌年に暁と結婚することになる日系アメリカ人二世、野球をめぐる日米交流の貢献者としても知られる「キャピー」こと原田恒雄だった。和歌山県から移民した両親のもと、暁と同じく一九二一年に生まれた原田は、GHQ経済科学局長ウィリアム・F・マーカット少将付きの陸軍中尉で、最初に彼女を見た場所はやはりアーニー・パイル劇場だった[29]。暁テル子は米軍人が集まるクラブでも歌うことがあり、原田と知り合ったのは、丸の内の有楽ホテル（新日石の社屋「有楽館」を接収した将校宿舎）に出ていたときであった[30]。

アーニー・パイル劇場をはじめ東京の占領軍施設で歌っていた暁テル子は、一九四七年には日本人向けの舞台にも立ち、興行界で少しずつ注目されだした[31]。たとえば一九四八年三月には、日劇に出演した「暁照子の場内一ぱいに響く「ブギウギ」がこのショウを盛り立てゝている」と評された[32]。この年には彼女は映画（『春爛漫狸祭』大映）にも初めて出演し、撮影中の記事では、「近ごろステージでメキメキ売出して来た新人」と報じられている[33]。そうして一九四九年二月（または四八年一二月）、暁テル子は、この映画の挿入曲でもあった「南の恋唄」と「これがブギウギ」を両面とするレコードをビクターから出し、同社専属歌手としての道を歩みはじめた[34]。

その数カ月前にあたる一九四八年一〇月には、暁テル子は原田恒雄と結婚して田園調布に新居を構えた。暁は父を亡くしていたため、結婚式では、「ヴァージンロードを一緒に歩く父親の役をマーカット少将」（強調は引用者）が務めたという[35]。結婚から一年後の取材記事によると、暁テル子にとって原田は、結婚後も「職業を続けてよい」という条件をのみ、彼女の「母や病床にある弟」からも信頼されるような男性だった。「華やかな恋愛」があったのではなく、彼の求婚を受け入れることが「母や弟を背負った私（暁テル子）の一番良い道」と考えたのだ、と記事は続ける[36]。その約一カ月後のことである。

TOKYO WEDDING—Lt. Tsuneo P. Harada, Los Angeles Nisei who is in the U.S. Army of Occupation in Japan, with Teruko Akatsuki, one of Japan's most beautiful film stars, following their marriage in Tokyo, Oct. 16. Lt. Harada enlisted in the U.S. Army on Dec. 7, 1941, serving throughout the war in the Southwest Pacific.
図1　原田恒雄と暁テル子（The Los Angeles Times, November 10, 1948）

> 暁テル子は二五日たつた一人の弟三郎君（二四）に死なれたが、誰にも知らせず楽屋で泣いていたのを水ノ江滝子が発見、舞台大事と焼香にも行かないのを周囲の人々がすゝめて二六日やつと（中略）田園調布の実家に帰つて焼香をすませた（強調は引用者）[37]。

これが「浅草の実家」の誤記ではないとしたら、母たちを抱えた暁テル子は、結婚にともなって「実家」も田園調布に移していたのかもしれない。時期は下るが一九五三年、原田が甲状腺がんの手術をした後には、妻である暁は仕事が忙しく、彼女の母が病後の原田の「世話」をしたという[38]。暁テル子は、カナで覚えたアメリカの曲を米軍人の前で歌う仕事からは離れた一方で、このようにカリフォルニア生まれの日系アメリカ人と結婚し、「家族」という小さな「社会」を再編した。

三　レコード歌手・暁テル子の誕生

1　「帝国」と異国情緒

冒頭で述べたように、暁テル子は「異国情緒のある歌」を多く吹き込んだが、彼女にあてがわれたのは、帝国日本の植民地や占領地とは結びつかない「異国」を歌う曲だった。国立国会図書館の「歴史的音源」データベースを使い、暁テル子が歌った六二曲（一九四九—五六）から異国的な記号を歌詞に含んだ曲を数え上げると、じつに五〇曲（約八割）にのぼる。

そのうち、南北アメリカの州や都市や河川の名を読み込んだ歌としては、「ミネソタの卵売り」のほかに、たとえば「リオのポポ売り」（一九五〇）「ミシシッピの恋唄」「ラプラタの夜話」（一九五一）などがあった。異国的な食べものを歌った曲には「チロルのミルク売り」「チューインガムは恋の味」（一九五〇）「メロンはいかが」「チョコレートの香り」（一九五一）などがあり、「炎のルンバ」（一九五〇）や「愛のサンバ」（一九五一）、「チャンポン・ルンバ」「ナガサキ・コンガ」「祭りの夜のフラダンス」（一九五二）、「桃太郎ブギ」や「フラ天国」（一九五三）のように、異国のリズムやダンスを歌い込む曲もたびたび録音した。占領下の特徴が明瞭な曲としては、チョコレートやチューインガムをタイトルに掲げた歌や、「東京シューシャインボーイ」のように、占領下の風俗を外来語で表現しながらアメリカを暗示する歌が挙げられる。高価で珍しい食べものを異国の地名と組み合わせて反復的に歌い上げる曲は、占領下の貧しさのなかで強い訴求力を発揮した。

　暁テル子の歌における異国性はしかし、占領期に特有の意味を担ったというだけでなく、戦前のレコード歌謡にすでにみられた異国情緒の系譜をひいたものでもあった。そもそも、「東京行進曲」（一九二九）の「ジャズで踊ってリキユールでふけて」に象徴されるように、外来語を使って「異国」や「モダン」の感覚を醸し出すことは一九二〇年代から広く行われてきた。[39] また、「南国」の風物を呼び起こす戦後の歌には、ハワイアン音楽やキューバ音楽が一九三〇年代からアメリカ経由で流入していたという前史があった。米西戦争以降、アメリカが中南米や太平洋へ拡大し「帝国」化を進めるなかで、エキゾティックな行楽地としてアメリカの勢力圏に入ったラテン・アメリカやハワイの文化が商品化されていった。「リオのポポ売り」にはじまる暁の「〈食べもの〉売り」歌謡も、こうした「アメリカ帝国」の文化産業のまなざしを日本で土着化させた音楽商品の一つだった。より具体的にいえば、戦後占領下の「リオのポポ売り」や「ミネソタの卵売り」には、一九三〇年にキューバ人ドン・アスピアスがアメリカで録音した「南京豆売り(El Manicero/The Peanut Vendor)」の大ヒットと、その日本語版が一九三〇年代に歌われ聴かれてきた経緯が潜んでいた。[40] その後、日米開戦によってそれまでに受容されてきたアメリカの音楽を排除する動きが強まり、「南京豆売り」も一九四三年の「演奏禁止米英音盤一覧表」に入った。[41] その前年には「ジャワのマンゴ売り」という歌が発売されていたが、これを作曲したのは、暁テル子の「東京シューシャインボーイ」「チャンポン・ルンバ」「フラ天国」などを作編曲した佐野鋤《たすく》だった。[42]「南国」風味を添えた一九五〇年代の暁テル子の歌には、「帝国」化するアメリカの「南」へのまなざしと帝国日本における「南」への視線とが絡まり合う、貫戦期の文化史が隠れていた。

　しかし前述のように、暁テル子は、「南方」であれ「大陸」であれ、帝国日本の植民地や占領地を匂わせる歌は録音しなかった。総力戦期から冷戦初期には「中南米風」と「中国風」とを組み合わせたエキゾティシズムも――やはりアメリカ経由で――歌われたが（岸井明・平井英子「姑娘可愛や（チャイナ・ルンバ）」（一九三九）、渡辺はま子「マンボ・チャイナ」（一九五二）など）、この種のレコードも暁は残していない。また、彼女のレコード歌謡はすべて日本人がつくった曲であり、日英両語で歌われるカバー曲を吹き込むこともしなかった――そうした歌は、江利チエミの「テネシー・ワルツ」と「家へおいでよ」（一九五二）を皮切りに、より若い世代の歌手がおもに録音した。暁テル子が担った異国性はつまり、一九二〇―三〇年代の都市文化に入り込んだエキゾティシズムを引きずりながら、帝国日本の植民地を思わせる響きには耳をふさぎ、占領軍たるアメリカと遭遇する過程で更新されたものだった。戦中にはまだ歌手として独立していなかった暁は、一九三〇年代から「モダン」なレコードも軍国的なレコードも録音してきた世代と、戦後にはじめてアメリカの音楽に出会った世代との境目にたっていた。彼女は、アジアを侵略してアメリカの文化を排除した「戦中」を不可視化させながら、「戦前」と「戦後」の日本で消費されるアメリカを橋渡しできるような、境界線上の歌手だった。

2　暁テル子の声とリズム

このように重層的な異国性を潜在させた曲を持ち歌とした暁テル子だが、同時代の観衆や聴衆は、彼女の歌や演技にどのような印象を抱いたのだろうか。冒頭でも引用したように「陽気」で「飾り気のない」キャラクターは繰り返し指摘され、たとえば、一九五二年一月の日劇ショーでも「暁テル子の明るさが目立」ったと評されている。[43] レコードや映画に出はじめてから一年ほどたった一九五〇年の初めには、「新しいタイプ」として彼女は次のように紹介されている。

笠置〔シヅ子〕のイミテーションなどといわれながらも、このころは独自なものを作り始めた暁テル子である、ブギにルンバに、舞台一杯に展がるような姿態は、新らしい歌手のタイプを作り出そうというキハクもうかがえる、幸福な結婚はそのまま大胆な彼女の歌の表情となつて今年一九五〇年は、ステージにマイクにと活躍するだろう[44]。

この予測どおり、レコード歌手としての暁テル子は一九五〇年にその能力を開花させた。第一回紅白歌合戦で歌った「リオのポポ売り」をはじめ、この年には二〇曲が発売され、明けて一九五一年の二月には「ミネソタの卵売り」が出た。その四三年後、朝日新聞記者の小田隆裕は、彼が子どもの頃に流行した「ミネソタの卵売り」の記憶を記事にしている。小田が生まれ育った神奈川県の小田原では、「タマゴは病気見舞いにするほど貴重」なものだった。そうした当時の食糧事情もあって、「子供心に、「ミネソタの卵」は「アメリカの豊かさ」の象徴として（中略）大きく立派な卵に膨らんでいった[45]」。この歌が発売された当初、ある短評は「健康的でよい〝ビクターのミネソタの卵売り〟」（強調は引用者）と紹介していたが、「健康的」という形容は、「病気見舞い」になるような「卵」を歌い上げる様子からの連想だったのかもしれない。同じ記事は、曲調については「歯切れのよいリズムが快い」とし、暁テル子に関しては、「このような傾向に、やつと自分の落着く所を見出した」と評している[46]。

図2　「新しいタイプ」として紹介される暁テル子（『アサヒ芸能新聞』1950年1月3日）

暁テル子が初期に比較された笠置シヅ子は占領期を象徴する歌手としてよく知られるが、細川周平はその笠置論のなかで、「派手な歌いぶりのアメリカ人歌手の表情や発声を自分のものとした歌手は、笠置の前にはいなかった」と評価している。マイクに寄り添うクルーナーや芸者出身歌手の「繊細さ」とは異なり、「ざらざらした声」

をもった笠置は、一九三〇年代末にはすでに躍動的なリズムを歌唱で表現していた[47]。暁テル子は当初この笠置の「イミテーション」とされたのだが、一九五三年に書かれたある人物評は、「ステージなれ」して「派手で大胆」な暁の「ノドの魅力」をこう述べている。

声質はちよつと毛色の変わつた艶気があるメゾソプラノである。従来の愛染調歌手のようなメソメソしさはないし、ジャズシンガーのようなハイカラ味もない。奇妙な魅力でむしろコミツク向きである。難は俗にいうチリメンぶるい式のヴァイブレーションにある[48]。

笠置が切り開いた「派手な歌いぶり」を受け継いだ暁テル子の「ノド」は、音楽学校卒の歌手がホールに響かせるような声ではなく、より若い世代のジャズ歌手（ナンシー梅木やペギー葉山を想定していたのだろう）の「ハイカラ味」ともちがう、「奇妙な魅力」をもっていた。張りのある中音域が特徴的な暁の声はたしかに「艶気があるメゾソプラノ」といえた。声に息を多く含ませて「色気」を見せても、その発声は「愛染調歌手のようなメソメソしさ」は微塵も感じさせず、「むしろコミツク向き」だった（たとえば、「りべらる銀座」（一九五一）の一フレーズ「浮気しよ」）。また暁は、歌いながら天井や客席を指さしたりウィンクしたりする仕草を見せたというが、こうした身ぶりは「いままで（の歌手）にないアッピール」だった[49]。米軍人を客としたショーで培ったのであろうそのような演技も、「派手」な「艶気」の印象を与えたと思われる。

松竹少女歌劇団の「先輩」水の江瀧子によれば、暁テル子は、歌劇団員時代から「低い声でブルースなんかを凄んで」歌い、ほかの団員が皆「キイ〳〵ひなつて」歌うなかで、「ウナつて」いたという[50]。暁の太く「低い声」はたとえば「メランコリー・ブルース」（一九五〇）に顕著で、ほかの曲にも低音で「凄む」ような発声は少なくない。また、先の評者がいう「チリメンぶるい式のヴァイブレーション」とは喉で細かく音を揺らすテクニックを指すが、暁の場合、揺れ動く長音は母音を曖昧にする唱法とも重なり、この「メランコリー・ブルース」の冒頭は、「メーランコ～オァ～リブールウースウ～～」のように聞こえる。震える発声を「難」と聞く耳もあったが、それもまた「奇妙な魅力」の一要素になったことだろう。

　暁テル子は、歌のリズムを際立たせ、また歌の表情を変化させる「声」の表現をほかにも多用した。最も特徴的な二点は、鋭く促音化・撥音化して発音することで曲に躍動感を与える歌いっぷりと、表拍ではじまるフレーズの直前に短く「ァ」「ィ」「ェ」「ン」のような発声を挿入してシンコペーションを効かせる唱法である。たとえば「リオのポポ売り」の歌い出しは、楽譜では、四分音符と符点二分音符に歌詞が一音ずつ均等にふられている（「カリコのやまーーのみかづきにーー」）[51]。暁は、これを「カァリッコのやまァ～のォみッかづーきにィん～」と歌い、譜面どおりなら平板になりかねない歌唱のリズムを躍らせる。また、一九五二年にラジオ東京（現ＴＢＳラジオ）の「連続放送劇」で挿入歌となった「東京シューシャインボーイ」は、地方の民間放送でも使われ、「全国津々浦々」で「「シュッ　シュッシュッ」とおもしろい擬音」が口ずさまれたという[52]。この靴磨きの「擬音」自体にすでに躍動感があるが、暁は、これを「アシュッシュシュッシュシュシュッ」と前のめりに歌う。この曲では、ほかの部分でも「ン」「ア」「ッ」、さらには一瞬の「声の空白」を何度も入れ（「ァチュ、ウインガ、アムにコッカコーオラ～」「ァいーイつッかふッたりでおッどりましょう」「シゅッかいなくッつみがき～」など）、ブギ調にはねるリズムをみずからの声でたたみかけて表現している。

　こうした唱法のほか、巻き舌気味に発されるラ行音、喉を絞ってざらつかせた発声、声を瞬間的に「ひっくりかえす」発声も確認できる。彼女はこれらを組み合わせ、凄んだり媚びたりとぼけたりする、演技性の強い歌唱を披露した。巻き舌気味のラ行音は、たとえば「リオのポポ売り」における「ブラジッルのよる～」の「ラ」や、先の「メランコリー・ブルース」の最後「こーいのーなごーりーよ～」の「り」などに聞き取れる。また、「ばかは～死な～なきゃ〜なお〜らね〜ええ〜」と浪曲をまねた「たぬきルンバ」では、楽曲を「歌う」部分で、微妙にではあるが巻き舌が用いられている(三番の「どんぶらこ〜」の「ら」など)。「乾杯！サラリーマン諸君」では、二番の最後「酔っぱらって踊ったんでしょう」を、身ぶりが目に浮かぶような声色で、「ンよーっぱーらっておっどったんでっしょ〜」と歌う。「ら」がはっきりと巻き舌になり、「お」では、喉を絞って声をしゃがれさせている。ほとんど怒鳴るような発声は、「チャンポン・ルンバ」のコーラス最後で間奏を促すフレーズ、一番の「コンガッ」、二番の「サンバッ」のそれぞれ「ガッ」と「バッ」に聞き取れる。

「陽気な暁さん」を取材した先の記事には、「ミネソタの卵売り」の歌詞を「買わないかアッ」と表記した箇所もある。[53] 同時代の聴衆にも彼女のこうした唱法が印象的だったことがわかる。発売当時「歯切れのよいリズムが快い」と評されたこの歌では、リズムを揺らし弾ませる暁の唱法が全面的に展開している。「コッコッコッコッコケッコオー」という歌い出しの「ケ」は「ケェッ」のように聞こえ、続く同じフレーズでは、最初の「コ」で声が反転する。次が「わあッたッしはミネソタの　ァ〜たンまごうーりッ」だが、「卵売り」の直前に浮遊感のある「ァ〜」を短く入れ、歌のリズムを一時的に緩ませている。低音のざらついた声ではじまる「まッちじゅッでいーちばンのーにんきものぉ〜〜」(ラシドシラシドシラシドレミ)から、「つやつやうみたてェかわなーいかあ〜〜」(レミファミレミファミレミファラシ)で上昇し、「たンまンごにきーぃみとッ　ィしンろンみーがなーけりゃッ　おッだいはいらなーいイッ　コッコッコオコッコココケエッコ〜」で一番が終わる。傍点を付した箇所ではすべて声をひっくり返らせ、譜面で表せば三連符になる最後の「コオコッコ」を粘って歌うことで、譜と微妙にずれた躍動感が生まれている。

一九五〇年代前半の録音では、マイクは歌手に一本と楽団に二本ほど立て、一曲あたり一時間で録音を終えるパターン(音合わせをし、テストが一回で本番が二回)が標準的だったという。[54] 暁テル子の唱法の背後には作曲家の指導もあったと考えられるが、右に記述したような声の「色付け」が譜面上で一つ一つ指示されていたとは思えない。[55] 暁は、一曲あたり数回というかぎられた時間のなかで、演奏が進んでいく勢いに乗りながら、その「声の芸」を自在に出し入れしていたのだろう。

3　「アメリカ」と「江戸っ子」

声質とリズムに色をつけ、「標準」日本語の歌詞をくずして歌う暁テル子のパフォーマンスは、米軍将兵を前にした占領初期の舞台経験と、浅草生まれの「江戸っ子」とされる彼女の「地」とが絡み合って生成したものだったと私は考えている。一拍めの直前に「ン」「ァ」と挿入するスタイルはシンコペーションを効かせるアフリカ系アメリカ音楽を咀嚼したものといえ、喉を絞ってざらつかせた声にも同じような側面を見て取れる。このうち、前者は民謡などにおける囃子ことばにも類似しており――「ァヨイヨイ」「ァコリャコリャ」「ァヨイショ」「ァドシタ」など――、シンコペーションを彼女の言語感覚に飼いならした歌いっぷりだったと考えられる。また喉を絞る発声の背後には、「たぬきルンバ」に聞くことができるような、浪花節の「うなり」を模せる文化的基盤も指摘できる。「江戸っ子」的な発声は巻き舌に最も顕著だが、「ッ」「ン」を鋭く挿入して歌詞を弾ませるアプローチにも、強弱の強い英語曲をカタカナに転換して歌っていた経験の痕跡と、江戸語に特徴的な促音化・撥音化の土壌とが読み取れる[56]。

「得難い持ち味のスタア」として暁テル子に光を当てた一九四九年の記事は、彼女の歌は「江戸っ子のアクセント」が強いと評していた[57]。また先に引用した古川ロッパ日記には、「初めっからやります」という暁のことばがあった。一九五七年の取材記事でも、「はじめっから」「引っこ抜いたり」「メチャクチャになっちまいますよ」といった暁のことばが書き留められている（強調は引用者）[58]。一九七〇―八〇年代の下町言葉の調査では、この「ひっこぬく」のほか、「ありったけ」「歩って」「うっちゃる」「おれんとこ」「ひんまがる」「ふんじばる」「めっかる」などの用例が確認されている[59]。暁テル子の場合、日常的な発語にすでに江戸語の傾向があったと思われるが、ことばを促音化・撥音化させて歌う彼女のスタイルが、「江戸っ子」らしさを意図的に表象する演技だったのか、それとも、意識はしないままに現れ出たものだったのかはわからない。だがいずれにしても、「リオ」や「ミネソタ」や「ルンバ」や「チューインガム」や「シューシャインボーイ」を歌った暁テル子のパフォーマンスには、江戸語が変容しながらも行き交う、浅草の「戦前・戦中・戦後」が響いていた。

おわりに

暁テル子は松竹少女歌劇団で歌唱の基礎を学んだが、彼女の歌は、音楽学校や花柳界で訓練された歌手の場合のように、特定の方向に規範化されてはいなかった。占領期・ポスト占領期にレコード盤に刻み込まれた暁の声とリズムは、浅草で成長し、戦争末期の悪条件下に慰問を続け、戦後すぐに英語曲をカナで覚えて歌った彼女の歴史経験から編み出された、すぐれて「独自」のものだった。女性歌手であるにもかかわらず、暁は巻き舌やしゃがれ声を披露し——「江戸っ子」の男性コメディアン、エノケンや川田義雄ほどは多用していないが——、歌詞をいじってリズムを際立たせ、多様な「声」をつくって歌った。

当時のレコード産業では、会社と専属契約を結んだ作曲家や作詞家や楽団、レコード会社の主要な社員はほぼすべて男性で、女性は歌手くらいであった(60)。そのなかにあって暁テル子は、従来の女性歌手とは異質な——笠置シヅ子が切り開いた系譜につらなる——声とパフォーマンスを実践する「自由」を、総力戦体制期から占領期への転換期に獲得した。あるいは彼女は、そうしたパフォーマンスが許容されるキャラクターとして、「江戸っ子」の気っ風と「艶気」を備えた「戦後派」女性歌手として、一九五〇年代の日本社会で消費された。「勘」で歌うことはできてもカタカナで暗記しなければならなかった英語の歌は、暁にとって、自由には扱えないことばだった。しかし、「帝国」化してきた「アメリカ」の情緒を醸し出す日本語の歌は、彼女が育った言語文化に飼いならし、「遊ぶ」ことができるものだった。そのようなレパートリーを歌うとき、暁テル子は、おのれの育ちと舞台経験から生み出した声のパフォーマンスを存分に発揮できたという意味で、「解放」をかみしめていた。

暁テル子は、ただ歌手や女優であるだけでなく、政財界の要人とも親交があった占領軍将校の妻であり、除隊後は日米をつなぐビジネスに尽力した日系アメリカ人の妻であった。また彼女は、戦中に未亡人となった母を抱える娘でもあった。同時に一人息子の母でもあったが、その子は一九五八年に七歳で急死した。当時みずからも肺を患っていた暁テル子は、愛児に先立たれ夫と離縁してから四年後の一九六二年、四一歳でこの世を去った。占領期を含む冷戦初期の彼女の人生はわずか一七年間である。総力戦体制下で舞台にたち、占領期・ポスト占領期に「アメリカ帝国」の異国性を歌い踊った暁テル子は、戦後日本社会における「女性」という布置をどのように生きたのか。本章のあとには、「解放」の物語をあらためて批判的に見つめ直しながら、こう問わなければならない。

(1) 北中正和『にほんのうた——戦後歌謡曲史』新潮文庫、一九九五年、九—三一頁。
(2) 『面白倶楽部』一九五七年一一月、一〇一頁。
(3) 平井和子『日本占領とジェンダー——米軍・売買春と日本女性たち』有志舎、二〇一四年。茶園敏美『パンパンとは誰なのか——キャッチという占領期の性暴力とGIの親密性』インパクト出版会、二〇一四年。落合恵美子『21世紀家族へ——家族の戦後体制の見かた・超えかた 第4版』有斐閣選書、二〇一九年。
(4) 倉田嘉弘・藤波隆之編『日本芸能人名事典』三省堂、一九九五年、六頁。なお、浅草オペラについては以下を参照されたい。杉山千鶴・中野正昭編『浅草オペラ——舞台芸術と娯楽の近代』森話社、二〇一七年。
(5) 近藤日出蔵編『わが青春の懺悔録』雪華社、一九五八年、一三四頁。松竹歌劇団『レビューと共に半世紀——松竹歌劇団50年のあゆみ』国書刊行会、一九七八年、一五三—一五四頁。松竹少女歌劇団の頃からレコード・デビュー前までの芸名は「暁照子」だったが、本章では、引用部分をのぞき、レコード歌手として知られる芸名「暁テル子」で統一する。
(6) 帝国日本の戦争に「協力」したレビュー団の舞台製作については以下を参照。渡辺裕『日本文化モダン・ラプソディ』春秋社、二

〇〇二年、二七五―三〇二頁。朴祥美『帝国と戦後の文化政策――舞台の上の日本像』岩波書店、二〇一七年、六三―八二頁。

（7）中野正昭「アメリカを夢みたコメディアン――古川緑波のアメリカニズム」遠藤不比人編著『日本表象の地政学――海洋・原爆・冷戦・ポップカルチャー』彩流社、二〇一四年、一九九―二〇五頁。

（8）「古川緑羽自筆日記」早稲田大学坪内博士記念演劇博物館、一九四二年一月二五日―一二月一〇日。古川ロッパ『古川ロッパ昭和日記・戦中篇』晶文社、一九八七年、三四四、三五〇頁。出版された『古川ロッパ昭和日記』には省略も多いため、早稲田大学坪内博士記念演劇博物館で原本（「古川緑羽自筆日記」資料番号一九三五一）を確認した。

（9）前掲『古川ロッパ昭和日記・戦中篇』八四八、八八四―八八七頁。

（10）古川ロッパ『古川ロッパ昭和日記・戦後篇』晶文社、一九八八年、一五―一七頁。

（11）前掲「古川緑羽自筆日記」一九四五年九月二七日―一〇月一日。「ファミリー・サーチ」(https://www.familysearch.org/en/)で調べると、このビンセント・D・ピエガリは、イタリア出身の両親のもと、一九一五年にニューヨーク州ブルックリンで生まれた人物だったと思われる。

（12）前掲「古川緑羽自筆日記」一九四五年一〇月四日―一〇月一〇日。

（13）前掲「古川緑羽自筆日記」一九四五年一〇月一二日。

（14）前掲「古川緑羽自筆日記」一九四五年一〇月一三日。

（15）前掲「古川緑羽自筆日記」一九四五年一〇月一四日。

（16）*Pacific Stars and Stripes*, October 15, 1945, p. 2. *Fort Worth Star-Telegram*, October 15, 1945, p. 4. *The Dayton Herald*, October 15, 1945, p. 2.

（17）『映画ファン』一九四九年九月、二五頁。

（18）前掲「古川緑羽自筆日記」一九四五年一〇月一八日。

（19）前掲「古川緑羽自筆日記」一九四五年一〇月二八日、一一月三〇日。

（20）前掲「古川緑羽自筆日記」一九四五年一一月三〇日、一二月三日、五日、七日。

（21）前掲「古川緑羽自筆日記」一九四五年一二月三日、五日、七日。

（22）『主婦と生活』一九五〇年四月、一〇一―一〇四頁。

（23）上野千鶴子「解説　主婦の戦後史――主婦論争の時代的背景」同編『主婦論争を読む　I　全記録』勁草書房、一九八二年、二二三―二二四頁。

（24）*Pacific Stars and Stripes*, February 24, 1946, p. 2.『朝日新聞』一九四六年二月二五日、二頁。

（25）『朝日新聞』一九四六年三月三〇日、二頁。『音楽之友』一九四六年九月、一八頁、一九四七年七月、四―五頁。

(26) 並木路子『「リンゴの唄」の昭和史』主婦と生活社、一九八九年、一四四―一四九頁。
(27)『主婦と生活』一九五〇年四月、一〇四頁。
(28) *The Santa Maria Daily Times*, February 20, 1947, p. 8.
(29) 市岡弘成・福永あみ『プロ野球を救った男 キャピー原田』ソフトバンククリエイティブ、二〇〇九年、一五一頁。
(30)『アサヒ芸能新聞』一九四九年一一月二二日、五頁。
(31) 橋本与志夫『日劇レビュー史――日劇ダンシングチーム栄光の50年』三一書房、一九九七年、一五五頁。『週刊案内新聞』一九四七年三月三日、一頁。
(32)『週刊案内新聞』一九四八年三月一五日、四頁。
(33)『テアトル新聞』一九四八年六月一四日、二頁。
(34) 国立国会図書館の「歴史的音源」データベース(https://rekion.dl.ndl.go.jp/)によると一九四九年二月発売だが、ビクターのレコード目録では一九四八年一二月の発売である。日本ビクター『ビクターレコード番号順総目録 1951』日本ビクター、一九五〇年、五頁。
(35) 前掲『プロ野球を救った男 キャピー原田』一五三頁。
(36)『アサヒ芸能新聞』一九四九年一一月二二日、五頁。
(37)『読売新聞』一九四九年一二月三〇日夕刊、二頁。
(38) 前掲『プロ野球を救った男 キャピー原田』二五九頁。
(39) 細川周平『近代日本の音楽百年――黒船から終戦まで 第3巻 レコード歌謡の誕生』岩波書店、二〇二〇年。
(40) Shuhei Hosokawa, "Strictly Ballroom: The Rumba in Pre-World War Two Japan", *Perfect Beat*, Vol 4, No. 3 (1999), pp. 3-23.
(41) 細川周平『近代日本の音楽百年――黒船から終戦まで 第4巻 ジャズの時代』岩波書店、二〇二〇年、三一五頁。
(42) 佐野博美『佐野鋤・音楽とその生涯』三一書房、一九九七年、九五―一〇二頁。
(43) 前掲『日劇レビュー史』一五五頁。
(44)『アサヒ芸能新聞』一九五〇年一月三日、一三頁。
(45)『朝日新聞』一九九四年七月二九日、八頁。
(46)『アサヒ芸能新聞』一九五一年二月四日、一四頁。
(47) 前掲『近代日本の音楽百年――黒船から終戦まで 第4巻 ジャズの時代』二二七―二三七頁。
(48)『丸』一九五三年三月、九七頁。
(49)『映画ファン』一九四九年九月、二五頁。DVD化されている『森繁の新入社員』『森繁のやりくり社員』『のんき裁判』(以上、一九五五年、新東宝)で彼女の歌唱シーンを見ることができる。
(50)『近代映画』一九五〇年五月。
(51)『リオのポポ売り』新興音楽出版社、一九五〇年。
(52)『丸』一九五三年三月、九七頁。
(53)『面白倶楽部』一九五七年一一月、一〇一頁。
(54)『レコード・コレクターズ』一九九七年一二月、一〇三―一〇四頁。
(55)暁テル子は作曲家・服部良一の指導を受けていた時期もあった。『アサヒ芸能新聞』一九四九年一一月二二日、五頁。前掲『プロ野球を救った男 キャピー原田』一六一頁。
(56)松村明『江戸語東京語の研究』東京堂、一九五七年、一六六―一九九頁。横田貢『べらんめえ言葉を探る――江戸言葉・東京下町言葉言語学』芦書房、一九九二年、五五―五九、七九頁。
(57)『映画ファン』一九四九年九月、二五頁。
(58)『面白倶楽部』一九五七年一一月、一〇一―一〇三頁。
(59)前掲『べらんめえ言葉を探る』八一―八七、一一六―一一八頁。
(60)日本のレコード会社では、一九八〇年代前半でも女性の仕事はアシスタント業務に限られていた。五十嵐正「音楽産業における女性」北川純子編『鳴り響く性――日本のポピュラー音楽とジェンダー』勁草書房、一九九九年、八八頁。

第8章

基地社会の形成と変容
――沖縄占領体制とその遺産

古波藏　契

はじめに

一九七二年の日本復帰から半世紀を経てもなお、沖縄には米軍占領の痕跡が色濃く刻まれている。沖縄島の面積の約一五％を占める米軍基地の存在や、そこから派生する事件・事故のみならず、政治、経済、社会、そして人々の心性に至るあらゆる領域に、二七年間の米軍占領の遺産を見出すことができる。米国が好んで用いた"The United States does not have a military base on Okinawa, Okinawa is a base"という言葉が象徴するように、沖縄占領は、まさにひとつの社会をつくり出す一大プロジェクトだったのである。

アジア太平洋戦争の終焉後間もなく、冷戦の構図が判然としてくると、米国は日本を中心とした地域秩序の再編成に着手する。一方では、日本を東アジアにおける戦略的パートナーに据え、その独立と復興を後押しした。他方では、琉球諸島や小笠原・硫黄諸島を日本から切り離し、事実上の占領を継続することで、朝鮮半島や台湾海峡への出撃基地として確保した。かつて本土防衛の「捨て石」とされた沖縄は、戦場／占領／復興から成る重層的な東アジア冷戦空間の中で、排他的に使用可能な軍事拠点＝「太平洋の要石」として位置づけ直されたのである[1]。

五〇年一二月、極東軍総司令部は、沖縄の長期占領に備えるべく、琉球列島米国民政府(United States Civil Administration of the Ryukyu Islands 以下、USCAR)の設置を命じた。同時に住民側の自治組織の整備も進められ、幾度かの試行を経た後、五二年四月には琉球政府が設置された。琉球政府は立法・行政・司法の三権を備えていたものの、絶えず上位監督機関であるUSCARの干渉にさらされた。住民は立法院議員の選挙・被選挙権を与えられたが、行政主席の任免権は六八年の主席公選制導入までUSCARが握っていた。USCARのトップが琉球軍司令官を兼務していたことが象徴するように、住民側の自治権は基地機能に抵触しない範囲に制限されていた。[2]

だからと言って米国は、住民に対して常に占領者然として振舞ったわけではない。元来、米国にとって冷戦は、社会主義陣営との軍事的つばぜり合いに還元し得るものではない。それは社会主義革命への予兆を背景に、自陣営に留めおくべき地域の住民に対して物心両面から資本主義社会の持続可能性を説得するというプロジェクトであり、「太平洋の要石」とされた沖縄も例外ではなかった。本土同様とはいかないまでも、「自由」と「民主主義」の果実を享受させることは、沖縄統治の重要な課題のひとつだった。米国が沖縄に与えたもう一つの呼称「民主主義のショーケース」は、それを如実に物語るものと言えよう。[3]

軍事的自由の確保と、住民からの合意調達という、両立し難い二つの課題を同時に追求する中で、沖縄占領体制は再編を重ねていくことになる。七二年の施政権返還＝日本復帰は、そうした占領体制の再編過程の延長線上に位置づけられる。復帰が占領体制の終焉ではなく、そのかたちを変えた継続であることは、縷々指摘されてきた。それは住民が取り組んできた日本復帰運動の成果である以上に、基地機能の保全を図る日米両政府の意思の貫徹であり、軍事支配からの解放を期待した多くの住民を裏切るものであったと、とりあえずは言っておくことができる。

だが、ここで疑問が生じる。復帰が住民の願望を裏切るものであったにもかかわらず、それを境に全島的規模の異議申し立ての運動が見られなくなったのはなぜか。しばしば突発的な反基地感情の表出が見られるものの、首長選のたびに基地の賛否をめぐって右往左往しているように見えてしまうのは、なぜなのか。

その生涯を沖縄戦後史研究に捧げた新崎盛暉は、復帰後の大衆運動の停滞は、復帰運動の批判的な「総括」の欠落と表裏一体の関係にあると、繰り返し指摘した。「運動の総括がなされず、したがってまた展望も開けてこないという状態こそが、実は、沖縄における大衆運動停滞の最大の原因なのである」[4]。新崎が言わんとしたのは、日米両政府の責任を不問に付すということでも、復帰運動の意義を全面否定するということでもない。復帰後の沖縄社会の実像と、積み残された課題に向き合うために、復帰運動が抱え込んでいた弱点を抉り出す内省的な作業が必要だということである。

とはいえ復帰運動の発展を、住民側の自主的な取り組みの成果としてのみ捉えるべきではない。それは為政者側の政策的介入に条件づけられ、掣肘《せいちゅう》を受けながら発展してきたのであり、運動の展開を表面的にトレースするだけでは十分な「総括」とは言えない。

特に注目したいのは、五〇年代半ばの島ぐるみ闘争を契機とする統治方針の転換である。米国が沖縄を「太平洋の要石」として見出したのは、その地政学的位置のためばかりではなかった。占領継続の前提は、基地の安全を脅かすような「挑戦的民族主義運動 belligerent nationalistic movement」の不在であり、島ぐるみ闘争は、こうした前提的認識を揺るがす危機的事態だった。

米国は島ぐるみ闘争を「一九五六年六月の危機」と呼び、その鎮静化と再発防止のために統治方針の抜本的な見直しに着手する。すなわち、自由主義陣営に与するメリットを住民たちが実感できるよう気を配り、なおも漏出する異議申し立ての声に対しては、健全で無害な——つまり基地の機能維持に支障をきたさないような——表出の捌け口を設けることで、住民との対立関係を一定の枠内に封じ込めようと企図するようになっていく。

こうした新たな統治体制は、必ずしも住民側の〈抵抗〉を全面的に排除するものではなかった。むしろ住民側の抵抗運動を穏健に育成するという、新たなかたちの〈支配〉をもたらした。小碇美玲が沖縄の女性たちによる生活改善の取り組みと米軍占領の結びつきに焦点を当てながら述べたように、冷戦期米国の「帝国建設 empire-building」は、地域住民の日常生活にまで浸透し、個々の感性に働きかける面を持つ[5]。現状打開を求める動きでさえ、そうした為政者による内側からの働きかけから自由ではあり得ず、新たな「帝国建設」の動因に転じる危険を免れなかった。だからこそ復帰運動の発展も、それが基地を争点化しえないままに終息に向かったことの意味も、占領体制の再編過程との関わりから捉えなければならないのである。

一　基地経済と島ぐるみ闘争

島ぐるみ闘争は、「銃剣とブルドーザー」という言葉に象徴される問答無用の軍用地政策に対する、地主農民を中心とした土地闘争である[6]。しかし、それは当事者である地主農民のみならず、立法院や市町村長会、自他共に親米保守の立場にあったはずの行政主席をも含めて、超党派的かつ全島的な異議申し立ての動きに発展した。

一九五〇年代後半に展開された島ぐるみ闘争と、六〇年代初頭から本格化する復帰運動は連続的に捉えられる傾向にあるが、両者の間には看過できない断絶が存在する。その意味を理解するためには、まず島ぐるみ闘争に至る経緯について、沖縄の戦後復興の過程で形成された基地経済との関わりを見ておく必要がある。

1　基地経済

基地経済とは、軍事基地の建設・運営に関わる仕事から得た収入を生活物資の輸入に充てるかたちで維持される経済構造を指す。産業構造面での第三次産業偏重、国際収支面での極端な輸入超過、そして米国の基地政策の如何に左右される脆弱性を特徴とする。だが最も注意を要する点は、基地経済が終戦直後の沖縄が抱え込んだ過剰人口問題を、一時棚上げにする機能を担っていたことである。

沖縄戦は、人口動態の面でも歴史的画期となった。四人に一人が命を落とした過酷な地上戦を経た後も、五一年までに約一七万人もの本土・海外からの引揚・復員があり、これに出生率の上昇・死亡率の低下に伴う自然増などの要因が重なって、沖縄の人口は急激なV字回復を果たした。戦前期には概ね六〇万人を超えない範囲で推移したのに対し、一九五〇年に約七〇万人、一九五五年には約八〇万人に達する⑺。

戦災により一切の産業が灰塵に帰した沖縄での急激な人口増は、当然ながら歓迎すべき事態ではない。住民生活の安定に配慮する立場にあった米国から見ても同様だった。終戦直後に過剰人口問題を抱え込んだ点は日本本土と共通するが、人工妊娠中絶の合法化や大規模な国土開発事業といった「解決」手段を持ち得た点で、沖縄とは事情が異なる。最有力視された戦前来の移民政策も十分な成果を挙げない中、基地建設ブームに伴う域内労働市場の拡大だけが、沖縄の過剰人口問題に暫定的な「解決」を与えたのである。

基地経済の下、沖縄はかりそめの完全雇用を実現した。五〇年代前半の完全失業率はおおむね一%未満で推移しており、最も値の高い五六年でも二%に過ぎない。こうした状況については、「事の善し悪しは別として、沖縄経済は基地あるが故に「失業なき経済社会」を築くことができたといっても過言ではなかった」との評価さえ存在する⑻。

とはいえやはり、この表現は誤解を与えかねない。基地経済とはいっても、基地関係の仕事だけで過剰人口を処理できたわけではない。この時期の沖縄社会の実相を捉えるためには、むしろ農村に目を向ける必要がある。基地関係労働者の数は、五二年のピーク時で六万七五〇〇人にのぼるが、同時期の農業従事者数は一七万八〇〇〇人、全就業人口の過半数を占めている。農業所得の家計充足率は四割に満たないにもかかわらず、農業従事者数は五〇年代を通じて微増傾向で推移している。ここから示唆されるのは、「失業なき経済社会」の背後に隠れた、農村地域の膨大な潜在失業人口の存在である。⑨

それはまた、基地周辺や都市部で働く労働者が、依然として農村からの出稼ぎ労働者としての性格を帯びていたことを意味している。後に沖縄保守政界のホープとして知られることになる西銘順治は、五〇年に発表した文章の中で、軍作業や土木事業の現場で働く労働者を、「農村の移民」と呼んでいる。その言葉が含意するのは、基地から派生する労働現場が、戦前期には海外へ送り出してきた農村過剰人口の一時的な「移民先」に過ぎないということだ。そして西銘は、その先に「大きな社会不安を醸成する」事態の到来を予見した。⑩ 島ぐるみ闘争とは、そうした懸念が現実のかたちをとったものに他ならない。

2　島ぐるみ闘争の動因

一九五三年四月、ＵＳＣＡＲは「土地収用令」を皮切りに、軍用地として占有してきた土地の継続使用および新規土地接収のための契約を地主農民に迫った。坪当たりコーラ一本、タバコ一箱に満たないと言われるほど低廉な借地料、事実上の買上げを意味する一括払い方式など、ＵＳＣＡＲの提示した条件は地主農民にとって受け入れ難いものだった。その多くは必死に抵抗したものの、最後には銃剣で追い立てられ、ブルドーザーで土地と家屋を敷きならされ、立退きを余儀なくされた。

土地接収が進む最中の五四年五月、琉球政府立法院で全会一致採決された「土地を守る四原則」――地代の一括払い反対、適正補償、損害賠償、新規接収反対――を引っ提げ、比嘉秀平行政首席率いる折衝団が渡米、軍用地政策の再検討を求めた。五五年一〇月、求めに応じて米国から土地問題調査団が派遣される。そこで住民側が提出した資料は、基地経済の行き詰まりについて詳述した上で、「農地を失うことは、単にその財産的価値を失うだけでなく、生活の途もともに失うことになる」と力説している。⑪ 前述の通り、農村は基地周辺や都市部の労働者にとっての避難場所＝潜在失業人口の受け皿として基地経済を陰で支える柱だった。土地接収の強行は、これを破壊し、限界を迎えつつあった基地経済をいよいよ破綻に追い込む暴挙に他ならない。ここに、土地闘争が当事者である地主農民を超えて、「島ぐるみ」の抵抗運動に転化することになった客観的条件を見ることができる。

ところが、調査団が作成した報告書(団長名を採って「プライス勧告」と呼ばれる)は、借地料の面で若干譲歩した他は、基本的に住民側の要求を斥け、現行の土地政策を支持するものだった。その内容が沖縄側に伝えられた五六年六月、ついに住民たちは、島ぐるみ闘争に立ち上がる。沖縄全島五六カ所で開催された「四原則貫徹」大会には、一五万人もの群衆が集まった。行政府、立法院、市長村長会、土地連合会は、「四原則貫徹」の立場から、総辞職も辞さないとの決意表明をUSCARに突きつけた。

図1　伊佐浜の土地接収予定地(沖縄県公文書館提供)

「米軍支配への総反撃」とも呼ばれる状況に直面したUSCARは、当初アメとムチによる分裂工作――地代の見直し・一括払い方式の撤回といった一定の譲歩、基地周辺歓楽街への米兵の立ち入りを禁じる「オフ・リミッツ」による経済制裁、そして直接統治強化の恫喝――による鎮静化を図った。これは一定程度奏功し、島ぐるみ闘争の戦列から米軍基地の受益者層を離反させることに成功した。

しかし、そうした場当たり的な対処の限界も明らかだった。そのことを象徴するのが、五六年末に行われた那覇市長選での瀬長亀次郎の勝利である。瀬長は沖縄における共産主義政党と見做されていた人民党のリーダーであり、米軍支配に対する最も辛辣な批判者だった。首都那覇での「赤い市長」の誕生は、USCARと米本国政府を動揺させた。事態の収拾を急いだUSCARは、那覇市向けの復興援助を停止し、その銀行口座を凍結、さらには市議会での不信任決議を強引に通過させることで瀬長を追放した。ところが、こうした強硬な姿勢は、米軍統治に対する不信と不満を高めるばかりだった。市議会では瀬長支持勢力が拡大し、続く那覇市長選では瀬長の後継候補が勝利を収めた。

こうして、五〇年代後半に起きた一連の出来事は、弾圧一辺倒での事態収拾が困難なことを、ＵＳＣＡＲと米本国政府に思い知らせることになった。しかし、それは同時に新たな統治体制を呼び込む契機でもあった。

二　統治方針の転換(一)——「沖縄版高度成長」の創出

「米軍支配への総反撃」(新崎盛暉)とも形容される巨大な抵抗に直面し、米国は沖縄統治方針の抜本的な見直しに着手する。沖縄政策を陸軍省の専権事項とすることは不適切とされ、日米関係の安定を重視する立場から、住民との摩擦を可能な限り回避することを優先する国務省の発言力が強まった[12]。以後の沖縄政策は、軍事活動の自由を重視する陸軍省と、「沖縄問題」の紛糾が日本本土の親米政権の立場を危ぶめることを懸念する国務省の路線対立を含みつつ、住民との関係改善を重視する融和路線へとシフトしていく。

1　「沖縄版高度成長」の実像

先にも述べたように、島ぐるみ闘争は単なる土地闘争ではなく、基地経済の限界に根を下ろしていた。したがって、その再発予防のためには、基地経済自体の再編——ＵＳＣＡＲの言葉を借りれば、「健全にして持続可能な琉球経済(sound and viable economy)」の建設が不可欠だった。

一九五七年六月にドワイト・アイゼンハワー大統領が発した行政命令は、こうした課題に本腰を入れて取り組む姿勢を内外に示したものと言える。それは唯一の施政権者としての自らの責任を強調し、従来の「戦前同様の琉球列島生活基準の確立」という控え目な達成目標を一段引き上げ、「琉球列島住民の福祉及び安寧の増進のために全力を尽し、住民の経済的及び文化的向上を絶えず促進しなければならない」ことを宣言するものだった[13]。

新たな統治方針は、対沖経済政策の転換へと具体化されていった。五八年の沖縄援助法案の上程を皮切りに、その要求根拠となる長期経済計画の策定、法定通貨のドル切り替えに基づく外資導入の積極化、長期低利融資を担当する琉球開発金融公社の設立など、一連の施策が矢継ぎ早に打ち出されていく。

これらの施策は一定程度奏功し、六〇年代の沖縄経済は急速な拡大を遂げる。住民所得の年平均成長率は、日本本土の高度成長に匹敵する約一五％を記録した。沖縄もまた日本本土の後を追うように、「戦後復興」の段階から「高度成長」の段階へと移行したのである。

もっとも、こうした「沖縄版高度成長」とでも呼ぶべき現象は、基地経済から「健全にして持続可能な琉球経済」への移行を意味したわけではない。前述の政策転換は、過度な基地への依存を緩和し、輸出入の不均衡是正に貢献する産業の振興を掲げたものの、実際には新たなかたちの依存を生み出すものだった。

そのことは、政策転換の最も顕著な成果と言うべき砂糖・パイン関係の食品製造業に明瞭に表れている。これらの産業は、輸出総額の過半を占める文字通り基幹産業だったが、国際商品として世界市場での競争に耐え得るようなものではなく、これらを国内産と見做して関税を免除していた日本本土以外には「輸出」先を持たなかった。その脆弱さは、日本本土で農産物の輸入自由化が取り沙汰された六〇年代初頭から早くも露呈することになる。

たとえば六一年一〇月、立法院で決議された請願書は、「政治的経済的その他種々の悪条件は未だ国際商品として自立困難の段階にあるのが琉球パイン産業の現状」だと赤裸々に吐露した上で、次のように述べている。

今後共本土政府の政治的配慮がなされるならば琉球の基幹産業として安定するが若し、現状を考慮せず自由化品目に指定するならば、それは琉球パイン産業の破滅をきたし生産者は勿論、琉球の金融経済各面に決定的打撃を与え、ひいては琉球政治の困乱が憂慮される。(14)

これは砂糖とパインに支えられた経済が、いかに「健全にして持続可能な琉球経済」から程遠いものだったのかを端的に物語ると同時に、島ぐるみ闘争に表出した占領体制の危機が、依然として取り除かれたわけではないことを示唆している。そうした危機の顕在化を回避するべく、日米両政府は、沖縄経済のさらなる再編を迫られる。

2　人工栄養の経済

砂糖とパインは自由化の波に脅かされながらも、その都度保護措置の対象となることで、辛うじて基幹産業の地位を保った。しかし、それらがさらなる成長を牽引できないことも明らかだった。これらを代替する沖縄版高度成長の牽引役が求められる中で、日本政府の介入が強まっていく。

対沖援助額の推移は、日本政府の沖縄統治に対するコミットメントの度合いを示す、おおよその目安と言える。元来ＵＳＣＡＲは、排他的統治へのこだわりから、日本政府の対沖援助増大に慎重な立場を取ってきた。ところが一九六〇年代半ばにかけて、沖縄統治に要するコストの分担に変化が生じる。日本政府の援助額は、六二年時点で琉球政府予算の〇・二％にも満たなかったが、翌六三年には四・六％、六七年には一五・九％に達して米国援助を超え、以後も増加の一途を辿る。こうした日本政府援助の増大が、砂糖とパインに代わって六〇年代後半以後の沖縄経済を牽引し、沖縄版高度成長を支える役割を果たすこととなった。

外的要因への依存するかたちでの経済発展は、沖縄に限らず、規模・交通面での不利と、植民地支配の歴史を抱える島嶼地域に共通した特徴だ。ミクロネシアやマーシャル諸島、パラオなど、沖縄と同様に冷戦戦略に巻き込まれた島々の経済が、米国の援助に支えられていることはよく知られている⑮。しかし、沖縄の住民のために日本本土に匹敵するような経済成長を米国単独で維持することは困難であり、その補完のために日本政府の介入が求められることになったのである。

このように戦後の沖縄経済は、基地依存型から砂糖・パイン依存型を経て、財政依存型へと変化を遂げながらも、一貫して外的要因に依存し、その多寡に比例するかたちで成長してきた。復帰後の沖縄開発構想にも深く関わることになるエコノミスト大来佐武郎は、こうした性格を指して「人工栄養の経済」と呼んだ。いわく、「人工栄養」の注入量の減少は沖縄経済の停滞に直結し、ひいては「いままで隠れていた政治上の不満が人権問題とともに本土との格差の拡大という経済問題も含んだ形で顕在化してくる⑯」。

結論を一部先取りして言えば、日本政府にとって復帰とは、単に施政権を取り戻すだけではなく、米国に代わって「人工栄養」の供給役を引き受けることを意味していた。大来は、先の事態を回避するためには、「少くとも本土なみの経済成長が起こるような手当てが必要」だと述べたが、これは沖縄振興開発特別措置法を中心とした経済振興策へと具体化された。同法に基づき策定された沖縄振興開発計画は、本土との「格差是正」と経済社会の「自立的発展」を図ることが「長年の沖縄県民の労苦と犠牲に報いる国の責務」と明記したが、それは島ぐるみ闘争後に米国が背負い込んだ課題――「失業なき経済社会」を是が非でも維持し、基地の安全を確保すること――に対する、新たな統治者としての責務でもあった。

三　統治方針の転換(二)――「自由で民主的な」労働運動の育成

沖縄の六〇年代は、「高度成長の時代」であると同時に、「復帰運動の時代」としても知られる。住民との融和を図り、まがりなりにも高度成長を実現したにもかかわらず、米軍統治からの脱却を求める動きは勢いを増していった。

このような一見して不可思議な展開が生じた一因は、一九六一年から六四年の期間、USCARのトップに君臨したキャラウェイ高等弁務官の個性に求められる。住民利益の代弁者を自称し、立法院での法案審議に逐一口を挟み、公社や民間企業の経営・人事にまで介入したことから、「善意の独裁者」とも呼ばれる人物である[17]。その強権的な統治のあり方は「キャラウェイ旋風」とも呼ばれ、結果的に保守政党の反発・分裂を惹起し、自治権の拡大に向けた超党派的な要求を噴出させ、「第二の島ぐるみ闘争」とも呼ばれる状況を生み出すに至る。キャラウェイこそが復帰運動を盛り立てた陰の立役者だったと皮肉られる所以である[18]。

しかし、キャラウェイ施政に対する反発が復帰運動に繋がったという見方は、事態の半面を説明するものに過ぎない。注目したいのは、そうした反発を復帰運動へと具体化するための組織的媒介も、キャラウェイ施政期につくり出されたという点だ。

1　弾圧から育成へ

キャラウェイ施政期に当たる六〇年代前半は、労働組合の急速な組織化が進む時期に重なっている。そのことと復帰運動が連動していることは、労働運動の「司令塔」とも呼ばれた官公庁労働組合(官公労)が五八年に結成され、そのリーダー赤嶺武次を会長代行として、六〇年に沖縄県祖国復帰協議会(復帰協)が結成されるという経緯からもうかがえる[19]。

戦後民主化の一環として、占領期に労働三法が整備された日本本土とは対照的に、沖縄では労働組合＝共産主義者の苗代と見做され、ひとえに弾圧の対象とされてきた。一九五三年に至ってようやく組合活動の法的根拠が確立されたが、その結成に際しては布令一四五号「労働組合の認定手続き」に従って幹部名簿をＵＳＣＡＲに提出し、その承認を得なければならなかった。これはもちろん、組合に共産主義者つまり人民党の影響が及ぶことを防止するための措置であり、労働運動に対するＵＳＣＡＲの不信感を象徴的するものと言える。

もっともＵＳＣＡＲの懸念は、必ずしも根拠のないものではなかった。戦後初期の組合活動家の多くが人民党と関わりを持っており、五二年に日本道路社、松村組、清水建設などで連鎖的に発生した一連の非合法ストライキにも、人民党およびその地下組織＝非合法共産党が関与していた。[20] ＵＳＣＡＲが労働運動の背後に見え隠れする共産主義の影響を警戒したのも当然と言える。

しかし、労働運動に対するＵＳＣＡＲの態度は、五〇年代後半から変化し始める。従来のような弾圧一辺倒の態度を控えるようになり、穏健な労働組合の育成を意識するようになった。ＵＳＣＡＲは、なぜ脅威となるはずの労働運動の背中を自ら押すようになったのか。そうした変化を促したのは、西側諸国の労働運動の連合体＝国際自由労連の介入である。自由労連の活動目標は、自由主義陣営に留めおくべき地域の労働運動に介入し、その組織化を支援するとともに、共産主義者の接近を防止することにあった。ただし、その沖縄でのミッションは、組合から共産主義者を排除するだけではなく、ＵＳＣＡＲの弾圧労政から組合を保護することも含めて、二正面作戦として展開されることとなった。

自由労連は、島ぐるみ闘争最中の五六年五月に沖縄調査団を派遣した後、五九年九月に駐在事務所を設置し、ＵＳＣＡＲ労政の刷新と現地の労働運動の育成に継続的に関与した。その見立てによれば、現状の問題はＵＳＣＡＲが自ら脅威の種を育てている点にあった。すなわち、育成すべき健全な組合活動家と、排除すべき共産主義者とを区別せず、ひとえに弾圧を加えるUSCARの態度こそが、他に頼る者のいない労働者を敵勢力のもとに追いやっているというのである。(21)

自由労連は現行の労働政策を厳しく批判したが、沖縄占領の継続そのものに異議を唱えたわけではない。その沖縄調査報告書でも、「軍事支配下において民主主義が完全に実現されることはありえないという事は我々も承知している」と明言している。(22) つまり軍事占領の是非に触れることなく、その継続を前提として、自らの介入による統治の安定化を主張したに過ぎない。

労働者の組織化を妨害するより、むしろ助成することによって自由主義陣営に留めおくことに利点を見出す発想は、自由労連独自のものというより、冷戦期米国の対外労働政策の基本的な考え方と言ってよい。自由労連の沖縄への介入も、現状認識を同じくする米本国政府の後ろ盾のもとで行われたものだった。たとえば、ケネディ政権の沖縄政策の骨子を成した沖縄調査報告書には、以下のような記述が見られる。

> 我々〔調査団〕は、沖縄の労働者は基本的に反米主義者ではないにせよ、不当な政策の被害者と感じ続けたならば、そうなり得ると信じる〔中略〕琉球人労働者との協力から得られる多大な利点が存在する〔中略〕これは基地に対する脅威を軽減する、最も効果的で低コストの方法の一つとなり得る。(23)

さらに「不当な政策」の典型として、先述の布令一四五号を槍玉に挙げ、その撤廃を求める自由労連の意見に同意すると明言している。こうして労働者の組織化は、潜在的な協力者の育成と捉え直されていったのである。

2　労働運動の発展と質的変化

組合指導者層に対する自由労連の指導体制が確立されるのに伴い、USCARも組合指導者を沖縄統治のパートナーとして遇するようになった。たとえば一九六〇年二月、一一人の組合指導者が初めて「国民指導員」として米国研修に派遣されたことは、労働組合の地位の変化を象徴する出来事と言える。自由労連とUSCAR、そして新たに創出された「労働エリート」の三者は、微妙な緊張をはらみながらも協調関係を築いていった。

六二年一月、自由労連の下に集った組合指導者のグループ（自由労連諮問委員会）が作成した布令一四五号の撤廃要請書は、そうした関係が一定の段階に達したことを標しづけるものと言える。

われわれは、組合員の生活水準の引上げと向上のみを目的として採択された組合の方針に準拠して活動しており、将来もまたかかる基本的規定に準じて運動をつづけてゆくであろう（中略）われわれは、その組合を自由にして民主的な方法で管理できるまでに成長しており、加盟組合が政党その他の組合員以外のいずれかの要素から支配されることを防ぐために、民政長官の援助は必要としないことを、国際自由労連諮問委員会は、ここで明言する。(24)

要請書を受けとったキャラウェイ高等弁務官は、「この布令はもはや必要でない」との声明とともに、布令一四五号の撤廃を発表した。ただし布令一四五号の撤廃は、その目的の放棄を意味したわけではない。USCARが付ってきた組合幹部の選別を、組合活動家の自主努力に委ねたに過ぎない。その意味で、自由労連に批判的な前原穂積のような組合活動家が、諮問委員会の要請書を「誓約書とでもいうべき内容」と揶揄したのも、的外れとは言えない。(25)

ともあれ自由労連の介入以後、布令一四五号撤廃を経て、沖縄の労働運動は飛躍的な拡大を遂げる。五五年時点では労働組合数でわずか五つ、組合員数では約六〇〇人に留まっていたのが、五八年には四七組合、約八六〇〇人、六

図2　1950年代後半以後，復帰運動のデモでは労働旗と日の丸が翻る景色が当たり前のものになっていった（那覇歴史博物館提供）

四年には一二四組合、三万三〇〇〇人へと急激な増加を記録している。

同時に、労働運動における人民党の影響力が拭い去られた。それは六〇年代の労働戦線の分裂・再編過程に反映されている。六一年、戦後沖縄初となるナショナル・センターとして全沖縄労働組合連合会が結成されたが、これは人民党との関係をめぐって早々に分裂し、六四年には人民党の指導を排した新組織として、沖縄県労働組合協議会が結成された。四九組合・約二万七〇〇〇名を糾合して再出発した県労協に対し、人民党とのつながりを維持した全沖労連は、二〇組合・約一四〇〇名の少数派に転じた。

こうして自由労連の介入の下で進められた労働政策の転換は、労働運動の規模的拡大と質的変化を引き起こすことになった。それは米国にとっては、労働組合を媒介として復帰運動の獲得目標を一定の枠内に抑え込むための回路を開くことでもあった。

四　復帰運動と復帰体制

これまでに見てきたような経済成長の促進と、穏健な労働運動の育成を柱とする新たな統治戦略は、沖縄独自のものというより、冷戦期米国の地域介入戦略の基本をなぞるものと言える。そのモデルは、第三世界で勃興する民族主義に歯止めをかける処方箋として構想された、ウォルト・ロストウやマックス・ミリカンらの近代化論に求められる。それは戦闘的民族主義に対して軍事的牽制で臨むことの効果を疑問視し、経済開発の援助を通じて「ナショナリズムの建設的捌け口」を設けることこそ最善の防共戦略と力説するもので、アイゼンハワー政権からジョンソン政権に至るまでの米国の対外援助政策に強い影響を与えた㉖。

異民族支配への抵抗とアジア・アフリカ地域との連帯を掲げる復帰運動は、米国から見ても紛れもなく民族主義運動ではあったが、それが自由主義陣営からの離脱を求める「挑戦的民族主義運動」にまで発展するのか、それとも「穏健な民族主義運動」に留まるのかは依然未知数だった。ロストウらの理論は、こうした行き先不明の民族主義を必要以上に警戒し、強権的に弾圧するような態度を諫め、より長期的な観点から穏健に育成することを諭すものだったが、それは島ぐるみ闘争後の沖縄統治の基本方針と合致する。

また、その議論によれば、穏健な民族主義の発展は持続的な経済成長に依存するが、沖縄での問題は、そのために絶えざる「人工栄養」の注入が不可欠なことだった。第二節で触れたように、そのためのコストを負いきれなくなった米国は、これを日本政府に転嫁する方向へと舵を切る。それは沖縄を「基地の島」として共同管理していくための新たな占領体制＝復帰体制の先触れでもあった。

1　保革対立の形成と収斂

一九六〇年代の沖縄には、復帰に向かう二つの競合するプランが存在した。第一に、米軍施政に対する一定の評価を踏まえ、「積み重ね方式」で現状の漸進的改善を図る「保守」路線であり㉗、第二に、「即時無条件全面返還」というスローガンに象徴される「革新」路線である。前者は、復帰を「全住民の悲願」㉘とし、総論賛成の立場をとりながらも基地の撤廃要求に踏み込まないのに対し、後者は本土並みの生活・権利を求める実利的関心と反戦・反基地の理念とを不可分一体のものと捉える点で区別される。

六〇年代沖縄の政治シーンは、さしあたり復帰をめぐる保守／革新の対決図式によって特徴づけられるが、両者の対立軸は見かけほど確固としたものではない。というのも、革新側の復帰運動が、自ら掲げる二つの理念を強固に結びつける内在的根拠を持ち得たかと言えば、必ずしも自明ではないからだ。こうした復帰運動の急所は、施政権の保持と基地機能の保全を一体不可分として譲らない米国自身の立場によって覆い隠されてきた。しかし六〇年代後半以後、日米両政府間で沖縄返還交渉が本格化してくると、復帰運動が抱え込んでいた潜在的な亀裂も露呈し始める。

六七年頃になると、日米両政府は沖縄返還の具体的なスケジュールを詰め始め、同年一一月には「ここ両三年内に双方の満足しうる返還の時期につき合意すべき」との共同声明を発表する。こうした合意に至るまでに、施政権の返還と米軍基地の機能維持とが両立し得るということが、日米両政府の共通認識となっていた。佐藤栄作は、共同声明の発表と同じ日に行われたナショナル・プレス・クラブでの演説で、「沖縄が日本本土に復帰することと、沖縄の基地がその機能を有効に果たすこととは決して矛盾するものではない」と明言している[29]。こうして、日米共同管理の下で沖縄を「基地の島」として維持するための「復帰体制」とでも言うべき新たな占領体制が準備されていった。

日米両政府間で練り上げられた返還構想は、復帰運動の隠れた急所に楔を打ち込むものだった。現実の復帰が近づくにつれて、現地沖縄での保革対立軸はますます曖昧なものとなり、それと反比例するかのように、スローガン上の対立ばかりが際立っていった。

表面的には激しく対立する保革両勢力の実質的な収斂に対し、同時代の知識人、学生、青年労働者らは、厳しい批判を加えてきた。復帰運動に対する疑義を最も鮮烈に表現したのは、『琉大文学』をインキュベーターとして独自の言論空間を形成した若い知識人のグループである。親米保守とは異なる立場から復帰運動を舌鋒鋭く批判したその言説群は、後に「反復帰論」と括られることになる。

その代表的論客の一人であった川満信一は、自らも参画した島ぐるみ闘争から復帰運動に至る過程について、「革新側において敗北であった」と断言する。すなわち沖縄の革新勢力は、「土地を失っても、それに見合う生活の条件が満たされ、共同性が保持されれば、どんなに激しい抵抗をした農民、民衆でも、革命という理念から無縁の位置へ退行してしまう」という事実から眼を背け、「自民党のお株を巧みに横取りし、政治的無定見の定見によって、民衆の生活の欲望にバラ色の復帰幻想を焚きつけ、政権の座を獲得した」に過ぎず、その内実における「保守化」によって自壊したというのである。(30) 既成の復帰運動に対する違和感は、「完全即時無条件返還というけれど、はたしてこれはお題目にすぎないじゃないか」といった共通感覚を醸成し、復帰に軍事支配からの脱却の夢を仮託してきた人々を離反させることになった。(31)

2 "Pure reversionist" の勝利

USCARの復帰運動に対する評価も同じようなものだったが、それに確証を与えたのは、皮肉にも戦後初期から復帰運動を牽引してきた屋良朝苗だった。一九六八年一二月に行われた戦後沖縄初の行政主席公選では、「即時無条件全面返還」を掲げる革新・屋良陣営と、「時期尚早」を唱える保守・西銘順治陣営が正面から衝突した。この選挙は、同時に行われた那覇市長選、立法議員選挙とあわせて「三大選挙」と呼ばれ、日本本土の「五五年体制」に相当する保革対立構造＝「六八年体制」が形成された画期と位置付けられてきた。(32) それは同時に、島ぐるみ闘争後に打ち出された新たな統治方針の成果を問う試金石でもあった。

主席公選に際し、USCARは水面下で西銘を支援する一方、屋良陣営とも会談を重ね、当選後の身の振り方について次のような「紳士協定」を取り付けることに成功する。すなわち、(一)琉球政府の局長人事から共産主義者を除外すること、(二)基地の経済効果を重視し、その撤去を急がないこと、(三)支持母体である復帰協に政策面で拘束されないこと。(33)

主席公選の結果、屋良は大差で勝利を収めたが、それはかつての那覇市長選挙での瀬長亀次郎の勝利ほど、USC

ARを動揺させなかった。それどころか当時の民政官フィアリーは、「屋良さんが主席であったことにわれわれは完全に満足していた」とさえ証言している。「屋良氏は保守系の人より諸団体への影響力を持っていたし、抑えがきいた」からである[34]。

米本国紙の報道も、屋良の勝利に寛容な態度を取っていた。瀬長那覇市長の誕生を報じた際には、「左翼」や「赤い市長」といった呼称が多用されたのに対し、屋良についてはイデオロギー的な無色透明さが強調された。なかでもニューヨーク・タイムズ紙が屋良に与えた"Pure reversionist（純粋な復帰論者）"という呼称は、復帰を希求することが、必ずしも基地の安全を脅かすものではないという見方を象徴するフレーズと言える[35]。

こうした見立てが間違っていなかったことは、主席公選のわずか一週間後に発生したB52墜落事故後の顚末で明らかとなる。爆弾を満載した戦略爆撃機が核貯蔵庫と目されていた場所のすぐ傍で爆破炎上するという事態は、全島挙げての抗議行動を惹起し、B52の撤去を求めるゼネスト計画（二・四ゼネスト）にまで発展した。ところが計画は、屋良の要請を受けて土壇場で中止されてしまった。ゼネスト回避の口実を求めて日本政府との交渉に当たっていた屋良は、ついに確たる根拠を得られないまま、数カ月後にB52は撤去されるだろうという曖昧な「感触」をもとに、ゼネスト回避要請に踏み切った。

新崎盛暉は、「二・四ゼネストの際に演じた革新主席の役割ほど、日米両政府をして「沖縄返還」への確信を強めさせたものはない」とし、終始火消し役に回った屋良と、「革新主席を守るため」を合言葉に屋良の要請に応じた革新陣営を痛烈に批判した。その上で、「外圧によってというよりもむしろ内的要因によって挫折させられた」という意味で、「復帰運動の、そして復帰思想の敗北」を決定づける出来事と総括した[36]。

もちろん、復帰運動の「敗北」を指導者層の責任に帰するだけでは、なお十分な「総括」とは言えない。新崎が言う「内的要因」をつくり上げることこそ、島ぐるみ闘争後の米国の課題だったからだ。米国は、「沖縄版高度成長」

の創出を通じて、また「自由で民主的な」労働運動の育成を通じて、復帰運動を「建設的捌け口」へと誘導してきた。復帰運動が敗北であったとすれば、そうした新たな支配のあり方を自ら内在的に扶り出すことができずに、これを追認してしまったという意味においてだろう。

おわりに

一九七二年五月の日本復帰は、占領体制の終焉というよりも、「復帰体制」とでも言うべき新たな支配の到来を意味していた。島ぐるみ闘争で顕在化した危機の管理をめぐり再編を遂げてきた占領体制は、復帰において一応の完成を見たと言うことができるかもしれない。基地は何事もなかったかのように存在し続けたが、それに対する異議申し立ての声は、目に見えて小さくなった。

特に労働運動の衰退は、復帰後の大衆運動の失速を象徴するものと言える。復帰後六年の総決算を狙いとした『沖縄タイムス』の連載記事の中には、次のように記述が見られる。

復帰前、県内が赤旗で埋まるような観さえあったエネルギーはどこへ消えてしまったのだろうか。あの大衆運動のすべてといってもいいほどだった労働組合。今はほとんど動員力もきかず、すっかり迫力も失った。[37]

労働運動の衰退とともに、復帰運動もまるで役目を終えたかのように下火になっていった。「完全復帰をかちとるまで闘おう」を合言葉に存続してきた復帰協も、論争の末に七七年に解散した。[38]

復帰を経て、沖縄の基地機能を保全する役割は、米国政府から日本政府へと引き継がれた。そのことは目下、振興予算の多寡は基地に対する態度次第という、いわゆる「リンク論」を通じて表出している[39]。復帰後半世紀にわたり、住民たちは「基地か、振興か」の二者択一を突きつけられ、「保守」と「革新」という二つの政治ブロックの間を揺れ動いてきた。

しかし復帰体制もまた、危うい地盤の上に立つ暫定的な統治体制に過ぎない。基地と引き換えの振興予算にしても、大来の言葉を借りて言えば、「隠れていた政治上の不満」を未発の内に封じ込めるための「人工栄養」に他ならない。西銘が懸念し、島ぐるみ闘争において顕在化した「大きな社会不安」の可能性は、度重なる統治体制の再編によっても完全に取り除かれたわけではなく、依然として沖縄社会に伏在しているのである。

(1)　屋嘉比収『沖縄戦、米軍占領史を学びなおす――記憶をいかに継承するか』世織書房、二〇〇九年、二一三頁。

(2)　USCARのトップは一九五七年までは民政副長官と呼ばれたが、後述する政策転換後は高等弁務官に置き換えられた。

(3)　サンフランシスコ講和条約以後の「沖縄占領」は、あくまで主権回復を果たした日本との合意にもとづくものであり、国際法上の「占領」には該当しない。沖縄占領の継続は、日本本土の親米保守政権の存続に依存するため、その立場を危ぶめるような事態を避ける意味でも、沖縄の取り扱いには細心の注意を払わなければならなかった。

(4)　新崎盛暉「崩壊する沖縄」『増補新版 世替わりの渦のなかで 一九七三～一九七七(沖縄同時代史 第一巻)』凱風社、一九九二年、二一一―二一二頁。

(5)　Mire Koikari, *Cold War Encounters: Women, Militarized Domesticity, and Transnationalism in East Asia*, Cambridge University Press, 2015.

(6)　「地主農民」は、自作農の沖縄における通称。

(7)　山門健一「過剰人口の歴史――沖縄自立経済論の変遷」『新沖縄文学』第二七号、一九七二年五月。

(8)　琉球銀行調査部編『戦後沖縄経済史』琉球銀行、一九八四年、一二三二頁。

(9)　来間泰男『沖縄の農業』日本経済評論社、一九七九年、七五頁。

(10)　「経済再建の焦点」『沖縄と私――西銘順治評論集』月刊沖縄社、一九六八年、一四七―一四八頁。なお、鳥山淳「先送りされ続ける『平和の到来』――占領下沖縄の経験をめぐって」(『歴史学研究』第九三四号、二〇一五年八月)もあわせて参照されたい。

(11)「沖縄における軍用地問題(調査団に提出した折衝資料)」琉球政府主席官房情報課編『軍用地問題はこう訴えた』一九五九年、七頁。

(12) 島ぐるみ闘争の事態収拾をめぐる米国政府省庁間の路線対立については、平良好利『戦後沖縄と米軍基地――「受容」と「拒絶」のはざまで 一九四五～一九七二年』(法政大学、二〇一二年)を参照。

(13)「琉球列島の管理に関する行政命令」中野編前掲『戦後資料　沖縄』一五八頁。

(14) 琉球政府立法院「パイン罐詰の自由化品目除外並に特恵措置継続に関する要請」一九六一年一〇月二一日、『パイン自由化関係史料』(沖縄県公文書館所蔵：0000095458)。

(15) 移民・送金・援助・政府部門に偏重した経済構造は、島嶼地域に共通して見られるものであり、それらの頭文字取って「ＭＩＲＡＢ経済」と呼ばれる。島嶼経済学の枠組みを沖縄に適用した議論としては、嘉数啓『島嶼学への誘い』(岩波書店、二〇一七年)を参照。

(16) 大来佐武郎「返還に伴う経済諸問題」伊藤善市・坂本二郎編著『沖縄の経済開発』潮出版社、一九七〇年、七四、七九頁。

(17) 宮城悦二郎『占領者の眼――アメリカは沖縄をどう見たか』那覇出版社、一九八二年、二四四頁。

(18) 宮里政玄『アメリカの沖縄政策』ニライ社、一九八六年。

(19) 官公労は琉球政府職員五〇〇〇名で結成された組合。復帰運動と言えば屋良朝苗率いる教職員会のイメージが強いが、周囲を固めた労働組合の存在抜きに、その本格的展開は考えにくい。なお、六三年時点で復帰協加盟団体のおよそ八割、六五年時点でも六割を労働組合が占めていた。

(20) 同時期の労働運動と人民党・非合法共産党の関わりについては、森宣雄『地のなかの革命――沖縄戦後史における存在の解放』(現代企画室、二〇一〇年)を参照。

(21) 詳しくは、拙稿「沖縄占領と労働政策――国際自由労連の介入と米国民政府労働政策の転換」(『沖縄文化研究』第四四号、二〇一七年)を参照されたい。

(22)「国際自由労連沖縄調査団報告書」『月刊自由労連』一九五六年七月号、三二頁。

(23) 引用者訳。"Report and Recommendations of Task Force Ryukyus," Dec. 1961, p. 48, Task Force Ryukyus, 1962, 0000105561, Okinawa Prefectural Archives.

(24)「布令一四五号撤廃に関する要請」『琉球労働』第八巻第四号、七頁。

(25) 前原穂積『沖縄の労働運動――戦後史の流れの中で』沖縄県労働者学習協会、二〇〇〇年、五三―五四頁。

(26) Ｍ・Ｆ・ミリカン、Ｗ・Ｗ・ロストウ／前田寿夫訳『後進国開発計画の諸問題――新しい国際関係への提案』日本外政学会、一九五八年。

(27) 復帰に対する保守側の取り組みについては、櫻澤誠『沖縄の保守勢力と「島ぐるみ」の系譜――政治結合・基地認識・経済構想』

有志舎、二〇一六年。
(28) 民主党『祖国への道』一九六五年、一、一一頁。
(29) 従前通りの基地機能の維持に不可欠な核兵器の再持ち込みの権利は、返還交渉の水面下で取り交わされたいわゆる「核密約」によって確保された。密約交渉の仔細については、若泉敬『他策ナカリシヲ信ゼムト欲ス　新装版』文藝春秋、二〇〇九年。
(30) 川満信一『沖縄・根からの問い――共生への渇望』泰流社、一九八〇年、一八一―一八二頁。
(31) 沖縄研究会編『沖縄解放への視角』田畑書店、一九七一年。
(32) 江上能義「沖縄の戦後政治における「68年体制」の形成と崩壊(上・下)」『琉大法学』第五七―五八号、一九九六―九七年。
(33) 宮里政玄『日米関係と沖縄　一九四五―一九七二』岩波書店、二〇〇〇年、二八七―二八八頁。
(34) 宮城悦二郎『施政者たちの証言』ひるぎ社、一九九八年、一七七頁。
(35) "A Tough and Dedicated Okinawan: Chobyo Yara," New York Times, 17 Dec. 1968.
(36) 新崎盛暉『戦後沖縄史』日本評論社、一九七六年、三二七頁。
(37) 沖縄タイムス社編『あすへの選択――沖縄経済、実像と展望(上)』沖縄タイムス社、一九七九年、八五―八六頁。
(38) 沖縄県祖国復帰闘争史編纂委員会編『沖縄県祖国復帰闘争史』沖縄時事出版、九八九頁。
(39) 島袋純『「沖縄振興体制を問う」――壊された自治とその再生に向けて』法律文化社、二〇一四年。

第9章
重層する占領・虐殺
——済州四・三事件を中心に

高誠晩

はじめに——解放と同時にはじまった占領

アジア太平洋の多くの地域と同様に、朝鮮半島もまた一九四五年八月に植民地支配からの解放を迎えたが、日本が降伏を引き延ばした結果、戦勝国であった米ソに分割占領を余儀なくされた。ほどなく、南朝鮮には米軍が駐屯し、軍政が敷かれることになった。短い「解放の時間」の後に迎えた九月九日は、南朝鮮の戦後秩序を規定する歴史的な日として記録される。沖縄を出発して三日後に仁川《インチョン》に上陸した米第二四軍団はこの日、朝鮮総督から北緯三八度線以南の地域に対する降伏文書に署名を受けた。

朝鮮総督府を背景として撮影された記録写真の中で最も印象に残る二つのシーンは、まるで間違い探しの場面のようだ。庁舎前の国旗掲揚台をぐるりと囲んで堵列《とれつ》していた米軍が、日の丸が降ろされる光景を後ろ手に見た後、星条旗が掲揚される時には一斉挙手の敬礼と銃礼をする(図1)。撮影や公開そのものがプロパガンダ戦略と深い関係をもつ二枚の写真において、戦勝国の兵士らが取るアクションは、帝国崩壊後の東アジアの地域秩序、そして解放後の南朝鮮の運命を象徴的に示している。冷戦体制に組み込まれつつある朝鮮半島において、解放と同時に訪れた占領の瞬

図1　日の丸が降ろされる光景（左）と星条旗が掲揚される光景（右）
出所：米国国立公文書記録管理局（NARA）所蔵．済州四・三 七〇周年記念事業委員会『四・三歴史記録写真集一』2018 年より再引用．

間を圧縮的に見せるこの写真が撮影された後、それほど時を置かずに、各地でテロや虐殺、戦闘が現実化した。

米国が三八度線以南の管轄権を掌握し、帝国日本に代わる新たな占領者として登場するこの場面は、朝鮮半島における長期的かつ隷属的な分断の固着化を予告したものでもある。そのためか、実際朝鮮人たちの姿は、アングルの外へ、死角化されている。[1]自主独立と自治を渇望していた多くの朝鮮人にとって、総督府での儀式は覇権国の交代を宣布するセレモニーに他ならなかったのである。

朝鮮半島の最南端に位置する済州島も例外ではなかった。朝鮮の米軍占領地域における降伏文書の調印式は、済州島でも行われた。北上する米軍を牽制し日本本土を守るための「決号作戦」において、朝鮮半島は、内地以外を対象とする唯一の作戦計画であった「決七号作戦」の対象地域であった。その中でも第五八軍が管轄していた済州島には、最も多くの兵力が配備されていた。[2]南朝鮮に上陸した米軍としては、「沖縄とほぼ同じ面積をもつ重武装した要塞に他ならない済州島の日本軍武装解除は、重大な問題だった」[3]。そのため、一九四五年九月二八日、降伏受理チームと武装解除チームが同時に入島し、戦後処理を開始する。[4]

しかし、南朝鮮の多くの地域と同様に、米軍政の占領政策は済州島民を敵視し孤立させた。[5]激動期における米軍政による圧政と武力統治の下で、脱植民地化の動きは厳しく制約され、統一・独立政府を樹立しようとした自治機構の取り組みは激しい弾圧を受けた。地域住民による意思表明は制限され、さらに監視の対象とされ、最終的には虐殺に巻き込まれておびただしい数の人命が失われ、共同体の分裂と再生産の機能喪失につながったのである。

本章では主に解放直後における済州島の経験を中心に、占領と虐殺の重層が韓国社会にいかなる影響を与えてきたのかを問う。一九四五年は、第二次大戦後の世界体制の転換点となる象徴的な年であり、植民地体制と冷戦体制を区切る変曲点とされているが、済州島ではこうした明確な区分は難しく、錯綜した関係性が見られた。一九八〇年代後半以降の民主主義体制への移行期において、「負の歴史」の見直しや過去克服への法的・制度的取り組み（歴史清算）が実践される際にも、脱植民地化への課題と脱冷戦への課題との錯綜が現前する。本章では、こうした現状の起源を、第二次大戦直後にさかのぼりつつ、「植民地」と「冷戦」という二つの経験の折り重なりを、済州島で起こった四・三事件の事例から考察する。[6]

一　占領の連続と民衆の抗拒、そして虐殺

解放を迎えた朝鮮人の熱望とは裏腹に、米軍政は占領政策の効率性を高めるために植民地支配の残滓を清算せず、むしろ積極的に利用した。その中でもとくに、警察組織は、米軍政の統治と右派勢力の政治的結集のための媒介として活用されたが、このことは軍政当局に対する民衆の不信と反感が増幅していく直接的な契機となった。日本植民地期に警察に服務した朝鮮人たちは、解放直後に民族反逆者という非難を浴びたが、突然米軍政下で国家建設の尖兵となり、右派勢力の前衛隊として、そして左派勢力に対する弾圧の主体として登場したのである。[7]

済州島でも、植民地時代における警察官僚が米軍政によって再登用され治安を担当し支配勢力として君臨したが、このことは民心の離反と激しい社会葛藤として表出した。解放直後における急激な人口流入（帰還人口）[8]やコレラなど伝染病の蔓延、米軍政による占領政策の失政と腐敗による生活困窮、さらには、分断の固定化につながる南半部のみ

の単独政府樹立をめぐる左右対立の激化などもあいまって、済州島では民心が極度に不安定となっていった。

こうして米軍政と住民との葛藤が増幅する状況の中で、一九四七年、「三・一独立運動」二八周年を記念して企画された道民集会で、米軍政庁警察による発砲事件が発生する。デモ行進する群衆への銃撃によって、一二人の住民が死傷する事態となったが、事件の処理をめぐって、軍政と結託した右翼勢力と集会を主導した左翼勢力の軋轢がさらに激化した。一方、警察当局は終始一貫してこの問題を「警察署襲撃事件」と規定し[9]、真相把握を通した民心の収拾よりは速やかに事態を平定するための強硬策に比重を置いた。これに対して、住民側は、ゼネスト(三・一〇ゼネスト)で対抗した。警察の発砲に抗議するために、官公署や民間企業など済州道全体の職場の九五％以上が参加し、南朝鮮では類を見ない官民合同のゼネストであった[10]。「三・一節発砲事件」によって噴出した民衆の怒りは、さらに青年たちに対する拷問致死ともあいまって、翌年の武装蜂起へと広がる導火線となる[11]。

西北青年会のように米軍政の敵対視政策に便乗した極右テロ組織もまた済州島を「朝鮮の小さなモスクワ[12]」と規定し、騒擾を鎮圧するといった名目で、左派性向の住民を対象に「アカ狩り(Red Hunt)[13]」を断行した。政治学者の許湖《ホホ》峻《ジュン》によると、こうした事態の帰責事由の多くは米軍政にあった[14]。米軍政が発砲者とその責任者について徹底的に真相を把握し、関連者を処罰するだけでなく、当時の極右派道知事の失政に対する責任を問うなどの迅速な措置を取っていたら、翌年の武装蜂起と大虐殺までには悪化しなかったはずだからである。米軍政の失政と情勢認識や政策判断の誤りは、済州道民を袋小路に追い込むこととなった。

その過程で、米軍政を後ろ盾にした右翼政治勢力が南朝鮮のみの単独政府を樹立しようとすると、済州島では左翼系列の南朝鮮労働党済州道委員会(以下、南労党済州道党)をはじめ左翼志向の住民たちが独断的な政府樹立に反旗を掲げた。こうして、南労党済州道党を中心とする「武装隊」は、「売国的単選・単政に命がけで反対し、祖国の統一・独立と完全な民族解放のために！」、「弾圧に対しては抗争だ」などのスローガンを掲げて、一九四八年四月三日早朝に蜂起を決行した[15]。

米軍政は米軍と南朝鮮国防警備隊、警察、右翼青年団まで総動員して（単独政府の樹立を問う）選挙への参加を督励したが、住民らは投票を拒否し、結局道内の三つの選挙区のうち二カ所で過半数に満たなかった。その結果、済州道は全国二〇〇カ所の選挙区のうち、選挙が無効とされた唯一の地域になった[16]。さらに、四一人の国防警備隊員が脱走して「武装隊」に加わり、続いて警備隊長（大佐）の朴珍經《パクジンギョン》が部下隊員によって暗殺されることで、済州島の情勢は急速に悪化していった。

米軍政と樹立直後の韓国政府にとって、武装蜂起や投票拒否を通した島民たちの抗拒は、朝鮮半島における分断体制への異議申立てに他ならず、単なる地域レベルの問題を超えて、新生政権の正当性を脅かし、ひいては米国が構想していた東アジアの冷戦秩序を攪乱させかねない問題であった[17]。そのため、中央政府から派遣された軍（政府樹立まで は国防警備隊）や警察、右翼団体などの「討伐隊」によって強硬な鎮圧作戦が決行された[18]。鎮圧当局はこれに先立ち済州と陸地間の往来を遮断した。済州は次第に孤立無援の島になっていった[19]。

当時済州駐留米軍司令官のロズウェル・ブラウン（Rothwell Brown）大佐は、次のように発言した。「原因には興味がない。わたしの使命は鎮圧だけだ[20]」。南朝鮮占領における失策と分断政府樹立のための強硬策という住民蜂起の「原因」を認識しつつも、徹底鎮圧だけが自己目的化した米軍政の姿勢を表している。そして、こうした認識は、住民と直接対面する「討伐隊」の命令系統の最下層部まで影響を及ぼし、非人道的な鎮圧作戦を可能にした。「元々、済州道は住民の九〇％が左翼色を帯びている[21]」、「建国を妨げるならば、一気に掃き捨てることもある[22]」。このような警察首脳部の認識や先入観もまた実際に島内各地で残虐行為として現れた。

島民のなかには、日本統治下から解放直後の困窮状況などを背景として、社会主義思想に共感を示す者が少なくなかった。一九四七年から翌年にかけて南労党済州道党が主導したゼネストや武装蜂起、投票拒否のような反体制抗議行動に賛同した人びとが急増したのもそのためであろう。しかしその大多数は、南労党の共産主義的な綱領やプロレタリア独裁への志向性までをかならずしも全面的に支持していたわけではない。それに加えて、「討伐隊」の鎮圧作戦が加速化するにつれて、武装蜂起が決行してから一年も経たないうちに指導部が壊滅し、その後は残余勢力が補給闘争のために民家に侵入し、食糧や衣服、家畜などを略奪したり、罪のない住民を殺害したりする事態も頻繁に発生することで、「武装隊」が掲げたスローガンの信憑性も次第に疑われていった。圧倒的な物理力に基づく「討伐隊」の鎮圧作戦が長期間にわたって住民たちを圧迫する状況が続く中で、当初は「武装隊」の抵抗運動に対して友好的だった住民たちも、これ以上彼らを支持することができなくなったのである。

結局、七年七カ月にわたる事件期間の間、おびただしい人命の損失と人権蹂躙、共同体破壊が発生したといわれる済州四・三事件は、三万人あまりという甚大な人命被害をもたらした末に、一九五四年九月になって、一応の終結をみた。

二　動揺する「犠牲者」

1　反共社会における事後処理

二〇〇三年の済州四・三事件真相究明および犠牲者名誉回復委員会（以下、済州四・三委員会）による公式発表によれば、事件によって当時の島内人口の約一割が殺害された。全体の人命被害の約八割は「討伐隊」によるものであった。[23]そのうち一〇―三〇代が約七割、男性が約八割を占める。[24]虐殺が最も激化した一九四九年には、一五歳から四九歳までの年齢層の人口が著しく減少したため、[25]島の人口地図は完全に変えられてしまったとされる。[26]もちろん、蜂起を主導し鎮圧作戦に反攻した「武装隊」が民間人を殺害した事実もなくはなかった。二〇〇八年までに済州四・三委員会に受理された「犠牲者申告書」にもとづく統計によれば、「武装隊」による人命被害は全体の約一二％にあたる一六七三名であった(27)。

大量虐殺がもたらしたおびただしい死者たちの事後処理の中でも、とくに鎮圧作戦の中心的なターゲットになった「武装隊」をめぐる問題は長い間困難を極めてきた。「極端な反共イデオロギーの時代(28)」のなかで、この事件は、北朝鮮の指令による共産暴動、あるいは南労党中央党によって扇動された反乱とみなされてきたからである。そのような状況下で、「武装隊」の死を悼み(29)、彼らの活動を評価し意味づけることは、韓国をはじめとする東アジアの戦後秩序を律する米国の支配戦略の正当性に異議を唱えることだけでなく、政府樹立の過程で不法に使用された公権力と、それによる国家暴力の事実の是非をただすことに直結してしまう。

そのため、済州四・三事件は、韓国社会の民主化が進められた一九八〇年代後半まで、とりわけ三二年間つづいた軍事独裁体制下では、その公論化自体がタブー視されざるを得なかった。「連座制」にもとづく監視や取調べなどの弾圧も続いた。しかし、そうした抑圧的な状況の中でも、済州島をはじめ、ソウルや東京、大阪など各地でこの事件の真相究明や解決を要求する運動が活発に繰り広げられた。混乱と惨禍を避けて「死の島」から脱出し日本に密航した人も多かったが、政治学者の文京洙《ムンギョンス》によれば、およそ五〇〇〇―一万人の済州人が日本に渡ったことと推定される(30)。その中で、金石範《キムソクポム》や金奉鉉《キムボンヒョン》のような知識人たちは表現のジャンルは異なるものの、韓国より先に日本社会で四・三事件の全貌を明らかにすることに尽力してきた。

この事件について韓国政府による公式的な取り組みが始まったのは、二〇〇〇年一月、国会で与野党の合意により「済州四・三事件真相究明および犠牲者名誉回復に関する特別法」(以下、済州四・三特別法)が制定されてからのことである。そして、同法の理念を実現し、「歴史清算」を総括する推進機構として、同年八月、政府内に済州四・三委員会が発足された。こうして、この事件に対する韓国政府の「歴史清算」を本格化するための法的・制度的な体裁が整えられることとなった。

一方、韓国政府が主導する公的領域における「歴史清算」が活発に繰り広げられる時期が到来したが、米軍政や新生政府の「討伐隊」に対抗・反攻した「武装隊」は「公式の犠牲者」[31]から排除され、彼らの歴史は依然として不可視化・不可聴化されている。「犠牲者」の選別のための「審議・決定基準」の一項目に、主に一九四八年の武装蜂起を主導し、その後の反政府ゲリラ戦を展開した「南労党済州道党の核心幹部」や「軍・警の鎮圧に主導的・積極的に対抗した武装隊の首魁級等」を、「大韓民国のアイデンティティを毀損した」との理由から除外する規定を設けているからである。[32]

2　ブラックリスト

では、具体的に誰が、どのような履歴をもつ者が政府公認の「犠牲者」から排除されているだろうか。政府委員会が発行する報告書では、「犠牲者」を審議・決定する仕組みや方式、手続き、基準を紹介しているだけで、対象者を特定して公開していない。ただし、政府主導の真相調査において、対抗した両勢力のバランスを考慮して、米軍が作成した「済州道南労党調査報告書」(Report on South Korean Labor Party, Cheju Do、一九四八年六月二〇日付)と、「左派側資料」とされる金奉鉉・金民柱《キムミンジュ》の著書『済州島人民들의《4.3》武装闘争史：資料集』(一九六三年)が、信頼性の高い一次資料として扱われていることから、「犠牲者からの除外対象」を具体化するための「証拠資料」もまた、このような文献資料が採択されている可能性が高い。

まず、米軍側の「報告書」から、南労党済州道委員会の幹部一七人の氏名と職責が確認できる。[33] 一方、『武装闘争史』にも二〇人のリストが記載されている。これに武装闘争の方針が決定された一九四八年二月の俗称「新村《シンチョン》会議」に出席した七人を加え、重複する名簿を除けば表1のように三〇人に絞られる。[34] 済州四・三委員会は、まず彼らを

表1　米軍の「報告書」と「左派側資料」に記載された「南労党済州道党の核心幹部」

No.	氏　名	「済州道南労党調査報告書」	『濟州島人民들의《4.3》武装闘争史:資料集』	「犠牲者」名簿の記載の可否	
				2001-06	2007-20
1	安《アン》堯《ヨ》儉《ゴム》		島党責任	×	×
2	金塗煥《キムユファン》	済州道委員会委員長	島党責任	×	×
3	趙夢九《チョモング》	済州道委員会副委員長	島党責任	×	×
4	玄ドゥギル	済州道委員会幹部部長		×	×
5	金達三《キムダルサム》	済州道委員会組織部長	島党軍事部責任	×	×
6	李《リ》徳《ドッ》九《グ》		島党軍事部責任	×	×
7	李《リ》佐《ザ》九《グ》		総務部	×	×
8	金民生《キムミンセン》		組織部	×	×
9	金錫煥《キムウンファン》		宣伝部	×	×
10	金グィハン		補給部	×	×
11	高《コ》真《ジン》姫《ヒ》		夫人部	×	×
12	高七鍾《キムチルゾン》	済州邑委員会宣伝部長	組織部	×	×
13	林テソン	済州邑委員会青年部長		×	×
14	金ウンファン	済州邑特別委員会委員長		×	×
15	金グァンジン	済州道委員会青年部長／財政部長		〈未詳〉	〈未詳〉
16	金錦順《キムグムスン》	済州道委員会女性部長		〈未詳〉	〈未詳〉
17	高カプス	済州邑委員会副委員長 兼組織部長・総務部長		〈未詳〉	〈未詳〉
18	康大錫《カンデソック》	済州邑委員会幹部部長／ 済州邑特別委員会組織部長		〈未詳〉	〈未詳〉
19	李《リ》昌洙《チャンス》	済州邑特別委員会宣伝部長		〈未詳〉	〈未詳〉
20	李《リ》昌《チャン》旭《ウック》	済州邑特別委員会財政部長		〈未詳〉	〈未詳〉
21	姜箕贊《カンギチャン》	済州邑委員会委員長	島党責任	○	×
22	金龍寛《キムヨングァン》	済州道委員会宣伝部長	島党責任	○	×
23	李《リ》鍾《ゾン》祐《ウ》	済州道委員会農民部長	組織部	○	×
24	金《キム》大《デ》珍《ジン》		島党軍事部責任／情報部	○	×
25	金斗奉《キムドゥボン》		総務部	○	×
26	金良根《キムヤングン》		組織部	○	×
27	金完《キムワン》培《ベ》		農民部	○	×
28	金闐煥《キムウンファン》		宣伝部	○	×
29	玄福裕《ヒョンボッグユ》		経理部	○	○
30	韓國燮《ハングックソップ》	済州邑特別委員会学生部長		○	○

性が高い。

「客観的な資料」にもとづく「南労党済州道党の核心幹部」と見なし、「犠牲者からの除外対象」に分類している可能性が高い。

それでは、表1の三〇人のうち、実際に誰が「犠牲者」としての公式承認を求めて政府委員会に申請されたのだろうか。また、委員会は彼らの申請にどのように対処したのだろうか。申請主義にもとづく「犠牲者」公認構造の外部にいる筆者のような第三者が、法・制度の領域外で、こうした問いに対する答えを見つけるためには、二つの方法を駆使することになる。第一に、毎年四月三日に行われる追悼式で一般参加者に配られるパンフレットには最新の「犠牲者」名簿が公開されるが、そこに載せられた氏名を比較する方法が考えられる。「犠牲者」申請が開始された直後に行われた「第五三周年済州四・三事件犠牲者汎道民慰霊祭」(二〇〇一年)から「第七三周年四・三犠牲者追悼式」(二〇二一年)まで、毎年配布されてきた全二一冊のパンフレットに収録されている「犠牲者」名簿を年度別に対照するのが、申請主義システムの外側からアプローチできる最も現実的な方法として考えられる[35]。

そして第二に、済州四・三平和公園[36]にある各種の記念碑が、「犠牲者」を現前化する場である点に注目する必要がある。四・三特別法にもとづく様々な記念事業は、新たに決定される「犠牲者」の数や記念碑への追加刻銘といった量的成長を、「歴史清算」が順調に進んでいる希望的なシグナルとして広報し、事件にかかわる国民的記憶を再構築する企図に積極的に活用してきた。パンフレットにある「犠牲者」名簿が本籍地や氏名のみ表記されているのとは異なり、記念碑には性別と犠牲時点の年齢、「犠牲」の属性(死亡、行方不明など)、犠牲になった日時などが、より詳細に刻まれていることが特徴である。また、記念空間における各々の記念碑は、二〇〇〇年から今日に至るまで取り組まれた「歴史清算」の軌跡や「犠牲者」の認定メカニズムの変遷が、一目で分かるようにデザインされている。「歴史清算」の進展とともに「犠牲者申告書」の受付および審議が行われ、各々の記念碑に刻まれる「犠牲者」の情報や配置も継続的に変化してきたことがわかる。

刻銘情報の修正や削除、代替のようにモニュメントのリニューアルが繰り返し行われている事象からは、「過去清算」期の過渡期的な様相をうかがい知ることもできるであろう。「過去清算」の法・制度が孕んでいる国民国家イデオロギーの宣伝・高揚のための場へと次第に変貌する一方で、そこに収斂されない「反逆の記憶」（朝鮮半島における統一政府を渇望し、自治共同体の実現を志向した抗争の側面）との緊張関係も次々に誘発される。このことは、「大韓民国史」の中で済州四・三事件がいかに位置づけられるかをめぐっていまだ決着し得ずに衝突や葛藤を繰り返している、歴史認識をめぐる争いを象徴的に示すものであるといえよう。(37)

このように「犠牲者」名簿と記念碑上の刻銘記録を比較することによって、誰が、どのような履歴をもつ者が、「犠牲者」として新しく公的領域に組み込まれてきたのかにアプローチできる。ソウルで最終決定された「犠牲者」が済州の記念碑を通じて公開される「歴史清算」プロセスは、四・三公園が造成され始めた二〇〇三年以来繰り返されてきた現象である。これは「闇から光へ」や「沈黙から叫びへ」のような「歴史清算」スローガンの正当性と、「犠牲者」や記念空間の公的性格を高めることに寄与する。

筆者の調査によると、パンフレットには、二〇〇六年以前は「犠牲者」として申請された名簿が、二〇〇七年以後は最終決定されたものが収録されている。こうした「犠牲者」の名簿と四・三公園に刻銘されてきた記念碑上の記録を比較すると、年々「犠牲者」の数が増加する一方で、(38) 表1の三〇人についてはこうした全体的な推移傾向と一致していないことが分かる。

3　長期占領状態を証明する張本人

「日帝的統治機構を粉砕しろ！」、「親日派民族反逆者、親ファッショ分子の根絶！」、「言論・出版・集会・結社・スト・示威・信仰の絶対的な自由！」、「食糧問題の解決は人民の手で！」。これらのスローガンからも分かるように、一九四七年の「三・一記念大会」で取り上げられた争点は、南朝鮮社会における政治問題だけでなく、経済問題や社会問題、地域問題などを包括的に扱い、道民を結集させた[39]。表1の安堯儉をはじめ、金壟煥、趙夢九、金ウンファン、高七鍾などは、「三・一記念大会」の核心メンバーであったため、米軍政と警察から要監視対象となった人物である[40]。とくに安堯儉は大会長として「三・一革命精神を継承し、外勢を追い出し、祖国に自主統一民主国家を樹立しよう」と発言した[41]。

表1から分かるように、安堯儉をはじめとする一四人は、すべての「犠牲者」名簿から確認できない。「武装隊」の象徴的な存在である金達三や李徳九も同様である。二〇一一年六月まで、「犠牲者」として申請されていなかったと推測される[42]。「犠牲者」の公定と公認は、いずれも申請主義にもとづいている。そのため、一家が全滅し家族・親族成員による死後処理すらできなかった場合はおくとしても、近親者の死が公認を受け、公式化されることを望む遺族らは、関連する法・制度と諸規定、そして主流の歴史観を意識しながら、できるだけそこに抵触しないように、「死」についての意味づけとともに申請者自身と近親者の体験を再定位しなければならない場合が少なくない。こうした制約の中で、近親者の死や行方不明を公定化し「犠牲者」という公的な位置に立たせるために、生者たちの戦略と工夫が求められる。その点で、安堯儉をはじめとした一四人は依然として水面下に沈んでいる存在として、韓国政府主導の「歴史清算」による様々な記念プログラムにおいても除外される[43]。しかしながら、こうした未申告もしくは非申告は、当該遺族によるある種の戦略的な選択肢である可能性も否定できないであろう。

表1において、金龍寛は、「三・一大会」における発砲事件と、それに抗議して行ったデモやストライキを収拾するために結成された、「済州道三・一事件対策南労党闘争委員会」の委員長を務めた人物である。彼をはじめとする一〇人は、二〇〇一年から二〇〇六年までの名簿で確認されていることから、ひとまず「犠牲者」として申請されたものとみられる。そのうち、金龍寛や李鍾祐、金大珍、金斗奉、金良根、金完培、金闓煥、姜箕賛の八人は二〇〇七

年以後名簿から漏れている。四・三委員会が彼らを「犠牲者からの除外対象」に該当すると判断して、提出された申告書を「撤回」するように当該遺族を説得・懐柔したからである[44]。

「撤回」とは、「犠牲者の審議・決定基準」の一項目である「除外対象」に該当する「南労党済州道党の核心幹部」などとみなされて「不認定」とならないように、四・三委員会の内部で凝らされたある種の工夫であった。委員会で当該申請が「公式議題」として上程されてしまうと、「不認定」になることは明白であるというロジックで、代案として出されたのが、本格的な審議プロセスに入る前に秘密裏に当該遺族を説得・懐柔し、自ら申請を撤回させるアイディアであった。四・三委員会は二〇〇六年、申告書を提出した金龍寛など八人の遺族らを非公式に訪問し、申告書を撤回するように勧告した。「犠牲者」に編入されうる「住民」や「討伐隊」とは異なり、「武装隊」とりわけ四・三委員会のブラックリスト[45]ともいえる「南労党済州道党の核心幹部」には、このように遺族自ら申請を撤回するか、それとも不認定とされても最後まで審議を受けるかという、厳しい二者択一的な選択を迫られたのである[46]。

表1はあくまで四・三委員会の『真相調査報告書』(二〇〇三年)作成に活用された資料をもとに推定できる「南労党済州道党の核心幹部」リストである。一方、もう一つの「犠牲者からの除外対象」として挙げられる「武装隊の首魁級等」は誰で、彼らを特定するための「証拠資料」は何で、その範囲がどこまでなのかについては、依然として不明である。そのため表1の三〇人は、「犠牲者」の認定体系の外部からアクセスできる資料にもとづいて抽出可能な、最小値に過ぎないといえる[47]。

むすびにかえて

済州四・三事件が残した「負の遺産」を克服するための公式的な取り組みとしての「歴史清算」と、その核心的なプログラムとしての「犠牲者化[48]」に対しては、まず国家が新たな認定政策を通じて被害者個々人を再抑圧したという点[49]、そして画一化・序列化というある種の暴力を駆使することを通して地域の記憶(history)を歪めてでも国家の記憶(History)への包摂を志向したという点[50]などが、批判されてきている。「国民和合[51]」、「大韓民国のアイデンティティ」といった「歴史清算」の根拠法となる済州四・三特別法や「犠牲者」規定の核心条項からも分かるように、「犠牲者化」は、国民国家イデオロギーの維持・強化と密接に結びついているからである。

「犠牲者化」のもう一つの作動原理は、「武装隊」を排除することにある。これによりかつて殺された側と殺した側であった「住民」と「討伐隊」が公的な「犠牲者」として再編成され、多種多様な死者の間の錯綜した関係性は整序され、暴力的な過去は和合の論理に代替されることになる[52]。「犠牲者」と「非－犠牲者(non-victims)」に二分化され序列化される過程で「武装隊」に強いられる排除と差別[53]、両者の間の位階と格差[54]、証言の不／可能性[55]という問題も出現する。このように「武装隊」の存在は、「犠牲者化」に象徴される「歴史清算」の単線的発展モデルの有効性に対して、再検証を喚起している。

「武装隊」が唯一の排除対象になりうる構造は、「歴史清算」が取り扱うべき議論の対象から、「武装隊」が象徴する抗争の歴史を排除してしまう。圧倒的に多い住民らの支持を後ろ盾にした「武装隊」の蜂起と抵抗は、「(朝鮮半島の)統一政府を渇望する民衆の意志[56]」や、「済州島に及ぼす外部勢力(世界冷戦体制、朝鮮半島の中央権力)の物理的力から抜け出そうとする(中略)自治への指向[57]」、「済州島の自治共同体の危機に根ざす外部勢力(陸地警察や西北青年会)に対する反撃[58]」といった歴史的意義を帯びている。にもかかわらず、その歴史の主役たちを公式に排除してしまうことによって、彼らをめぐる事実関係と彼らの死の意義は、極めて制限された認識の範囲内で歪められ、変質させられることとなった。南朝鮮のみの分断・単独政府の正当性に対する異議申立てや自治への実現を目指した取り組みのもつ歴史性は、「歴史清算」が検討すべき論点から排除されることになったのである。

韓国社会における「武装隊」についての認識と評価を留保しておくこと、それから遅延される「歴史清算」のもつ社会的意味はこれにとどまらない。文京洙は、済州四・三事件が他ならぬ日本による朝鮮支配の産物であったことを指摘する。占領期の植民地政策において重要な役割を担っていた階層が、解放直後においても支配階級として君臨してきた。そして彼らによって企図された、米軍政期における単独政府樹立工作や四・三事件における鎮圧政策は、一貫して多数の朝鮮民衆が願った自主独立と自治への意思を制圧し、敵視した。そこに真正面から対抗した「武装隊」は、法的な根拠を持てない強硬な鎮圧作戦によって抹殺されたことだけでなく、今日の「歴史清算」局面において、「大韓民国のアイデンティティを毀損した」との理由で公式の「犠牲者」から排除されている。「武装隊」グループが「犠牲者」から剝奪される状況は、まさに「植民地」と「冷戦」という二つの経験が折り重なっている状況を象徴的に表している。

朝鮮半島をめぐる東アジアの国際情勢がポスト冷戦に移行する中で、「日帝残滓」や「米帝残滓」の清算を通して脱植民地化や脱冷戦を実現するための実践的課題が多方面から模索されてきたが、韓国社会はいまだそれらを乗り越えようとする試みが遅延したままの状況に置かれている。本章で検討したように、済州四・三事件の「歴史清算」の場合、米軍政の南朝鮮政策に対抗し、米国を後ろ盾にした韓国政府の正当性に異議を唱えた人物たちに対する位階化は、依然として韓国社会が一九四五年前後の時空間の中にとどまっており、長期占領状態におかれていることを示唆する。「一九四七年三月一日」と「一九四八年四月三日」は、事件を定義する上で重要だと位置づけられている[59]が、三・一大会や武装蜂起において掲げられた叫びは、いまだ韓国社会で現前化されていない。

（1）　一方、『駐韓米軍史Ⅰ』（国史編纂委員会訳、二〇一四年、韓国語）には「この地点にいた多くの朝鮮人たちは星条旗が揚げられる間、垣根の上から眺めていて、熱狂的でありながら、ほとんどなすすべを知らなかった」と書いている。

(2) 米二四軍団が作成し本国に打電した報告書(一九四五年九月一三日付)によると、「三八度線以南の日本軍現況」で日本軍総数を一七万九七二〇名」としている。一方、そこでは注目すべきことに、済州島の日本軍兵力を他の南朝鮮地域の日本軍と別途に集計している。すなわち、ソウルや光州《クァンジュ》、大邱《テグ》、釜山《プサン》、麗水《ヨス》などを合わせて「南朝鮮総計：一二万一四〇〇名」とし、「済州島：五万八三二〇名」はそれとは別に記述している。Hq. USAFIK, G-2 Periodic Report, No. 4, September 13, 1945(済州四・三委員会『済州四・三事件資料集七[米国資料編①]』二〇〇三年、韓国語)。

(3) Hq. USAFIK, G-3 Opertations Report, No. 25, September 28, 1945(済州四・三委員会『済州四・三事件資料集八[米国資料編②]』、二〇〇三年、韓国語)。

(4) 「決七号作戦」にしたがって構築されていた漢拏山《ハルラサン》の山岳陣地と武器などは、それから三年後には「武装隊」によってその一部が使用されることとなった。日本の植民地支配は四・三事件とも無関係とは言えないのである(済州四・三委員会『済州四・三事件真相調査報告書』二〇〇三年、韓国語)。また、多くの日本軍の施設が虐殺の場所として使われたことも指摘できる。日本軍施設は、一般の民衆にとって近づきがたい場所であり、虐殺を秘匿しやすいために利用されたのである(塚崎昌之「「本土決戦」体制と朝鮮半島南部・済州島」坂本悠編『地域のなかの軍隊七　帝国支配の最前線：植民地』吉川弘文館、二〇一五年)。

(5) 米軍の報告書は次のように述べる。「済州道は人口の七〇%が左翼団体に同調あるいは関連している左翼分子の拠点として知られている」。Hq. USAFIK, G-2Weekly Summary, No. 79, March 20, 1947(前掲『済州四・三事件資料集七[米国資料編①]』)。

(6) 済州島では、一九四八年に韓国政府が樹立されるのに前後して、三万人に近い地元住民が公権力によって殺傷される事件が発生した。「済州四・三事件」と呼ばれるこの出来事は、七年七カ月の間に発生した武装住民の抗争と、政府による鎮圧・虐殺《デモサイド》と称される。「事件」という名称は、二〇〇〇年一月一二日に「済州四・三事件真相究明および犠牲者名誉回復に関する特別法」が制定・公布されて以後に初めて公式化された、法律上の用語である。ただ、それ以外にも「抗争」や「蜂起」、「暴動」、「事態」、「反乱」、「民衆受難」、「良民虐殺」など、韓国社会の政治的・社会的状況や認識主体の歴史的観点などによって様々に表現されてきた。その過程で、多様な論理を背景としてそれぞれの正しい呼び方、すなわち「正名」であることを主張したり、論争や葛藤を繰り返したり、時には戦略的に合意したりする、「正名論争」が繰り広げられてきた。本章では、韓国社会において、現段階で暫定的に合意されている「事件」という用語を用いる。

(7) 許湖峻『ギリシャと済州、悲劇の歴史とその後——ギリシャ内戦と済州四・三そして米国』ソニン、二〇一四年、韓国語。

(8) 「一九四五年の八・一五当時、済州島の人口は日本軍を除けば二二万前後と推算される。それが一年後には二八万名を超えるようになった。したがって、解放前後の人口変動率は三〇%増に肉迫し、とくに高等教育を受けた若者が大挙して帰還した。そうした人口の量的・質的膨張は、解放後の政治的緊張の一因となり、済州伝統社会に対して経済的・社会的に大きな影響を及ぼした」(済州四・三委員会『済州四・三事件真相調査報告書』二〇〇三年、韓国語)。

(9) 前掲『済州四・三事件真相調査報告書』。
(10) 同前。
(11) 米軍報告書からも分かるように、当時米軍政も三・一事件を四・三事件の導火線として認識していた。「一九四七年三月一日、警察が済州邑で一団の左翼三・一節行事の参加者を攻撃して数人を殺す前までは、済州島で共産主義者たちが扇動して起こした騒擾は、済州道を占領している米軍によって比較的緩やかに抑制されていた。攻撃を受けた島の住民は警察に対して即刻報復をして、一年余りにわたる流血暴力が始まった」。Hq. USAFIK, G-2 Periodic Report, No. 1097, April 1, 1949（前掲『済州四・三事件資料集七［米国資料編①］』）。
(12) Hq. USAFIK, "G-2 Periodic Report" No. 693, November 25, 1947（前掲『済州四・三事件資料集七［米国資料編①］』）。
(13) Hq. USAFIK, "G-2 Weekly Summary" No. 90, June 3, 1947（前掲『済州四・三事件資料集七［米国資料編①］』）。
(14) 前掲『ギリシャと済州、悲劇の歴史とその後』。
(15) 金奉鉉・金民柱『濟州島人民들의《4.3》武装闘争史：資料集』文友社、一九六三年。
(16) 前掲『済州四・三事件資料集七［米国資料編①］』。
(17) 「朝鮮半島南部に大韓民国が樹立され、北側にはもう一つの政権が建てられることによって、済州の事態は、単純な地域問題を超えて政権の正当性への挑戦と認識された」（前掲『済州四・三事件資料集七［米国資料編①］』）。
(18) 日帝時代に一〇一名だった済州島の警察力は済州道制実施以後の一九四七年二月には三三〇名に増えて（前掲『済州四・三事件真相調査報告書』）、一九四八年四月三日の武装蜂起の直後には、応援警察を合わせて、警察力が二〇〇〇名に達した時期もあった（『朝鮮中央日報』一九四八年七月三〇付、韓国語）。
(19) 前掲『済州四・三事件真相調査報告書』。
(20) 『朝鮮中央日報』一九四八年六月八日付。
(21) 『漢城日報』一九四七年三月一三日付。
(22) 前掲『済州四・三事件真相調査報告書』。
(23) 同前。
(24) 「事件による罹災民の数も八〜九万人に達したが、これは、済州島の人口の三分の一に該当する数字であった」（同前）。
(25) 李昌基『済州島の人口と家族』嶺南大学校出版部、一九九九年、韓国語。
(26) Morris-Suzuki, Tessa, *Borderline Japan: foreigners and frontier controls in the postwar era*, Cambridge University Press, 2010.
(27) 済州四・三委員会『和解と相生——済州四・三委員会白書』二〇〇八年、韓国語。
(28) 金鍾旻「四・三以後五〇年」『済州四・三研究』歴史批評社、一九九九年。

(29) 一方、一九六一年五月一六日に軍事クーデターを起こし政権を掌握した朴正熙《パクジョンヒ》が、同年九月済州島を訪問した時に最初に立ち寄ったのが、忠魂墓地であった(済州特別自治道『写真で見る済州歴史①』二〇〇九年)。
(30) 文京洙「四・三犠牲者を選別するな」『ハンギョレ21』第一二〇四号、二〇一八年、韓国語。
(31) 済州四・三平和財団『済州四・三七〇年、闇から光へ』二〇一七年。
(32) 済州四・三委員会は「事件勃発に直接的な責任がある南労党済州道党の核心幹部」と「軍・警の鎮圧に主導的・積極的に対抗した武装隊の首魁級等」を「犠牲者からの除外対象」に分類し、その際、「行為を客観的に立証できる具体的かつ明白な証拠資料」が前提になるべきだという内容を盛り込み、「犠牲者審議・決定基準」を確定した。前掲『和解と相生』。
(33) 「同報告書は、ロズウェル大佐の命令に従って、人民解放軍および自衛隊(支援団体)の組織員と接触してきた捕虜から得た情報にもとづいて作成された。南労党の組織や編成、傘下組織としての軍事部の状況、指揮体系などに関する情報が詳しく記されている」(前掲『済州四・三事件真相調査報告書』)。
(34) 「新村会議」の出席者名簿は『済州四・三事件真相調査報告書』からも確認できる。この名簿は会議の出席者である李三龍《リサムリョン》の口述に基づいて作成されたため、客観性に欠けるという評価が見受けられるが、米軍の報告書や『武装闘争史』で言及された道党幹部の人物情報が多数確認される。
(35) 一方、済州四・三委員会が「犠牲者」届出を受け付け始めたのが二〇〇〇年六月であったため、二〇〇〇年四月に開かれた「第五二周年済州四・三事件犠牲者汎道民慰霊祭」のパンフレットには、一九九〇年代に済州道議会が収集した犠牲者名簿が記載されている。
(36) 済州四・三平和公園は、「犠牲者」に対する政府主導の慰霊・追悼儀式が行われる代表的な場として、二〇〇三年から本格的に造成され始めた。総面積約一一万坪で七〇〇億ウォンを超える巨額の国家予算が投入された。一日も早く慰霊祭を挙行する空間を必要とした遺族たちの宿願をかなえるために、まず二〇〇四年に「位牌奉安所」などの慰霊祭壇が完工した。続いて事件勃発六〇周年を迎えた二〇〇八年四月には「済州四・三平和記念館」が開館した。その後二〇〇九年四月には「刻銘碑」が建立され、同年一〇月には「行方不明者の標石」も建てられた。二〇一一年三月には、島内各地で発掘された行方不明者の遺骸も「遺骸奉安館」に安置された。
(37) 高誠晩「済州島四・三事件の表象と追悼——済州四・三平和公園におけるモニュメント」梁聖宗ほか編『済州島を知るための五五章』明石書店、二〇一八年。
(38) 二〇二一年三月までに、一万四五三三人が「犠牲者」として公式認定されている。行政安定部・済州特別自治道『第七三周年四・三犠牲者追悼式』二〇二一年、韓国語。
(39) 南労党済州道委員会「三・一運動記念闘争の方針」一九四七年二月(済州四・三研究所『済州抗争——創刊号』実践文学社、一九九一年より再引用)。

(40) 当時、安堯儉は、南労党済州道委員会の委員長であり、三・一記念大会の準備委員長を兼ねていた。同年一〇月、済州地方裁判所は三・一大会を主導した彼に執行猶予を宣告する。「安世勲」とも呼ばれる。

(41) 武装蜂起以後、安堯儉は、金達三や姜箕贊、高真姫らとともに、一九四八年八月に開かれた「南朝鮮人民代表者大会」に参加するため、北朝鮮へ渡る。

(42) 一方、金ヴァンジンをはじめとする六人は、「犠牲者」名簿で同じ氏名が確認されるが、同一人物か否かは不明である。「犠牲者」リストと四・三公園内の刻銘碑がすべてハングルで作成されているため、公開されている情報のみで確認することができない。

(43) 二〇二一年二月に全部改定された四・三特別法においても「公式の犠牲者」の人命被害に対しては個別に金銭的補償を実施する条項を設けているが、表1に載った「武装隊」員はその適用対象からも除外される可能性が高い。

(44) 高誠晩『〈犠牲者〉のポリティクス――済州四・三／沖縄／台湾二・二八　歴史清算をめぐる苦悩』京都大学学術出版会、二〇一七年。

(45) 彼らにブラックリストという比喩的表現が適用可能な理由は、当該遺族が済州四・三委員会に提出する「犠牲者申告書」がどのような内容で構成されていても、「犠牲者」審議の当落を決めるテキストとして反映されないという点にある。「犠牲者」申請が成立するためには、まず申請人(主に遺族)が「死亡(行方不明)の経緯」を、保証人(主に目撃者)が「保証書」を作成しなければならず、さらに関係機関の公務員による事実確認の手続きが行われなければならない。しかし、ブラックリストに載った彼らに関しては、このような数段階にわたる請願と検証の繰り返しは無意味な手続きである。「犠牲者」の認定システムが申請主義にもとづいているにもかかわらず、申請人や保証人からの疏明は論外視され、「犠牲者から除外対象」に該当するかどうかのみが審議・決定に重要な準拠となるからだ。彼らがブラックリストと呼ばれるもう一つの理由は、「犠牲者」成立要件の排他性のためである。済州四・三委員会の審議プロセスを経て「犠牲者」として公認されたケースの「審査資料」には共通して、「……除外対象者にも該当しないので……犠牲者と認めることができると考えられる」といった項目を確認できる。すなわち、「除外対象者」に該当するかどうかを問う過程は、「犠牲者」の成立要件を判断する重要な手続きであり、実際にそのような選別と分類が「犠牲者」の審議過程で行われてきたのである。

(46) 前掲『〈犠牲者〉のポリティクス』。

(47) 一方、玄福裕や韓國燮は、二〇〇七年以降に発行された「犠牲者」名簿からも確認できることから分かるように、現在まで「犠牲者」の地位を維持している。

(48) 済州四・三委員会が最初の「犠牲者」を決定した直後、保守系新聞の一つである『東亜日報』(二〇〇二年一一月二一日付)は、「政府の公式の犠牲者として初めて認定」「五四年ぶりに「暴徒」から「犠牲者」へ」といった見出しの記事を掲載した。この記事は済州四・三委員会と済州四・三平和財団の白書でも紹介されたが、「歴史清算」の主な成果として創り出されつつある「犠牲者」の社会的意味を表す、象徴的な文言としてしばしば援用される。
(49) 李在承「墓地の政治――名誉回復と認定闘争をめぐって」『統一人文学』68、二〇一六年、韓国語。
(50) 金東鉉『欲望の島、秘痛の言語』ハングル、二〇一九年、韓国語。
(51) 済州四・三特別法第一条には、「この法は、済州四・三事件の真相を究明し、この事件に関連した犠牲者とその遺族の名誉を回復することによって、人権伸張と民主発展及び国民和合に寄与することを目的とする」と規定している。
(52) 梁正心『済州四・三抗争――抵抗と痛みの歴史』図書出版ソニン、二〇〇八年、韓国語。
(53) 朴賛殖『四・三と済州歴史』図書出版カク、二〇〇八年、韓国語。
(54) 金玟煥「戦場になった済州四・三平和公園――暴動論の「ゆらめき(absent presence)」と分裂された連帯」『経済と社会』第一〇二号、二〇一四年、韓国語。
(55) 高誠晩「四・三過去清算と「犠牲者」――再構成される死に対する再考」『耽羅文化』38、二〇一一年、韓国語。
(56) 前掲『済州四・三抗争』。
(57) 前掲『四・三と済州歴史』。
(58) 文京洙『済州島四・三事件――「島のくに」の死と再生の物語』平凡社、二〇〇八年、韓国語。
(59) 済州四・三特別法は同事件に対する定義(第二条)を「一九四七年三月一日を起点にして一九四八年四月三日発生した騒乱および一九五四年九月二一日まで済州道で発生した武力衝突と鎮圧過程で住民たちが犠牲になった事件をいう」と規定している。

コラム❹　「アメリカの湖」のなかのミクロネシア

竹峰誠一郎

「権力にも海が欠かせない。帝国は制海権を確保することによって野望を達成する」[1]。地球表面の七一％を占める「海を熟考しなければならない」と、アルジェリア出身の思想家ジャック・アタリは『海の歴史』の冒頭で述べる。

本巻のテーマである「総力戦・帝国崩壊・占領」を捉えるうえでも、日本本土だけでなく海への眼差しが不可欠である。太平洋に視野を拓く重要な鍵は「アメリカの湖」(American Lake)という概念である。「アメリカの湖」はもともとカリブ海域を表す言葉であったが、一九四〇年以降、アメリカの政策立案者や軍関係者が太平洋中西部のミクロネシアを「アメリカの湖」と呼び、同地域の軍事拠点化を進めてきた[2]。アメリカの占領下で、ミクロネシア地域とりわけマリアナ諸島とマーシャル諸島では何が起こっていたのだろうか。

長崎の原爆資料館には、日本人に降伏を呼びかける米軍機が投下したビラが展示されている。日本軍が降伏する過程が時計の文字盤になぞられ描かれている。「時は迫れり」と日本語で書かれ、時計の針は「日本の破滅」を意味する夜一二時の五分前を示す。ガダルカナルは午後一時、アッツは二時、マーシャルは五時と続き、それぞれの島に立てられた日章旗が折り曲げられ、米軍が占領したことを知らせる。さらに午後八時はサイパン、九時はグアム、一〇時はフィリピン、そしてついに一一時は沖縄と米軍の占領が進み、いよいよ日本本土の米軍上陸が差し迫っていることをビラは伝える。

原爆投下の約一年前、一九四四年七月九日マリアナ諸島サイパン島を占領した米軍は、同月二四日にテニアン島に上陸して、八月三日には占領した。「ガマから外へ出てみると、激しい爆撃で木など地上のものはすべて吹き飛ばされていた」、「鉄条網で囲った平たんな場所に集められた後、収容所へ移動した」③と、沖縄からの移民であった瑞慶覧《ずけらん》ヤス子は語る。アメリカはサイパン、グアム、テニアンを占領し日本軍の飛行場を拡張し、日本本土攻撃の最前線基地とした。米軍基地建設には、捕虜となった沖縄からの移民労働者も動員された。「飛行場から東京爆撃に行く戦闘機が「じゃんじゃん」飛び立つのをよく見た」、「今日もまた出るんだねーって」と、当時米軍基地で働いていた沖縄出身の神谷清誠《せいせい》は回想する。④テニアン島の米軍基地を出発したB29爆撃機は、一九四五年八月六日、九日には広島と長崎両市に原子爆弾を投下した。

その原爆投下のわずか半年後の一九四六年二月一〇日、中部太平洋のマーシャル諸島で軍政長官を務めていたベン・H・ワイアットはビキニ環礁を訪れた。住民に対し、核実験場建設にともなう移住を要請するためであった。同軍政長官は、旧約聖書を持ち出し、核実験場建設にともなう移住は「神の導きによる約束の道である」と、敬虔なクリスチャンである住民に説き、さらに核実験は「人類に幸福をもたらし、世界の戦争を終わらせるため」だと住民に説明したことが、米海軍の公式記録に記されている。⑤

一九四六年三月七日の午後までには、各自の持ち物や、タコノキからできた屋根葺きやカヌーが揚陸艦に積み込まれた。⑥「アメリカ軍はLCU(大型の上陸用舟艇)という大きな船でやってきた。軍服を着ていた。とっても怖かった。教会の近くに集まり、そこから島を離れた。悲しくて故郷に申し訳ない気持ちでいっぱいだったのよ」と、コーマイは振り返る。⑦ビキニの人びとは自らの土地を去ることを余儀なくされたのである。

「食べるものがなかった。ビキニに戻りたかった」とハーバートが語るように、⑧ビキニの人びとは、移住先で飢えにさいなまれ「毒魚」に悩まされると同時に望郷の念にもかられ始めていた。ケッシブキもその一人だった。ある暑い午後の昼下がり、「毒魚」にあたり吐き気をもよおし、ココヤシにゆっくりと腰をかけた。その時、突然、ビキニへの思いがわいてきた。心のうちに浮かんだ我が故郷を詩に詠んだ。「もう幸せには暮らせない／素晴らしいものがたくさんつまった島々／ビキニで暮らすことができないから／安心して眠る場所もどこかにいってしまった／大きな絶望を受け入れることができない／あてもなく、わたしの心は漂っている、そして彼方へと／ビキニに向かう海流が見られる場で、唯一わたしは穏やかさを取り戻す⑨」。

ビキニ環礁から西方三二〇キロに位置するエニウェトク環礁は、太平洋戦争時は「ブラウン」環礁と呼ばれ、日米の地上戦が展開された。その戦火を生き延びた住民は、戦争が終わっても繰り返し移住させられた。日本が「南洋群島」と名付け統治していたミクロネシア地域は、米軍の占領を経てアメリカを施政権者とする国連信託統治領の戦略統治下に置かれた。一九四七年一二月、クリスマスを目前に控えた頃であった。「信託統治領政府の人が、マーシャル人を連れてやってきた。（南西に約二一〇キロ離れた）ウジェランにわれわれは行くことになったと言う。くわしい説明はなかった。ただ移動すると言うだけだった。何が起こるのだろうかと困惑した」とメアリーは振り返る⑩。住民には知らされなかったが、エニウェトクが核実験場に選ばれたことにともなう移住だった。

マーシャル諸島でアメリカによる核実験が始まったのは、広島・長崎に原爆が投下されて一年も経たない時であった。一九四六年七月、ビキニ環礁でクロスローズ作戦と名付けられた原爆実験が開始された。同実験は第二次世界大戦後初となる核実験であった。翌四七年には、エニウェトク環礁が新たに核実験場に選定され、太平洋の核実験本部が同地に置かれた。

一九四六年から五八年にかけてビキニで二三回、エニウェトクで四四回あわせて六七回におよぶアメリカの原水爆実験がマーシャル諸島で実施された。核実験の爆発威力は六七回でのべ一〇八メガトンに達し、広島型の原爆に換算すればじつに七〇〇〇発以上に相当する。

「……実験がもたらす危険が高まっている。ロンゲラップとウトリックと呼ばれる二つの環礁の居住者の間で死に至る影響がすでにおよんでおり、程度の差はあるが、血球数の低下、火傷、吐き気、脱毛などで今、苦しんでいる。これらの完全な回復は、何人も確信をもって約束することができない」[11]。第五福竜丸が被災したことでも知られる水爆ブラボー実験から約二カ月を経た一九五四年五月、国連信託統治理事会にマーシャル諸島住民から提出された請願書「破壊的兵器の実験を即時停止すること」の一文である。さらに「マーシャル諸島住民は、死に至らしめる兵器が一人ひとりにおよぼす危険に不安を覚えているだけでなく、自分たちの土地から追い出されている人たちの数が増えていることにも、大きな懸念を抱いている」、「土地はまさに人びとの命そのものである」と、土地が奪われていく危機感がこの請願書には記されている[12]。

核実験場とされたビキニやエニウェトクにとどまらず周辺の島々にも放射性降下物はおよび、住民の身体とともに土地は被曝し、その影響は今も続く[13]。二〇一七年マーシャル諸島共和国大統領ヒルダ・ハイネ（当時）は、次のように述べた。米核実験によって生じた「慰めることができない深い悲しみ、恐怖、怒り、それらは時が解決し得るものではない。適切な補償がなされず、残留放射能の汚染除去の問題にアメリカが対応する意思を示さないこと、そして、われわれの生命、海、土地に対する米核実験による終わりなき影響に真摯に向き合わない姿勢は、問題をより深刻化させている」[14]。マーシャル諸島のクワジェリン環礁には、米軍ミサイル基地が置かれ、同環礁を的にして、今も核弾頭搭載可能な大陸間弾道ミサイル実験が行われている。

マーシャル諸島と同じくマリアナ諸島で、米軍占領下のもとで土地接収と基地建設がおこなわれたことは先述したとおりである。日本統治下で「大宮島」と名付けられたマリアナ諸島のグアムは、太平洋戦争の日米間の戦闘を経て一九四四年八月からアメリカの軍政下に置かれた。そして戒厳令が敷かれ、住民の居住地や農地は米軍に接収され、グアム島の三分の一がアメリカの軍用地とされた[15]。米軍当局者やブルドーザーを前に銃を持って立ちはだかり抵抗したグアム先住民のチャモロ人もいたが、多くはアメリカ占領軍に異議を唱えなかった。大日本帝国からの「解放」をもたらしたアメリカに「心から恩義を感じていたので、土地の提供をたいそう喜んでいた」ことから、「外国の侵略に対する将来的な防衛のシンボルとして基地を歓迎[16]」したのである。

米軍占領下で建設されたアンダーセン空軍基地やアプラ港海軍基地は対日攻撃の前線基地となった。その後、グアムの米軍基地には核弾頭が配備され、マーシャル諸島での核実験の後方支援基地ともなった。朝鮮戦争、ベトナム戦争、湾岸戦争ではグアムの米軍基地は出撃基地となった。グアムの米軍基地は、太平洋から東アジア、東南アジア、中東を見据えて展開しており、沖縄の米軍基地の移転先ともなっている。グアムはアメリカの「槍の先端」と呼ばれ、今もなおアメリカの植民地という状況は変わらない。マーシャル諸島の核実験に伴う放射性降下物は、住民には当時知らされていなかったが、グアムにも達していた。「自分たちも核実験の風下地域だ」と補償を求める声が、今グアムからもあがっている[17]。

マリアナ諸島やマーシャル諸島を含むミクロネシア地域は、大日本帝国の統治と太平洋戦争の戦闘を経て「アメリカの湖」となった。沖縄や小笠原とともにミクロネシア地域は米軍の占領下に置かれ、アメリカの軍事拠点化が進められたのである。ミクロネシア地域にとって、戦後、そして大日本帝国の崩壊とは、現在も続くアメリカの軍事支配の始まりであったのだ。

（1）　Jacques Attali, *Histoires de la mer de*, Fayrad, 2017（林昌宏訳『海の歴史』プレジデント社、二〇一八年）。
（2）　池上大祐「「島嶼帝国」アメリカの「海の西漸運動」——アメリカ膨張史に関する一試論」『越境広場』第七巻、二〇二〇年。
（3）　森亜紀子『複数の旋律を聞く——沖縄・南洋群島に生きたひとびとの声と生』二〇一六年（非売品）。

（4）同前。
（5）Dorothy E. Richard, *United States naval administration of the Trust Territory of the Pacific Islands, Vol. III the trusteeship period, 1947-1951*, U. S. Office of Chief of Naval Operations, 1957.
（6）Robert C. Kiste, *The Bikinians: A study in forced migration*, Cummings Publishing, 1974.
（7）コーマイ：一九三三年生まれ、ビキニを離れることを経験し、その前には戦争体験も持つ。二〇〇三年一〇月三日、ビキニの人々の移住先であるマーシャル諸島キリ島で話を聞いた。
（8）ハーバート：一九四〇年生まれ、二〇〇三年九月にビキニの人々の移住先であるキリ島で話を聞いた。
（9）Jack Niedenthal, *For the Good of Mankind: A History of the People of Bikini and Their Islands*, 2nd Edition, Bravo Publishers, 2001.
（10）メアリー：一九三六年生まれ、核実験前のエニウェトクを知る一人で核実験場の建設にともなう移住を経験した。二〇〇三年九月二〇日、エニウェトクで話を聞いた。
（11）"Petition from the Marshallese People Concerning the Pacific Islands," 6 May 1954, United Nations Digital Library, T/PET. 10/28.
（12）同前。
（13）竹峰誠一郎『マーシャル諸島　終わりなき核被害を生きる』新泉社、二〇一五年。
（14）Hilda C. Hine, "63rd Nuclear Victims Remembrance Day Keynote Remarks." March 1, 2017, Majuro, Marshall Islands.
（15）長島怜央『アメリカとグアム――植民地主義、レイシズム、先住民』有信堂、二〇一五年。
（16）Keith L. Camacho, Cultures of Commemoration: The Politics of War, Memory, and History in the Mariana Islands, University of Hawaii Press, 2011（西村明・町泰樹編『戦禍を記念する――グアム・サイパンの歴史と記憶』岩波書店、二〇一六年）。
（17）Gina Tabonares-Reilly, "After a two-decade fight for RECA, Guam sees new glimmer of hope," *Pacific Island Times*, Sep 23, 2021.

〈執筆者〉

佐々木啓(ささき・けい)　1978年生．茨城大学人文社会科学部准教授．日本近現代史．『「産業戦士」の時代——戦時期日本の労働力動員と支配秩序』大月書店，2019年など．

三ツ井崇(みつい・たかし)　1974年生．東京大学大学院総合文化研究科准教授．朝鮮近現代史．『朝鮮植民地支配と言語』明石書店，2010年など．

大石 茜(おおいし・あかね)　1988年生．筑波大学大学院博士後期課程在籍．津田塾大学ほか非常勤講師．女性史，保育史．『近代家族の誕生——女性の慈善事業の先駆，「二葉幼稚園」』藤原書店，2020年など．

石田 淳(いしだ・あつし)　1976年生．関西学院大学社会学部教授．数理社会学．『集合論による社会的カテゴリー論の展開——ブール代数と質的比較分析の応用』勁草書房，2017年など．

崔徳孝(ちぇ・どっきょ)　1975年生．シェフィールド大学東アジア研究科専任講師．東アジア国際関係史．“The Empire Strikes Back from Within: Colonial Liberation and the Korean Minority Question at the Birth of Post-war Japan, 1945-47”, *The American Historical Review*, Vol. 126 (2), 2021など．

山本めゆ(やまもと・めゆ)　立命館大学文学部准教授(2022年4月より)．人種エスニシティ論，ジェンダー論．『「名誉白人」の百年——南アフリカのアジア系住民をめぐるエスノ-人種ポリティクス』新曜社，2022年など．

陳來幸(ちん・らいこう)　1956年生．兵庫県立大学国際商経学部教授．中国近代史，アジア経済史，華僑華人史．『近代中国の総商会制度——繋がる華人の世界』京都大学学術出版会，2016年など．

青木 深(あおき・しん)　1975年生．都留文科大学文学部教授(2022年4月より)．歴史人類学，ポピュラー音楽研究．『めぐりあうものたちの群像——戦後日本の米軍基地と音楽1945-1958』大月書店，2013年など．

古波藏契(こはぐら・けい)　1990年生．明治学院大学社会学部付属研究所研究員．沖縄近現代史．「米国は一九六五年の宮古農民「暴動」をどう見たか」『沖縄文化研究』第47号，2020年など．

高誠晩(こ・そんまん)　1979年生．国立済州大学校社会学科助教授．歴史社会学，東アジア研究．『〈犠牲者〉のポリティクス——済州4・3／沖縄／台湾2・28 歴史清算をめぐる苦悩』京都大学学術出版会，2017年など．

竹峰誠一郎(たけみね・せいいちろう)　1977年生．明星大学人文学部教授．国際社会学，地域研究，平和学．『マーシャル諸島　終わりなき核被害を生きる』新泉社，2015年など．

〈編集委員〉

蘭 信三 1954年生．大和大学社会学部教授．歴史社会学，戦争社会学．『日本帝国をめぐる人口移動の国際社会学』(編著)不二出版，2008年など．

石原 俊 1974年生．明治学院大学社会学部教授．歴史社会学，島嶼社会論．『硫黄島――国策に翻弄された130年』中公新書，2019年など．

一ノ瀬俊也 1971年生．埼玉大学教養学部教授．日本近代軍事史・社会史．『東條英機――「独裁者」を演じた男』文春新書，2020年など．

佐藤文香 1972年生．一橋大学大学院社会学研究科教授．ジェンダー研究，軍事・戦争とジェンダーの社会学．『軍事組織とジェンダー――自衛隊の女性たち』慶應義塾大学出版会，2004年など．

西村 明 1973年生．東京大学大学院人文社会系研究科准教授．宗教学・文化資源学．『戦後日本と戦争死者慰霊――シズメとフルイのダイナミズム』有志舎，2006年など．

野上 元 1971年生．筑波大学人文社会系准教授．歴史社会学，戦争社会学．『戦争体験の社会学――「兵士」という文体』弘文堂，2006年など．

福間良明 1969年生．立命館大学産業社会学部教授．歴史社会学，メディア史．『「戦跡」の戦後史――せめぎあう遺構とモニュメント』岩波書店，2015年など．

シリーズ 戦争と社会 3

総力戦・帝国崩壊・占領

2022年3月25日 第1刷発行

編 者 蘭《あららぎ》 信《しん》三《ぞう》 石《いし》原《はら》 俊《しゅん》
一《いち》ノ《の》瀬《せ》俊《とし》也《や》 佐《さ》藤《とう》文《ふみ》香《か》
西《にし》村《むら》 明《あきら》 野《の》上《がみ》 元《げん》 福《ふく》間《ま》良明《よしあき》

発行者 坂本政謙

発行所 株式会社 岩波書店
〒101-8002 東京都千代田区一ツ橋 2-5-5
電話案内 03-5210-4000
https://www.iwanami.co.jp/

印刷・三陽社 カバー・半七印刷 製本・牧製本

 ISBN 978-4-00-027172-1 Printed in Japan